창의적 문제해결 방법론

창의적 문제해결 방법론

초판 1쇄 발행 2016년 6월 29일
초판 2쇄 발행 2021년 3월 17일

지 은 이 이상식
펴 낸 이 신일희
펴 낸 곳 계명대학교 출판부
출판등록 제347-1998-1호(1970. 9. 1)
주 소 대구광역시 달서구 달구벌대로 1095
대표전화 053-580-6233
팩 스 053-580-6235
홈페이지 www.kmupress.com

ISBN 978-89-7585-750-8 93370 정가 15,000원

이 도서의 국립중앙도서관 출판예정도서목록(CIP)은 서지정보유통지원시스템 홈페이지(http://seoji.nl.go.kr)와 국가자료공동목록시스템(http://www.nl.go.kr/kolisnet)에서 이용하실 수 있습니다.(CIP제어번호: CIP2016015275)

창의적 문제해결 방법론

이상식 지음

계명대학교 출판부

머리말

이 책은 계명대학교 언론영상 전공이 정부 지원 특성화 사업에 선정되면서, 교과목 개편 작업의 일환으로 작성되었다. 창의적 문제 해결을 위한 커뮤니케이션 연구방법이란 무엇인지에 대해 고민하면서, 학생 스스로 문제를 발견 해낼수 있는 능력(heuristic approach)을 키우기 위한 훈련용 교재로 만들었다. 평소 방법론 수업을 진행하면서 학생들이 연구 문제를 스스로 제기할 수 있도록 훈련시키고자 하였다. 이것이 연구 능력을 키우는 첫걸음이라고 말할 수 있다. 학위논문을 작성하는 대학원생들이 지도교수에게 연구 문제를 선정해 달라고 요구하는 경우가 가끔 있다. 물론 특정 분야에서 오랜 기간 동안 연구를 수행한 교수의 경우 어떤 연구 문제가 중요하고 의미가 있는지를 잘 알 수 있다. 하지만, 연구 문제부터 학생 스스로 선정할 수 있다면 훨씬 더 바람직하다.

창의적 문제 해결 방법은 과학적이어야 한다. 과학적 방법론에 대해서는 수많은 저서가 나와 있다. 과학적 연구에 대해 다시 정리할 필요가 없을 정도로 체계적으로 정리가 잘되어 있다. 문제는 학생들이 방법론을 매우 어려운 과목으로 생각한다는 점이다. 대부분의 교재 자체가 어렵게 작성되어 있다. 생소한 단어도 많고, 방법론 자체가 좀 지루하고 재미없는 과목으로 생각한다. 방법론을 공부하면서 흥미를 잃어버리는 학생들이 적지 않다. 저자 역시 과거 방법론을 공부하면서 딱딱하고 재미없는 과목으로 생각했던 적이 있다. 이 책의 역점을 최대한 쉽게 작성하는데 두었다. 어렵게 느껴지면 창의성도 발휘되기 힘들다. 이 분야에 대한 관심이 떨어지는데 무슨 창의성이 나올 수 있겠는가.

이 책은 학부생과 대학원생이 논문을 작성하는데 꼭 필요한 내용만 간략하고 쉽게 다루었다. 기존 방법론 교재들을 보면 일단 분량이 방대하다. 이 책은 핵심적인 내용만을 다루었다. 이 책의 또 다른 주된 관심사는 방법론에 대한 기존 논의와 어떻게 차별화시킬 것인가라는 점이었다. 기존 방법론 교재가 이론에 치중되어 있기에, 이 책은 방법론 이론의 핵심만 소개하고, 이론을 쉽게 이해할 수 있도록 실제 연구 사례들을 많이 담고자 하였다. 저자의 이러한 기본적인 고민과 노력에도 불구하고, 이 책 역시 여러 문제점들이 많이 보이는데 이는 저자 능력의 한계 때문이다. 앞으로 개정을 통해 계속 보완해 나갈 계획이다.

2016년 아름다운 봄날 봉경관 연구실에서

목차

머리말 · 4

제1장 창의적 문제 해결을 위한 과학적 연구 · 14

1. 과학적 연구와 커뮤니케이션 과학 · 14
2. 과학과 사회 조사 · 17
3. 지식을 얻는 일반적인 방법 · 19
4. 탐구에서 오류 및 해결 방안 · 21
5. 사회과학의 기반과 과학적 방법 · 24
6. 과학적 연구의 특징 · 25

제2장 창의적 문제 해결 방법으로 조사 · 30

1. 조사란 무엇인가? · 30
2. 창의적 문제 해결을 위한 접근 방법 · 31

제3장 커뮤니케이션 연구의 학적 체계 • 48

1. 인간 내적 커뮤니케이션 • 49
2. 대인 커뮤니케이션 • 50
3. 소집단 커뮤니케이션 • 52
4. 조직 커뮤니케이션 • 54
5. 매스 커뮤니케이션 • 57
6. 새로운 매체를 이용한 커뮤니케이션 • 63

제4장 연구의 주제 선정 • 72

1. 연구의 출발 • 72
2. 연구 주제의 선정 • 74
3. 좋은 연구 주제의 기준 • 74
4. 창의적인 연구 문제 선정 • 81
5. 연구 주제의 적절성 검토 • 82
6. 연구 문제의 설정 • 89
7. 연구 문제의 설정 절차 • 90
8. 연구 문제의 설정 시 고려할 사항 • 92
9. 연구 문제의 설정 사례 • 93

제5장 과학적 연구 과정 • 98

1. 연구의 모형 • 98
2. 가설 설정 방법 • 104
3. 가설의 요건 및 서술 방법 • 109
4. 변수 • 109
5. 분석의 단위 • 114
6. 개념과 측정 • 115
7. 신뢰도와 타당도 • 121
8. 연구 문제, 가설, 조작적 정의의 사례 • 125

제6장 과학적 연구의 윤리 • 130

1. 과학적 연구에서 윤리의 중요성 • 130
2. 과학적 연구에서 윤리적 쟁점 • 132

제7장 문헌 연구 • 138

1. 문헌 연구의 중요성 • 138
2. 문헌 찾는 전략 • 140
3. 커뮤니케이션 관련 문헌을 찾기 위한 자료원 • 142
4. 문헌 정리 방법 • 147

제8장 연구 계획서(제안서) 작성 · 154

1. 연구 계획서의 작성시 고려 사항 · 155
2. 연구 계획서 작성 내용 및 순서 · 158
3. 연구 계획서, 학술지 평가 방법 및 기준 · 162

제9장 사회 조사 · 166

1. 사회 조사의 의미 · 166
2. 사회 조사의 장점과 단점 · 167
3. 사회 조사를 통한 자료 수집 방법 · 169
4. 측정과 척도 · 174
5. 폐쇄형 질문과 개방형 질문 · 179
6. 질문의 배열 · 182
7. 질문지 작성원칙 · 184
8. 사전 조사 · 188

제10장 표집 · 190

1. 표본 추출 이유 · 190
2. 표집 방법 · 192
3. 표본의 크기와 오차 · 201

제11장 내용 분석 · 206

1. 내용 분석의 정의 · 207
2. 내용분석의 장점과 단점 · 208
3. 내용 분석 방법과 주의할 점 · 210
4. 내용 분석의 절차 · 213
5. 내용 분석을 한 연구 사례 · 214

제12장 실험 · 222

1. 생활 속에서의 실험과 응용 · 222
2. 실험에 적절한 주제 · 223
3. 주요 개념 및 용어 · 224
4. 실험 연구의 일반적 절차 · 230
5. 실험 설계의 종류 · 230
6. 실험 연구 사례 · 241

제13장 심층 인터뷰 · 250

1. 심층 인터뷰 과정 · 250
2. 인터뷰 시 유의 사항 · 257
3. 인터뷰를 이용한 연구 사례 · 260

제14장 보고서 구성 체계와 작성 방법 • 266

1. 서론 작성 방법 • 267
2. 이론적 배경 작성 방법 • 269
3. 연구 방법 작성 방법 • 270
4. 연구 결과 작성 방법 • 271
5. 결론 작성 방법 • 271
6. 실험 연구 논문의 구성 요소와 작성 방법 • 272

부록 언론 관련 학술지 논문 작성 지침 • 276

1. 논문의 구성 요소와 내용 • 277
2. 문헌 인용 표기법 • 280
3. 참고 문헌 목록의 작성 • 284
4. 표와 그림의 표기 • 292

참고문헌 • 296

CHAPTER 1

—

창의적 문제 해결을

위한

과학적 연구

—

CHAPTER 01

창의적 문제 해결을 위한 과학적 연구

1. 과학적 연구와 커뮤니케이션 과학

과학(science)은 '어떤 사물을 안다(scire)'라는 희랍어에서 시작되었다. 이러한 과학의 어원에서 알 수 있듯이 과학이란 이제까지 아무도 증명하지 못한 사실을 모든 사람들이 인정하고 이를 활용할 수 있는 지식으로 승화시키는 것이다. 과학은 현상에 내재하고 있는 진리를 객관적인 접근 방법으로 규명한다(김석용, 2012, 17). 따라서 모든 자연 현상, 사회 현상 그리고 커뮤니케이션 현상은 과학의 대상이 될 수가 있다.

일반적으로 과학이라고 하면, 자연과학(natural science)를 떠올린다. 화학, 물리학, 의학, 천문학 등 자연에 관계된 과학을 생각한다. 그러나 사회과학(social science)도 존재한다. 즉, 과학에서 중요시하는 것은 이러한 과학의 대상이 아니라 진리를 규명해 가는 과정과 지식을 축적해가는 방법론이다. 사회과학이란 인간 사회와 관련된 학문이다. 사회학, 심리학, 경제학, 정치학, 교육학 그리고 커뮤니케이션학 등 다양한 분야를 포함한다. 즉, 인간의 삶과 사회를 연구하는 학문이 바로 사회과학이고, 커뮤니케이션학은 사회과학의 한 분야이다.

모든 과학은 기본적으로 우리를 둘러싸고 있는 세계를 이해하려고 하는 노력으로부터 출발한다. 과학적 활동은 현상에 대한 기술, 규칙의 발견, 이론과 법칙의 정립이라는 세 가지 부분으로 이루어진다. 과학자들은 그 세계에서 나타나고 있는 대상과 사건들을 관찰하여 기술하려 하며, 산만하고 단편적인 일상의 경험 속에서 규칙과 질서를 발견하려고 한다. 나아가서 그러한 규칙을 하나의 이론이나 법칙으로 정립하려고 한다.

물론 그러한 일들이 상식의 차원에서 다루어질 수도 있다. 과학과 상식은 현상에 주목하면서 그것을 경험적으로 관찰하여 논리적으로 설명하고자 하는 점에서는 크게 다를 바가 없다. 그러나 과학적 지식은 상식을 바탕으로 형성되지만 분명히 상식 그 자체는 아니며, 보다 체계화된 지식의 묶음이다. 어떤 연구가 보다 과학적이 되기 위해서는 우선 논리적이어야 하고, 개체에 대한 설명보다는 일반 법칙에 근거한 설명이 있어야 한다. 그 과정에서 과학적 연구는 보다 적은 수의 요소 또는 변수로써 현상을 설명하고자 한다. 동시에 과학적 연구는 경험적으로 검정 가능하여야 할 것이고, 새로운 진실이 나타나면 수정되어야 한다. 그러한 기준들이 어느 정도 충족되느냐에 따라 하나의 연구가 어느 정도 과학적이냐 하는 것이 결정된다.

그렇지만 사회과학적 관심의 대상인 사회현상은 자연현상과는 달리 접근하기가 쉽지 않고 일반화도 용이하지 않다. 사회현상에서도 규칙이 보이기는 하지만, 예외가 많을뿐 아니라 인간의 의식적인 노력에 의해 그 규칙이 흐트러질 수도 있다. 주로 그러한 까닭으로 사회과학이 과연 과학으로 정립될 수 있겠는가, 사회과학을 자연과학의 모형에 맞추어 설명하는 것이 과연 가능하며 또한 올바른 것인가 하는 문제들을 놓고 많은 논쟁이 있어 왔다.

수많은 사회과학자들은, 과학의 본질을 다루는 대상에 있는 것이 아니라 그 방법에 있는 것이기 때문에 사회과학도 하나의 과학으로 정립될 수 있다고 본다. 연구의 대상을 신중하게 관찰, 측정하고 관계의 규칙을 발견하며, 이론과 모형을 구성하고자 한다는 점에서는 사회과학도 자연과학과 다를 바 없다. 자연과학자들이 자연현상을 인과 법칙으로 설명하고 예측하는 것처럼, 사회과학자들도 사회, 문화 현상에 대해서 경험적 근거 자료를 분석함으로써 인과 법칙을 발견하고 그것을 통해 사회현상을 예측할 수 있다. 비록 자연현상에서처럼 엄밀한 규칙은 아닐지라도 사회현상에서도 일정한 규칙은 발견할 수 있다. 사회과학자들은 자연과학의 이론에 비견될 만한 것은 아닐지라도 나름대로 많은 이론들을 개발하여 왔으며, 보다 정밀하고 객관적이며 타당한 일반 법칙을 찾으려고 노력한다(홍두승, 설동훈, 1987, 3~4).

커뮤니케이션 연구자들도 다양한 커뮤니케이션 현상을 대상으로 과학적인 접근을 위해 많은 노력을 해왔다. 지금까지 사회과학에서 많이 사용해온 방법론 – 예를 들면, 서베이, 실험, 참여관찰, 심층 인터뷰 등을 차용해서 사용하여 왔다. 그렇지만, 커뮤니케이션 현상을 창의적이고, 체계적이며, 효과적으로 분석하기 위해 나름대로 독자적인 방법론을 개발해왔다. 대표적인 예가 커뮤니케이션의 내용 분석 방법이다.

2. 과학과 사회 조사

우리 모두는 사회를 이해하고 예측하려고 노력한다. 과학, 특히 사회 연구는 인간의 일상적인 탐구가 빠지기 쉬운 일반적인 오류를 피하기 위해 설계된 것이다.

우리는 지구가 둥글다는 것을 안다. 또한 달의 어두운 면은 춥다는 것도 알고 있을 것이며, 중국에서는 중국어를 사용한다는 것도 안다. 비타민 C가 감기를 예방한다는 것도 안다. 어떻게 아는가? 최근 달의 어두운 면을 다녀왔다거나, 비타민 C의 효능에 대해 실험해 보지 않았더라도 누군가가 그렇다고 이야기 해주었기 때문에 아는 것이며, 우리는 들은 바를 믿기 때문이다.

우리가 알고 있는 일부는 전적으로 명백하게 보인다. 지구가 둥근 것을 어떻게 아느냐고 물으면, "그것은 모두가 알고 있다"라고 말할 것이다. 우리가 알고 있는 것의 대부분은 동의와 믿음의 문제이다. 지식의 기반은 합의이다. 우리가 성장하는 과정에서 모든 사람들이 '알고 있는 것'을 그대로 받아들이는 학습과정을 거친다. 개인적인 경험과 발견만으로 모든 것을 배울수 없기에, 다른 사람들이 말해주는 것을 믿게 된다. 일부는 전통을 통해 배우고, 일부는 전문가를 통해 배운다.

하지만, 현상을 아는 다른 방식도 존재한다. 합의를 통해 현상을 아는 것과는 대조적으로 관찰을 통한 직접 경험을 통해 현상을 아는 것도 가능하다. 캐나다의 로키산맥을 통해 흘러 내려오는 빙하 물살에 뛰어든다면, 심장마비를 일으킬 수도 있다. 다른 사람이 그 물이 차갑다고 말해줄 필요가 없다. 스스로 그것을 깨닫는다.

또 다른 예를 들어보자. 훌륭한 파티가 열렸다. 빵가루를 입힌 요리를 맛있어서 계속 먹었다. 요리사에게 요리 이름을 묻자, 빵가루를 입혀 튀겨낸 지렁이라고 답했다. 위는 울렁거리고 화장실에 가서 토해낼 것이다. 요리에 대한 느낌은 두 가지이며 모두 매우 실제적이다. 튀김 요리의 경험에 기반하여 요리를 좋아한 것도 실제이다. 지렁이를 먹었다는 것을 알고 역겨움을 느낀 것도 실제이다. 하지만 엄밀히 말하면 이 역겨움은 지렁이는 먹는 것이 아니라는 주위 사람들과의 합의의 산물이 명백하다. 지렁이는 음식물이 아니라는 것을 어려서부터 배워왔다.

이러한 합의를 제쳐놓는다면, 지렁이를 먹는다는 것이 무슨 문제인가? 지렁이는 단백질이 풍부하고 칼로리는 낮을 것이다. 지렁이가 혐오스럽다는 합의가 없는 사회에 사는 사람들에게 지렁이는 진미일수 있다. 어떤 사람은 지렁이는 좋아하지만, 튀긴 빵가루 껍질을 오히려 싫어할 수도 있다.

여기에 생각해볼 문제가 있다. 지렁이는 먹기에 정말로 좋은가, 정말로 나쁜가? 더 흥미로운 질문은 "여러분이라면 둘 중 어느 것이 정말이라는 것을 어떻게 알수 있는가?"이다. 이 책은 두 번째 종류의 질문에 답하기 위한 것이다. 이 책을 통해, 무엇이 진짜인지를 어떻게 아는지를 살펴볼 것이다. 이를 위해 일상 생활에서 행하고 있는 자연스런 인간 행위로서의 탐구를 검토할 것이다. 일상 지식의 근원을 살펴보고, 보통의 탐구에서 저지르는 몇 가지 오류를 살펴본다. 그리고 과학, 사회과학, 특히 커뮤니케이션 과학은 어떻게 다른지 알아볼 것이다.

3. 지식을 얻는 일반적인 방법

연구 문제에 대한 해답을 구하는 여러 가지 접근 방법들이 있다. Wimmer & Dominick(2014)는 지식을 얻는 방법으로 아집, 직관, 권위, 자기발견, 과학의 다섯가지를 제시했다(유재천 & 김동규역, 2014, 29~30에서 재인용).

▼

1) 아집에 의한 방법

아집에 의한 방법은 무언가가 항상 참이었기 때문에 참이라는 논리를 따른다. 한 예로, "우리 부모가 광고를 믿지 않았기 때문에 나도 광고를 믿지 않는다"라고 말하는 것을 들수 있다. 이전에 좋았거나 나빴던 것, 혹은 성공적이었던 것은 앞으로도 계속 그럴 것이라고 생각하는 것이다.

▼

2) 직관에 의한 방법

직관에 의한 방법은 무언가를 그것이 '자명'하거나 '당연'하기 때문에 참이라고 가정하는 것이다 광고회사내에서 창의성이 요구되는 분야에 근무하는 사람들은 그들 스스로가 무엇이 소비자들을 유인해 내는지를 잘 알기 때문에 굳이 여러 광고 방법들을 놓고 테스트해볼 필요가 없다고 주장한다. 이들에게 과학적 연구란 시간 낭비라고 생각한다.

▼

3) 권위에 의한 방법

권위에 의한 방법은 부모나 의사, 각 분야 전문가와 같은 믿을 만한 정보원이 참이라고 말했기 때문에 자신도 그렇게 믿는다는 것이다. 정보원 자체에 중점을 두고 평가한다.

▼

4) 자기 발견에 의한 방법

자기 발견에 의한 방법은 외부의 간섭 없이 배우고 알게 되는 것을 의미한다. 우리가 어떤 질문이나 문제에 대한 답을 얻기 위해 다른 정보원으로부터 정보를 수집하기도 하지만, 자기 발견이란 개인이 무언가 결정을 내리기 위해 다양한 정보를 모아 분석하는 과정에서 이루어진다.

일상적인 인간의 탐구를 살펴볼 때, 예측과 이해를 구분하는 것은 중요하다. 종종 우리는 이해 없이도 예측할 수 있다. 할머니들은 무릎 관절이 아프면 비가 올 것이라고 예측한다. 경마가 벌어지는 날의 세 번째 경주에서 3등으로 예측된 말이 항상 이긴다는 것을 발견한 경마광은 왜 그렇게 되는지 알지도 못하고 관심도 없이, 계속 돈을 걸 것이다. 다른 말이 이겨서 이 경마광이 월급을 몽땅 날리는 경우에, 이해 없이 예측을 하는 것이 얼마나 불리한지 분명히 드러난다.

우리는 세상사에 대해 굳게 받아 들여진 지식으로 구성된 문화를 전수받는다. 봄에 옥수수를 심으면 신으로부터 가장 많은 도움을 얻을 수 있고, 사탕을 너무 많이 먹으면 이가 썩게 되며, 원의 둘레는 대략 지름의 7/22이라는 것을 다른 사람으로부터 배울 수 있다. 이러한 진실 중 몇 가지를 검증 해볼수 있지만, 대부분 그냥 받아들인다. 이러한 것이 '모두가 아는 것'들이기 때문이다.

지식은 누적적이고, 물려받은 정보와 지식은 더 많은 지식 개발을 위한 출발이다. 아인슈타인은 '거인의 어깨 위에 서 있다'(...by standing on the shoulders of giants)고 말하였는데, 거인이란 이전 세대를 의미한다. 이와 같이 전통에 의해 지식을 습득하지만, 모두가 진실로 알고 있는 무엇인가를 다르게 이해하려는 노력은 거의 하지 않는다는데 문제가 있다.

전통처럼, 권위도 인간의 탐구를 돕거나 혹은 방해할 수 있다. 우리는 특히 논란에 직면하면, 주어진 문제에 특별한 훈련을 받은 사람이나 전문가의 판단을 신뢰한다. 탐구는 전문가의 권위에 의존할때도 방해받을 수 있다. 광고는 이처럼 심각하게 권위를 오용하는 경우가 종종 있다. 유명 탤런트로 하여금 건강에 대해 증언하게 하거나, 보험의 효력이나 자동차의 성능을 평가하도록 하는 것이다.

전통과 권위는 세상에 대한 지식을 갖는데 도움이 되지만, 칼의 양면에 해당한다. 전통과 권위는 탐구의 출발점을 제공해주지만, 잘못된 지점에서 출발하게 하거나, 잘못된 방향으로 우리를 인도할 수 있다.

4. 탐구에서 오류 및 해결 방안

우리가 일상적인 탐구에서 저지르는 일반적 오류 몇가지를 살펴보고, 과학이 그러한 오류를 저지르지 않도록 하는 방법들을 살펴보자(Babbie, 공성호외역, 2013, 8~11에서 수정 인용).

▼

1) 부정확한 관찰

우리는 관찰에서 매우 빈번하게 오류를 저지른다. 예를 들어, 창의적 문제 해결 방법론 담당 교수가 첫 수업시간에 입었던 옷은 무엇이었는가? 일상적 관찰의 대부분은 엉성하고 뚜렷하지 않거나, 의식적이지 못하다. 일상적 탐구와는 대조적으로 과학적 관찰은 의식적이다. 관찰을 좀 더 의도적으로 하는 것만으로도 오류를 줄일수 있다. 교수가 무슨 옷을 입었는지 관찰하고 기록하려는 의식적 계획을 가지고 첫 번째 수업에 들어갔다면, 정확할 가능성은 높다. 많은 경우, 측정도구들은 관찰의 정확성을 높이는데 도움이 된다. 예를 들어, 교수를 컬러사진으로 찍었다면 정확할 것이다.

▼

2) 과도한 일반화

앞서 소개한 경마광의 예처럼 우리는 몇 개의 비슷한 사건들을 근거로 과도한 일반화를 한다. 과도한 일반화를 하는 경향은 보편적 이해에 도달해야 할 압력이 높을 때 가장 크게 나타날 것이다. 동물보호론자들의 시위를 취재하는 기자라고 상상해보자. 단 두 시간내에 기사를 작성하라는 명령을 받았고, 시위자들이 왜 시위를 하는지에 대해 취재해야 한다. 시위 현장으로 달려가 시위자에게 이유를 물으며 취재하기 시작한다. 만약 면접한 처음의 세 사람이 같은 이유를 대면, 다른 사람들도 대부분 같은 이유로 시위할 것이라고 추측한다. 보도가 나갔을 때, 시위에 참석했던 사람들로부터 항의를 받게 된다. 과도한 일반화로 인해 피해받은 자들로부터 언론중재위원회에 이러한 항의가 종종 접수된다. 일부분은 진실이지만, 전체는 진실이 아닌 경우가 종종 발생한다.

과도한 일반화의 오류를 방지하기 위해 과학자들은 미리 충분한 크기의 표본을 확보한다. 또한 탐구의 반복에 의해 매번 같은 결과가 나오는지 보기 위해 연구와 확인을 되풀이한다. 나아가 약간 변경된 조건하에서 연구를 되풀이 할수도 있다.

▼

3) 선별적 관찰

과도한 일반화의 한 가지 위험은 그것이 선별적인 관찰로 이끌수도 있다는 점이다. 반대로 선별적인 관찰이 과도한 일반화로 이끌수도 있다. 특정한 유형이 존재한다고 결론짓고, 왜 그런지에 대해 일반적 이해를 일단 해버리면, 그러한 유형에 일치하는 미래의 사건과 상황에 초점을 맞추고 그렇지 않은 것은 무시하게 될 가능성이 높다. 인종차별과 민족차별이 지속되는 것은 주로 선별적 관찰에 기반한다. 심리학에서는 인간의 선별성(selectivity)의 속성을 설명한다. 인간의 선별성에 의해 보고 싶은 것만 보고, 듣고 싶은 것만 듣는다. 선별적 노출, 선별적 지각, 선별적 기억 등이 모두 선별성이라는 심리적 기제 때문에 나타나는 현상들이다. 이러한 편견으로 오류가 발생한다. 이런 이유로 인해, 과학은 객관성을 강조한다.

▼

4) 비논리적 추론

일상 생활에서 현상을 이해할 때, 우리의 이해와 상충되는 관찰을 하게 만드는 방법이 있다. 대표적인 예가 통계학자가 '도박꾼의 오류'(gambler's fallacy)라고 부르는 비논리적인 추론 방법이다. 종종 우리는 좋은 운이나 나쁜 운이 지속되는 것을 정반대의 상황이 나타날 전조로 여긴다. 저녁 포커 게임에서 제대로 풀리지 않으면 정반대로 풀릴 상황이 나타날 앞선 증상이라고 생각한다. 많은 노름꾼들이 그러한 잘못된 믿음 때문에 더 오래 머물러 있다가 많은 돈을 잃는다.

우리는 이러한 비논리적 추론에 빠지기도 하지만, 과학자들은 의식적이고 분명하게 논리 체계를 사용하여 이러한 함정을 피하려고 노력한다. 과학자들은 논리적으로 추론하고, 다른 동료들이 항상 주위에 있기 때문에 정직해지려고 노력한다.

5. 사회과학의 기반과 과학적 방법

과학은 논리 실증적(logico-empirical)이라고 특징지울수 있다. 과학의 두 기둥은 논리와 관찰이다. 커뮤니케이션 현상에 대한 과학적 이해는 납득할 만해야 하고, 동시에 우리가 관찰한 것과 일치해야 한다. 이 두가지 요소는 과학의 본질이다. 이론, 자료 수집, 자료 분석이라는 사회과학적 연구 활동 체계의 세가지 주요 측면과 연관되어 있다. 약간 단순화시켜 말하자면, 과학적 이론은 과학의 논리적 측면을 다루며, 자료 수집은 관찰의 측면을 다룬다. 자료 분석은 관찰된 것의 유형을 찾는 것이며, 논리적으로 기대되는 바를 실제 측정된 것과 비교하는 것이다.

커뮤니케이션 연구는 대체로 커뮤니케이션 현상의 규칙성의 유형을 찾아내려는 목적을 갖는다. 언뜻 보면 자연과학의 주제가 사회과학의 주제보다 규칙성이 더 있는 것처럼 보인다. 무거운 물체는 매번 위에서 떨어뜨릴 때마다 땅에 떨어지지만, 사람은 한 선거에서는 특정 후보를 찍지만 다음번 선거에서는 그를 반대하여 다른 후보를 지지할 수 있다. 마찬가지로, 얼음은 충분히 가열하면 항상 녹지만 습관상 정직한 사람도 간혹 물건을 훔치거나 거짓말을 한다. 이러함에도 불구하고, 커뮤니케이션 현상에도 조사에 의해 드러나고 이론에 의해 설명될수 있는 높은 수준의 규칙성이 있다.

과학적 방법은 일련의 단계를 거쳐 지식과 규칙성에 접근해 간다. 다른 지식을 얻는 방법과 달리 여기에는 몇 가지 특징이 있다. 다음 절에서 이에 대해 설명한다.

6. 과학적 연구의 특징

과학은 커뮤니케이션 현상들을 이해하고 규칙성을 발견하는데 많은 도움을 준다. 일반적으로 과학적 연구는 다음과 같은 특징을 지닌다(김석용, 2012, 19~22 수정 인용).

첫째, 과학적 연구는 객관성을 지녀야 한다. 객관성은 동일한 실험을 하는 경우 서로 다른 주관적 동기가 있더라고 표준화된 도구나 절차 등을 통해 누구나 납득할 수 있는 결과를 나타내야 한다는 것이다. 이는 여러 사람이 같은 대상을 인식하고 그로부터 얻은 결과가 일치해야 하는 것을 말한다.

둘째, 과학적 연구는 논리적이다. 즉, 과학적 연구는 논리적 이론을 근거로 해서 진행된다. 일반적으로 논리적이라는 말의 의미는 앞뒤 이치가 맞아야 한다는 것을 의미한다. 하나의 동전을 한 번 던질 때 동전의 앞과 뒤가 동시에 나올수 없다는 것이나 불을 지피지도 않았는데 연기가 먼저 날수 없음을 말하는 것과 같다.

셋째, 과학적 연구는 결정론적이다. 이것은 모든 과학적 현상은 혼자서 스스로 발생하는 것이 아니라, 어떠한 원인이 있기 때문에 발생하는 것이며, 그 원인이 논리적으로 확인되어야 한다는 것을 의미한다.

넷째, 과학적 연구는 일반화를 목적으로 한다. 일반화란 반복적인 연구를 통해 규칙을 발견하고 이를 일반화하여 이론으로 정립하는 것을 말한다. 따라서 과학적 연구는 하나의 특정한 사건이나 현상만을 설명하는 것을 목적으로 하지 않고, 유사한 대부분의 사건이나 현상에 포괄적으로 적용하여 설명할 수 있는 일반적인 논리를 목적으로 한다.

다섯째, 과학적 연구는 재생 가능성이 있어야 한다. 재생 가능성이란 일정한 절차와 방법을 반복했을 때 누구나 같은 결론을 내릴 수 있는 가능성을 말한다. 즉, 다른 연구자들도 동일한 방법을 사용해서 연구를 했을 경우에 동일한 결론에 도달할 수 있어야 한다.

여섯째, 과학적 연구는 연구자들이 공통적으로 가지고 있는 주관에 근거하는 간 주관성(inter-subjectivity)이 있어야 한다. 간 주관성이란 비록 연구자들이 주관을 달리할지라도 같은 방법을 사용했을 때는 같은 해석 또는 같은 설명에 도달할 수 있어야 한다는 것이다. 그러나 과학적 연구는 사람에 의해 수행되기 때문에 주관성을 완전히 배제하기 어렵다는 한계는 있다.

일곱째, 과학적 연구는 수정 가능해야 한다. 과학적 연구의 결과 기존의 이론과 맞지 않는 경우가 종종 있다. 이러한 경우에는 기존의 이론이나 사실을 수정할 필요가 있다. 따라서 과학적 연구는 항상 수정을 전제로 하고 또한 수정이 가능해야 한다. 즉, 영원한 진리는 존재하지 않는다. 현재 진리라고 믿는 이론도 후세에는 얼마든지 바뀔 수 있다. 우리가 에스컬레이트를 타고 올라갈 때, 마지막에 도달했지만, 에스컬레이트 계단은 계속 나오듯이 새로운 이론도 계속 나오게 마련이다. 〈그림1〉은 이론이 지속적으로 수정, 발전되는 과정을 보여주고 있다.

〈그림 1〉 이론의 수정 과정과 발전

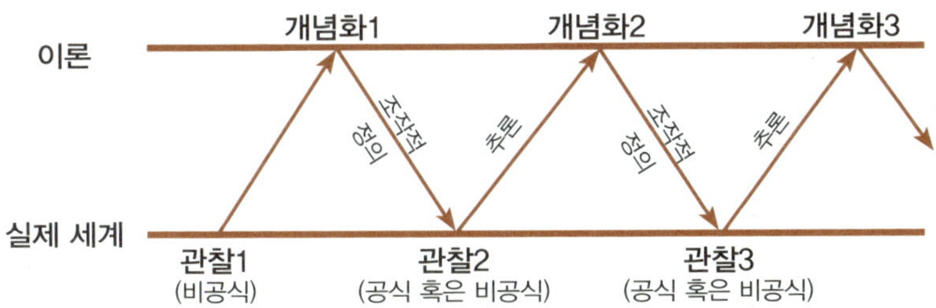

출처 : Stempel(1981:39)

여덟째, 과학적 연구는 경험성(empriticism)을 지녀야 한다. 경험성이란 연구 대상이 궁극적으로 인간의 감각에 의해 지각될 수 있는 것이어야 한다는 의미이다. 아무리 추상적인 개념도 구체적인 사실로부터 생성된 것인 만큼 그 자체로는 추상적일지라도 궁극적으로 인식이 가능한 것이라고 할수 있다.

CHAPTER 2

—

창의적 문제 해결 방법으로 조사

—

CHAPTER 02

창의적 문제 해결 방법으로 조사

1. 조사란 무엇인가?

조사(Research)라는 단어는 라틴어 're(다시)'와 'cercier(찾다)'에서 생겼다. 두 단어 re와 search의 합성어인 것이다. 일반적으로 조사는 무엇에 대한 정보를 찾는다는 의미이다. 대다수 사람들은 그것이 조사라고 미처 생각하지 못하지만, 사실은 언제나 조사라고 부를 만한 일을 하고 있다. 예들 들어, 창의적 문제해결 방법론 과목을 수강하기 이전에, 교수는 어떠한지? 학습 내용은 어떠한지? 과목은 어렵지 않은지? 저학년생도 수강할만한 과목인지? 필수과목인지 혹은 선택과목인지? 학점은 잘 받을 수 있는지? 시험 문제는 어떠한 것이 나오는지? 과제는 많지 않은지 등에 대해 조사한다. 선배들한테 물어보기도 하고, 인터넷으로 돌아다니는 정보도 수집해 본다. 이것이 조사이다.

그러니까 우리는 일상 생활 속에서도 조사를 하고 산다. 물건을 하나 살때도 조사를 한다. 온라인과 오프라인을 비교하기도 하고, 예전에 비해 가격이 어떻게 되었는지에 대해 알아보기도 한다. 그렇지만, 이러한 일상생활에서도 조사와 학문적 조사는 차이가 있다. 일반적으로 학문적 조사는 보다 체계적이고, 객관적이며, 진실이 무엇인가를 밝혀내는데 관심과 노력을 더 많이 기울인다.

다음은 생활 속에서 조사와 학문적 조사의 차이점이다. 생활속의 조사는 직관적, 주관적, 비과학적, 비논리적이다. 그리고 생활속에 결정을 할 때 필요하다. 한편, 학문적 조사는 이론적, 객관적, 과학적, 논리적이다. 그리고 지식에 필요하다.

〈표1〉 생활 속 조사와 학문적 조사의 비교

생활 속의 조사	학문적 조사
• 직관적 • 주관적 • 비과학적 • 비논리적 • 생활의 결정에 필요	• 이론적 • 객관적 • 과학적 • 논리적 • 지식에 필요

2. 창의적 문제 해결을 위한 접근 방법

▼

1) 인식론

커뮤니케이션 현상을 어떠한 관점에서 볼 것인가는 현상을 이해하는데 매우 중요하다. 물론 총체적으로 현상을 인식할 수 있다. 독일의 Gestalt 심리학적 전통이 그 예이다. 하지만, 우리가 어떠한 시각에서 보느냐에 따라 전혀 다르게 다가온다. 과연 우리는 존재하는 대로 보는가? 아니면 보는 대로 존재하는가? 이러한 물음에 대해 시인 김춘수의 꽃이라는 시에서 하나의 힌트를 찾을 수 있다. 꽃이라는 이름을 붙여주기 전에는 다만 하나의 몸짓에 지나지 않았는데, 꽃이라는 이름을 붙여주니까 그 꽃이 존재한다는 것이다.

꽃

김춘수

내가 그의 이름을 불러 주기 전에는
그는 다만
하나의 몸짓에 지나지 않았다.

내가 그의 이름을 불러 주었을 때
그는 나에게로 와서
꽃이 되었다.

내가 그의 이름을 불러 준 것처럼
나의 이 빛깔과 향기에 알맞는
누가 나의 이름을 불러다오.

그에게로 가서 나도
그의 꽃이 되고 싶다.

우리들은 모두
무엇이 되고 싶다.

너는 나에게 나는 너에게
잊혀 지지 않는 하나의 눈짓이 되고 싶다

한국인들은 과연 몇 종류의 눈(snow)을 인식할 수 있을까? 가루눈, 함박눈, 싸라기눈, 진눈깨비 정도이다. 이러한 눈의 종류 외에는 인식하기 어렵다. 그렇지만, 알래스카에 사는 이누이트(에스키모)들은 눈을 수십 가지로 분류해 부른다. 눈을 부르는 이름이 하나로는 충분하지 않기 때문일 것이다. 다양한 눈이 존재하니까 인식할수 있는 것인가, 혹은 눈에 대한 다양한 이름들이 존재하니까 다양한 눈을 인식할 수 있는 것인가. 만약, 이누이트 족과 같이 눈에 대한 이름이 없다면 인식할 수 없는 것인가에 대해 생각해 볼 필요가 있다.

▼

2) 시간적 비교와 공간적 비교

비교는 현실을 인식하는 좋은 접근 방법중 하나이다. 조사의 핵심에 비교가 있다. 하나를 두고 실체를 파악하는 것은 쉽지 않다. 비교를 하게 되면 실체를 보다 쉽고도 분명하게 이해할 수 있다. 비교에는 통시적 접근과 동시적 접근 방법이 있다. 통시적 접근은 시간적 비교이고, 동시적 접근은 공간적 비교이다. 통시적 접근은 시간에 따른 변화를 연구하는 것이다. 역사적 접근 방법이다.

〈그림 2〉 창의적 문제 해결을 위한 비교

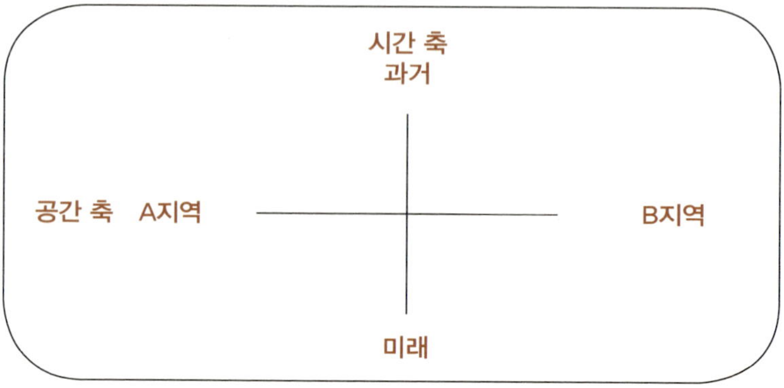

시간적 비교를 한 연구를 예로 들어보자.

이동기, 박종민(2011), 대국민 정부PR의 시대별 특성 연구 - 1953년에서 1994년까지 〈대한뉴스〉 보도내용 분석, 한국언론학보 제55권 2호, 304~332

이 연구는 1953년에서 1994년까지 〈대한뉴스〉에 나타난 대국민 정부 PR의 시대별 특성을 파악하였다. 먼저, 보도 내용의 사전분석을 통해 정부 PR 메시지, 실행 주체, 정부 관계자, 정부PR전략 등의 주요 변인들을 도출하였다. 분석 결과 〈대한뉴스〉 보도 내용은 산업과 사회 일반과 관련된 주제가 많았고, 대통령 및 전체 국가 행정과 문화관광 그리고 체육담당 정부 부서가 주체인 보도 내용이 많았다. 보도 내용의 목표 공중이라고 할 수 있는 정부 관계자는 전체 국민과 다른 정부 기관 그리고 국외 관계자로는 미국이 다수였다.

연구 결과를 시대별 특성 중심으로 정리해보면, 첫째, 최근에 가까울수록 단순 정보 홍보를 전체 국민 대상으로 하는 보도와 특정 사회 쟁점을 중점적으로 보도하는 위기 및 쟁점 관리 내용이 담긴 보도가 많아졌다. 둘째, 초기 시대에는 국외 관계자를 대상으로 한 국제 PR이 상대적으로 많았으며, 더불어 초기 한국 전쟁, 베트남 전쟁 등으로 인한 국방 군사 관련 보도가 많았다.

조성호(2012), 지상파 TV 뉴스와 보도 시청행태의 변화 - 2000-2009, 언론과학연구 제12권 3호, 455~492

조성호(2012)는 지상파 TV 뉴스와 보도를 중심으로 지상파 주요 장르와 비교하여 상대적 경쟁력 변화 추이를 분석하였다. 이를 통해 이용 행태의 역동적 변화 과정을 거시적으로 비교하였다. TNmS의 시청률 데이터를 이용하여 2000년부터 2009년까지 10년간의 변화 추이를 비교 분석하였다. 그 결과 첫째, 보도 장르의 경우 정보나 드라마 장르에 비해 시청률의 하락률이 낮은 것으로 나타나 오락 장르 다음으로 경쟁력을 지닌 것으로 확인되었다. 둘째, 장르별 평균 시청 연령과 연속 시청 시간의 변화를 분석한 결과 보도의 평균 연령이 타 장르에 비해 가장 많이 상승하였고, 연속 시청 시간도 2000년 10분에서 2009년 6분으로 떨어진 것으로 확인되었다.

공시적 접근은 지역에 따른 변화, 국가에 따른 변화, 문화권에 따른 변화를 조사하는데 연구의 초점이 있다. 국제 커뮤니케이션이나 문화권간 커뮤니케이션 연구 분야에서 공시적 접근을 한다. 몇 가지 연구의 사례를 들면 다음과 같다.

고영철(2010), 한·미의 지역일간지 1면 기사의 다양성 요인 비

교분석 - 뉴스 주제 및 취재원 유형을 중심으로, 언론과학연구 제10권 1호, 5~49

이 연구는 한국의 5개 지역 일간지와 미국의 중소 규모 3개 지역 일간지의 1면 기사를 대상으로 기사의 주제 취재원의 유형 및 수를 비교하였다.

연구 결과는 다음과 같다. 첫째, 한국 지역 신문의 경우 중앙 정치와 지방 행정 등과 관련된 기사의 비율이 압도적으로 많았으나, 미국 신문의 경우 인물/동정, 범죄/법정 교육 과학과 관련된 기사 비율이 높게 나타났다. 그리고 한국과 미국 지역 신문들 모두 발행 부수가 상대적으로 많은 신문일수록 좀 더 다양한 주제를 골고루 다루고 있는 것으로 나타났다. 둘째, 한국 지역 신문의 경우 기사당 평균 취재원은 1.75개였고 실명 취재원의 평균은 1.69개였다. 반면에 미국 지역 신문의 경우 평균 취재원 수는 5.26개이고, 취재원 중 실명 취재원 수의 평균은 4.56개였다. 즉 미국의 중소 규모 지역 신문들은 한국 지역 신문들에 비해 취재원의 수는 3.51개 실명 취재원의 수는 2.95개 더 많이 사용한 것으로 나타났다.

이 연구의 가장 중요한 의의는 한국과 미국의 지역 일간지의 1면 기사 내용을 처음으로 비교 분석해 국내 지역 일간지들끼리 비교할 경우 잘 드러나지 않을 수도 있는 기사의 다양성 정도를 확인했다는 점이다.

김성해, 김동윤(2009), 금융 위기와 언론- 2008 글로벌 위기에 대한 각국 언론의 보도양상과 프레임, 언론과학연구 제9권 4호, 98~134

이 연구는 2008년 글로벌 금융 위기와 관련하여 미국, 영국, 프랑스, 일본, 중국, 그리고 한국의 국적 언론에 나타난 보도 양상과 미디어 프레임을 분석한 것이다. 이를 통해서 개별 국가가 전략적으로 지원하는 언론이 자국의 대외 경제 정책과 관련한 이슈를 보도하는 방식을 알아보고자 하였다. 분석의 결과는 먼저, 각국 언론이 금융 위기를 바라보는 관점이나 입장에는 뚜렷한 차이가 있다는 것이 드러났다.

다음으로, 금융 위기와 각국 정부의 대외 정책 간 상관성에 대한 보도 양상의 차이는 뉴스 프레임에 대한 분석을 통해서도 드러났다. 자국의 국가 이익을 대변하는〈연합뉴스〉, 〈교도통신〉과 〈BBC〉는 이번 금융 위기의 원인을 '달러 체제 결함' 프레임을 강조하는 데 비해, 미국의 국적 언론〈CNN〉은 '제도적 결핍' 또는 정책적 오류' 프레임을 강조하고 있었다. 미국과 영국이 이번 금융 위기 극복과 관련하여 제도적 개혁을 강조했음을 상기해 볼 때, 이러한 분석의 결과는 국적 언론과 대외 정책의 연관성을 잘 보여주고 있었다. 〈France24〉와 〈CCTV-9〉는 국제 통화 체제의 문제점을 지적하고 있기는 하나 자구 노력의 강화를 문제 해결의 실마리로 강조하고 있었다.

임양준(2012), 한국거주 이주노동자에 대한 신문의 보도 경향과 인식연구 - 조선일보, 한겨레, 경인일보, 부산일보를 중심으로, 언론과학연구 제12권 4호, 419~456

공간 비교 연구는 지역간의 비교도 가능하다. 임양준(2012)은 국내 거주 이주 노동자들에 대한 언론 보도의 형태와 특성을 알아보고자 했다. 이를 위하여 우리나라의 대표적인 중앙 일간지인 『조선일보』와 『한겨레』, 그리고 국내 이주 노동자들이 밀집해있는 지역의 대표적인 지방 신문인 『경인일보』와 『부산일보』를 선정하여 내용 분석을 실시하였다.

연구 결과, 한겨레의 경우, 뉴스보도가 이주노동자에 대한 감독관청인 법무부를 비롯하여 출입국 관리소, 지방자치단체, 그리고 임금 체불 문제와 관련하여 자신의 직장상사 또는 기업주에 대한 인권피해 관련 불만사항을 담은 고발형 보도기사(41.1%)의 비율이 가장 높은 것으로 나타났다. 이어서 이주노동자들이 불합리하다고 여기고 있는 이주노동자 관계법과 인권유린 문제 등 우리사회의 공통문제로서 사회적 의제로 이슈화하거나 공감대 형성을 필요로 하는 문제제기형(21.5%)보도가 많은 것으로 조사되었다.

지방지인 경인일보는 이주노동자에 대한 일상생활과 주변 환경에 대한 단순뉴스를 포함한 기타(28.3%)의 비율이 가장 높은 것으로 나타났으며, 이어서 발굴형(25.0%) 그리고 문제제기형(20.0%) 순이었다. 이와는 대조적으로 고발형(10.0%)과 이주노동자와 관련된 최근 관계법령에 대한 동향 등을 소개하는 정보제공형(16.7%)기사는 상대적으로 낮은 보도비율로 조사되었다. 마지막으로, 부산일보는 이주노동자가 과거 또는 현재 자신이 근무하고 있는 직장동료나 직장 소유주 등을 대상으로 불평과 불만에 대한 내용을 보도하는 고발형(29.2%)과 그들 문제가 사회적 이슈화와 해결을 촉구하기 위한 문제제기형(25.0%), 그리고 기타(20.8%)에 대한 비율이 높은 것으로 나타났다.

이상과 같은 비교를 통해 공통점과 차이점을 찾는 것이 중요하다. 즉 보편성과 특수성을 발견하는 것이다. 시간 비교를 통해 과거와 현재의 공통점과 차이점을 발견하는 것이다. 군사정권과 민주정권의 언론정책의 공통점과 차이점을 찾는다. 한국과 중국을 비교하면서,

광고의 공통점과 차이점을 찾는다. 신공항 건설에 대한 언론 보도와 관련하여, 수도권 언론과 지역 언론의 보도태도에 있어 공통점과 차이점을 찾는 것이다.

3) 질적 접근과 양적 접근

커뮤니케이션 조사의 기본적 대칭 즉 질적 조사와 양적 조사에 대해 생각해 보자. 질적 조사 Quality의 라틴어는 Qualitas로 '무슨 종류의?'라는 의미이다. 질은 커뮤니케이션 연구에서 텍스트에 대해 설명할 때, 텍스트의 속성, 구별되는 특성을 의미한다.

다음으로 양적인 조사이다. Quantity의 라틴어 Quantitas는 '얼마나 많은?'이라는 의미이다. 커뮤니케이션 조사에서 양적 조사는 수와 크기와 측정을 말한다. 양적 조사에서 수와 크기와 측정할수 없는 것은 조사할 수가 없다. 따라서 양적 조사에서 무엇을 측정하고 어떻게 측정하는가의 문제는 매우 중요한 문제이다.

〈표 2〉 양적 조사와 질적 조사의 비교

질적 조사	양적 조사
평가한다	측정한다
설명하려고 개념을 사용한다	수집한 데이터를 처리한다
텍스트의 미학에 집중한다	텍스트안의 요인의 빈도에 집중한다
이론적이다	통계적이다
해석한다	설명한다. 예측한다
해석이 공격당할수 있다	방법론이 공격당할 수 있다

출처 : Berger(2000)

양적 연구자와 질적 연구자들은 서로 다른 전통을 따르고 있기에 서로의 문제점을 비판한다. 양적 연구자들은 관찰하고 측정하고 셀 수 있는 요인만을 연구하고 다른 것들을 간과한다고 해서 지나치게 좁은 시야를 가졌다고 가끔 비난받는다. 모든 현상을 양적으로만 설명하려고 한다는 것이다. 한편, 질적 연구자는 있지도 않은 요인을 읽어낸다거나, 주관적으로 치우치거나, 이상하고 과도하게 대상을 해석한다고 비난받기 쉽다.

(1) 양적인 연구의 사례

양적인 조사에는 실험, 내용분석, 서베이, 설문지 조사 등이 있다. 이런 방법들은 통계적 처리를 통하여 정보를 얻기 위한 조사방법들이다.

(2) 질적인 조사의 사례

질적인 조사에는 신화적, 이데올로기적 연구, 매체 비평, 문화연구, 커뮤니케이션 철학, 커뮤니케이션 텍스트 분석 등이 있다. 다음은 텍스트 분석 연구의 예이다.

심훈, KBS〈인간극장〉에 나타난 다문화 방영물 서사 분석 - 이야기 구도와 등장인물, 발화를 중심으로, 한국언론학보 제56권 4호, 184~209

이 연구에서는 KBS의〈인간극장〉에서 다룬 다문화 방영물들을 대상으로 이야기의 서사 구도와 다문화 주인공들의 인구학적 속성 및 발화 형식과 내용을 종합적으로 살펴봄으로써 다문화 주체들의 표상과 함께 프로그램이 전달하는 다문화 가치들의 담론적 속성을 파악해 보았다.

연구문제로 "KBS의 휴먼 다큐멘터리〈인간극장〉에서 다루는 다문화 방송물은 이야기의 구도 차원에서 어떤 담론적 특성을 지니고 있는가?"를 설정하였다.

22편의 에피소드들을 개별 분석해 주제별로 구분해 본 결과, 이야기 전반에 걸친 서사 구도는 등장 인물들의 문화적 갈등이 주요 동력으로 작용하며 전개되는 것으로 나타났다. 다시 말해, 다문화인들의 일상적인 생활 양식이 한국의 전통적인 문화 및 가치관과 충돌을 일으키는지의 여부가 해당 에피소드의 주된 테마를 결정지었다는 것이다. 이에 따라, 다문화 가정임에도 한국 문화에 순응하며 살아가는 이야기와 양쪽 문화가 공존하는 가운데 갈등하고 절충하며 살아가는 이야기, 그리고 이주민의 문화를 유지하며 이색적인 삶을 살아가는 이야기 등 세 가지 흐름이 다문화 서사의 전반적인 골격을 형성하고 있었다.

다음은 이데올로기적 연구의 한 사례이다.

김선남, 원용진, 정현욱(2005), 드라마 〈인어 아가씨〉 시청자의 해독에 관한 연구, 언론과학연구 제5권 2호, 69~104

이 연구는 문화주의 페미니스트 관점에서 텔레비전 드라마 〈인어 아가씨〉 시청자의 해독 패턴을 규명하였다. 이 연구는 〈인어아가씨〉 드라마 시청자 28명을 민속지학 방법에 입각하여 2002년 11월 11일-2003년 1월 24일에 이루어졌다. 연구 결과 첫째, 〈인어아가씨〉의 현실성에 대한 이원화된 해독이 나타났다. 가정 주부 및 저학력 계층의 여성(예, 파출부, 청소부 등)들은 〈인어아가씨〉에 대하여 극도의 현실성을 부여하면서 드라마를 자아 확인 기제, 주체성 형성 공간으로 적극 활용하였다. 반면 전문직 여성, 일부 여자 대학생 그리고 남성 시청자는 〈인어아가씨〉의 구도와 인물의 설정을 매우 비현실적인 것으로 인식하였으며 여주인공을 동일시하지도, 선망의 대상으로 설정하지 않았다. 둘째, 시청자들은 능동적 여성 이미지 생산 대 가부장 질서의 재생산이라는 성 역할 이데올로기에 대한 동조자와 거부자로 이원화되었다. 전자의 해독 패턴은 주로 낮은 사회적 지위를 가진 여성 및 상당수 남성들 사이에서 발견되었다. 이들의 관심은 주로 결혼, 사랑, 애인 등에 있다. 반면 전문직 여성 및 여대생은 〈인어아가씨〉가 가부장적 질서 안에서 여성의 역할을 왜곡하고 있다는 저항적 해독에 충실하였다.

(3) 양적 조사와 질적 조사를 병행한 사례

연구를 하다 보면 양적 연구와 질적 연구를 함께 하는 것이 타당한 경우가 많다. 예컨대 폭력을 다룬 텔레비전 드라마를 보자. 질적 연구자는 그 드라마의 대화와 줄거리 구조 속에 나타난 은유를 분석하려 할 것이고, 양적 연구자는 드라마 속에 나타난 폭력의 1분당 빈도 수를 연구하려 할 것이다.

그러나 드라마 폭력의 양이 텍스트의 질적 해석에 영향을 미치거나 그 반대로 질적 해석이 양적 해석에 영향을 미치거나, 서로 영향을 미칠 가능성이 있다. 어떤 경우에는 주어진 장면에서 폭력의 강렬함(질적 측정)이, 폭력의 양(양적 측정)보다, 텍스트 전체를 평가하는데 더 중요한 요인일 수 있다. 따라서 우리는 분석과 측정에서 다양한 기법을 알 필요가 있고, 그럼으로써 우리가 필요하거나 원하는 정보를 넓은 범위에서 얻을 수 있게 된다. 활통에 화살이 하나 있는 것보다 많이 있는 것이 즉 연구에 쓸수 있는 기법이 많은 것이 더 나은 것이다(Berger, 김대호외역 2001, 43). 예를 들어, 드라마 내용 분석을 양적으로 해서 드라마 폭력의 전체적인 경향을 수치로 나타낸 다음에, 질적인 분석을 해서 드라마 폭력의 심각한 특성을 해석할 수 있는 것이다.

김정섭, 박주연(2012), 지상파TV 주시청시간대 프로그램의 포맷 다양성 변화 연구 - 2000년, 2005년, 2010년 가을시즌 편성 비교를 중심으로, 한국언론학보 제56권 1호, 289~313

이 연구는 양적인 내용 분석을 한 후, 질적인 심층 인터뷰를 병행하였다. 이 연구는 KBS, MBC, SBS 등 우리나라 지상파 방송의 주시청시간대 편성에 나타난 프로그램 포맷(format)의 다양성 변화와 그 원인을 분석하는 데 초점을 두었다.

프로그램 포맷을 3가지로 '대분류'하고 이를 다시 15가지로 '소분류'하여 2000년, 2005년, 2010년의 각 10월분 편성 데이터를 분석 범주에 맞춰 코딩한 뒤 HHI와 CR을 적용하고 각 방송사 편성 담당자들의 심층인터뷰를 덧붙여 분석했다. 그 결과 다양성 수준은 대분류와 소분류에서 모두 어느 정도 확보됐지만 그 축소세는 2010년에 이를수록 뚜렷했다. 포맷 다양성의 협소 수준은 KBS 1TV, SBS, MBC, KBS 2TV 순으로 나타났다. 연구 결과는 이 시기 국내 지상파들이 '한류'와 변화된 시청자의 정보욕구, 취향, 라이프 스타일을 반영하고 시청 점유율과 수익 증진을 고려해 '선택과 집중', 즉 경영 논리 중심의 '닮은꼴 편성'을 고착화하고 있음을 보여주었다.

지상파 3사 편성 담당자 3인에 대한 심층 인터뷰 결과, 이들은 공통적으로 4개 채널이 모두 1990년대보다 포맷 다양성이 다소 협소하며 축소 추세도 점차 가팔라지고 있다는 것을 인정했다. 이런 추세는 방송시장의 경쟁구조 심화로 2000년대 이후 점차 고착되어가고 있는 현상이라 답했다. KBS 1TV의 '논픽션 포맷' 쏠림 현상은 채널간 편성 차별화 전략에 기인한다고 답했다. 채널별로만 보면 KBS 1TV에 공익성이 높은 뉴스, 생활·정보 중심의 논픽션 포맷을 집중 배치하고 상대적으로 2TV에는 상대적으로 오락성과 유희성이 높은 픽션과 하이브리드포맷을 집중해 방송사 전체적으로는 균형을 취하려 한 점을 고려해야 한다는 것이다.

4) 이분적 대칭을 이용한 접근

언어학자인 소쉬르(Ferdinand de Saussure)는 인간의 마음은 기본적으로 이분법적 대칭(binary oppositions)으로 세상을 이해한다고 주장한다. 이분적 대칭이란 예를 들면 방송 현상을 설명할 때, 하나와 다수의 방송채널로 방송을 이해할 수 있다. 시청자가 많다와 적다로 설명할 수도 있다. 방송기술을 디지털과 아날로그로 설명할 수도 있다. 방송 광고를 선과 악으로 설명할 수도 있다. 방송뉴스가 좋다와 나쁘다로 설명할 수도 있다. 언론의 자유와 규제로 설명할 수도 있다. 말하는자와 듣는자로 설명할 수도 있다. 언론인이 젊었다와 늙었다로 설명할 수 있다. 민주주의 언론과 전체주의 언론으로 설명할수도 있다. 언론사의 조직이 위계적이라거나 평등한 것으로 설명할수 있다. 언론정책이 드러난 것과 은밀한 것으로 설명할 수 있다. 서양과 동양의 가치 측면에서 방송드라마 내용을 분석할 수 있다. 독점과 경쟁차원에서 방송시장을 분석할 수 있다. 프로그램의 시작과 끝을 비교할 수도 있다.

이분법적 대칭 개념들을 사용하여 이 사회를 설명하여 훌륭한 이론을 만들어 냈거나, 우리의 역사에 심대한 영향을 미쳤다. 역사의 많은 부분들이 다음의 대칭적 개념들을 사용하여, 혹은 이러한 대칭적 개념들의 변증법적인 합을 사용하여 사회 현상을 설명하거나, 문제의 해결책으로 제시하였다.

〈표 3〉 중요한 이분법적 대칭

주창자	대칭 개념	
플라톤	하나(the one)	다수(the many)
맑스	귀족(bourgeois)	노동자(proletarian)
퇴니스	이익사회(Gesellschaft)	공동사회(Gemeinschaft)
레비 스트로스	날 것(raw)	익힌(cooked)
부버	나(I)	너(Thou)
헤겔	정(thesis)	합(synthesis)
엘리아데	신성한(sacred)	세속적(profane)
프로이드	이드(Id)	초자아(Superego)
키에르케고르	존재(existence)	본질(essence)

출처 : Berger(2000)

CHAPTER 3

커뮤니케이션 연구의 학적 체계

CHAPTER 03

커뮤니케이션 연구의 학적 체계

한 학문이 독립적인 학문으로 존재하기 위해서는 다음과 같은 세 가지 조건을 갖추고 있어야 한다. 첫째, 연구의 대상, 둘째, 고유한 방법론, 마지막으로 연구의 전통이다. 커뮤니케이션학의 경우, 1920년경부터 정치학, 심리학, 사회심리학, 사회학 등 인접 학문으로부터 연구의 대상이 되어 왔다. 이제는 독립적인 학문으로 자리를 잡았다. 독립적인 학문으로 자리를 잡았다는 의미는 독립적인 박사학위를 수여하고 있다는 점에서 잘 알 수 있다. 소위 언론학 혹은 신문방송학 전공명으로 석사학위나 박사학위를 수여하고 있다. 연구의 대상은 커뮤니케이션 현상인데, 다음과 같이 커뮤니케이션 연구 대상을 분류할 수 있다.

1. 인간 내적 커뮤니케이션 (intrapersonal communication)

인간 내면 세계에서 이루어지는 커뮤니케이션을 말한다. 자아 커뮤니케이션이라고도 한다. 자아 커뮤니케이션이란 개인 내부에서 일어나는, 즉 송신자와 수용자가 같은 커뮤니케이션이다. 개인 내에서 수용된 자극에 의미를 부여하는 과정이다. 외부에서 감각기관을 통하여 들어오는 자극에 의미를 부여하는 과정인데, 곧 정보처리과정이 된다. 인간은 감각기관을 통하여 수없이 많은 자극, 즉 정보를 받아들이게 된다. 이것을 처리과정을 통하여 조직함으로써 의미있는 형태로 만들어 내는 것이 곧 자아커뮤니케이션이다(홍기선, 1989, 536~537)

인간 내적 커뮤니케이션의 연구 영역은 자극을 받아들여 조직화하며 의미있는 형태로 처리하는 모든 과정을 대상으로 하는데, 특히 인간이 어떻게 정보를 선택하며, 선택한 정보를 조합하고 재추출하여 어떻게 효과적으로 줄여 나가는가 하는데 초점을 둔다. 외부의 커뮤니케이션을 받아서 어떻게 해석(decoding)하고, 외부로 표현하기 전에 어떻게 반응 할 것인가(encoding)를 인간 내적으로 생각하는 것을 의미한다. 일기나 메모하는 것도 포함된다. 국내에서 인간 내적 커뮤니케이션에 관한 연구는 거의 이루어지지 않았다.

2. 대인 커뮤니케이션(interpersonal communication)

대인 커뮤니케이션은 개인을 단위로 하여 두 사람 혹은 그 이상의 사람 사이에서 일어나는 대면적 상호작용을 기본 특성으로 한다. 따라서 대인 커뮤니케이션에서는 말을 통한 언어적 상징 체계뿐만 아니라 표정이나 행동 등의 비언어적 신호도 의미를 전달하는 중요한 표현 수단이 된다. 예를 들면, 몸짓, 손짓 등과 같은 비언어적 메시지는 언어적 표현의 보조 수단으로 사용되고 있다. 따라서 대인 커뮤니케이션에서 말을 하는 사람은 단순한 화자(speaker)라기 보다는 언어적, 비언어적 표현을 통하여 의미를 전달하려는 송신자이며, 말을 듣는 사람도 단순히 듣는 사람이 아니라 전달된 표현을 해석하고 이해하려는 의미의 수용자가 된다.

황유선, 김주환(2009), 대인 커뮤니케이션 능력이 휴대전화 사용과 대인관계 유지에 미치는 영향, 언론과학연구 제9권 3호, 687~719

황유선, 김주환(2009)은 대인 커뮤니케이션 매체인 휴대 전화를 자주 사용하는 것이 사회적 대인 관계 유지에 미치는 영향에 대해 살펴보았다. 이를 위해 커뮤니케이션 능력이 휴대 전화 음성 통화의 빈도 및 휴대 전화에 대한 친숙도를 매개로 하여 대인 관계를 유지하는 데 어떠한 인과 관계가 있는지 구조 방정식 모형을 통해 확인하였다. 또한 세대별 인과 관계의 차이가 존재하는지도 함께 밝혔다.

분석 결과, 커뮤니케이션 능력은 대인 관계를 유지하는데 긍정적인 영향을 미치고 있었으며 휴대 전화 사용 빈도 및 휴대 전화 친숙도에도 정적인 효과를 가졌다. 매개 변인으로서의 휴대 전화 사용 빈도는 대인 관계를 유지하는데 정적인 효과를 나타냈다. 한편 휴대 전화 친숙도는 대인 관계 유지에 유의미한 효과를 발휘하지는 않았으나 휴대 전화 사용 빈도에는 정적인 효과를 미쳤다. 세대별로 휴대 전화에 대한 친숙도가 휴대 전화 사용 빈도에 미치는 영향이 달랐으며 30대 이상의 세대에서 휴대 전화 사용 빈도와 갖는 관계가 더 컸다. 이로써 휴대전화의 사용은 개인의 사회적 관계를 유지하는데 중요한 역할을 하고 있음을 밝혔다.

허창구(2011) 자기개방이 인상형성(사교성, 신뢰성, 유능성)에 미치는 영향 - 남녀 성차 비교, 스피치와 커뮤니케이션 제16호, 44~74

허창구(2011)는 대인 관계에서 자기 정보의 개방 정도가 상대방에게 지각되는 개방자의 사교성, 신뢰성, 유능성에 영향을 미치는지와 그러한 영향에 남녀 성차가 존재하는지 검증하였다. 유통업에 종사하는 160명(남80, 여80)을 대상으로, 자기 개방 수준(강, 약)과 개방자의 성별(남, 녀)이 조작된 스크립트를 제시하고 개방자의 사교성, 신뢰성, 유능성을 평가하도록 하였다(개방수준×개방자 성별×피개방자 성별).

조사 결과, 자기 개방 수준의 주 효과는 신뢰성, 유능성에서 나타나, 자기 개방을 많이 할수록 신뢰성과 유능성이 높이 평가되었다. 이러한 자기 개방의 긍정적 효과는 개방자가 남성일 때 더욱 강하게 나타났고, 개방자가 여자일 경우에는 거의 차이를 보이지 않았다. 이러한 남성 개방자에 대한 효과는 동성인 남성 피험자에게서 더욱 크게 나타났다. 따라서 남성 개방자의 자기 개방의 긍정적 효과는 남성

피 개방자에게 가장 효과적이었으며, 여성 개방자의 경우에는 상대방의 성별에 관계없이 개방의 정도가 인상형성에 큰 영향을 미치지 않았다.

3. 소집단 커뮤니케이션(small group communication)

소집단 커뮤니케이션이란 일반적으로 소집단 구성원의 수를 2~20명으로 보고 소집단에서 이루어지는 상호작용을 의미한다. 사회과학에서의 집단 연구는 대부분 소집단을 중심으로 이루어져왔다. 왜냐하면 소집단은 우선 관찰과 실험이 용이하며 구성원의 외적 행동은 물론, 심리적 태도나 지각 등도 파악할 수 있는 장점을 가지고 있기 때문이다. 그런데 이와 같은 소집단 연구 결과는 보다 큰 집단에 그대로 응용되고 있어서 집단 연구에서 소집단과 일반 집단이 뚜렷하게 구별되고 있지 않다.

소집단 커뮤니케이션에 대한 연구는 집단 내 구성원 사이에서 주고받는 토론에 관심을 갖고 시작되었다. 소집단 내 토론과정을 살피는 것으로부터 출발한 소집단 커뮤니케이션은 점차 집단 구성원 사이의 일반적인 상호작용에까지 그 연구의 영역이 확대되었다

소집단에 대한 연구는 사회과학의 연구 역사와 맥을 같이 한다. 소집단 연구는 인간 행위에 대한 사회과학적 접근을 쉽게 해주었으며 사회학과 심리학을 연결시키는 계기가 되기도 했다. 즉 인간 집단에 관심을 둔 사회학과 개인의 심리 상태를 대상으로 하는 심리학을 종합하여 집단 내에서의 개인, 또는 개인의 집합체로서의 집단을 다루

는 독립 분야로써 사회심리학을 탄생시켰다. 그러므로 자연히 소집단에 대한 초기 연구는 사회심리학을 사회학과 심리학에서 각각 독립적으로 시작되었다.

사회학에서는 주로 집단이 형성되고 유지되는 과정, 그리고 개인과 사회의 더 큰 기관에 집단이 어떤 영향을 미치는가에 관심을 두었다. 반면에 심리학에서는 주위 환경이나 주위 사람이 개인에게 미치는 심리적 자극과 그 결과로 나타난 태도나 행위의 변화에 관심을 두었다. 이러한 시도는 후에 주위 사람과 사회적 관계를 유지하기 위하여 개인이 자신의 태도나 행위를 어떻게 적용시켜나가는가 하는 데까지 연구의 관심을 확대시켰다. 이 분야는 K. Lewin이 개인에게 미치는 사회적 영향력을 체계화한 집단 역학(group dynamics)을 정립함으로써 발전의 전기를 이루게 되었다.

그 후 사회심리학이 하나의 독립된 학문으로 성립되자 집단 연구는 사회심리학의 주된 분야가 되었고 실증적 관찰과 검증을 이용한 과학적 방법을 사용하여 집단을 연구함으로써 많은 업적을 이룩하였다(홍기선, Ibid., 350~354).

반승원과 전범수(2011), 가족 커뮤니케이션 유형별 결혼관 및 배우자 선택 차이 연구, 스피치와 커뮤니케이션 제16호, 244~269

반승원과 전범수(2011)는 가족이라는 소집단을 대상으로 연구하였다. 그들은 결혼관과 배우자 선택 요인에 영향을 주는 많은 변인들 중, 가족의 커뮤니케이션이 결혼을 결정하는 데 있어서 어떤 영향을 끼치는지 살펴보았다. 대학생과 직장인을 포함한 성인 총 423명을 대상으로 가족 커뮤니케이션의 대화지향과 순응지향의 높고 낮음에 따라, 협의형, 다원형, 권위형, 방임형의 네 가지 가족 커뮤니케이션 유형으로 구분해 전통적 결혼관, 결혼의 불합리성, 결혼의 필요성 등 세개의 결혼관과 배우자 선택의 외적조건, 내적조건 등에 어떤 차이가 있는지를 살펴봤다.

그 결과, 가족 커뮤니케이션 유형별로 결혼관과 배우자 선택 요인 모든 항목에서 유의미한 차이를 보였는데, 대화를 많이 하는 협의형, 다원형 등은 결혼에 대해 긍정적으로 생각하고 배우자 선택 기준도 중요하게 고려하는 것으로 나타났다. 한편 가족 간 대화가 거의 없이 구성원의 개인주의적 생활 형태가 두드러진 방임형 가족은 결혼에 대해 부정적임과 동시에 배우자 선택 조건도 중요하게 고려하지 않는 것으로 나타났다.

4. 조직 커뮤니케이션(organizational communication)

조직 커뮤니케이션이란 '조직 성원 간의 정보교환을 통한 상호 작용으로서, 메시지 흐름을 통해 조직 내의 갈등을 조정, 해결하고 조직의 기능을 효율적으로 수행하기 위한 행위'라고 정의할 수 있다. 여기서 조직과 조직커뮤니케이션은 서로 영향을 주고받는 상호의존 관계를 갖게 된다. 즉 조직은 조직커뮤니케이션의 형태에 따라 변화하고 반대로 조직 커뮤니케이션은 조직의 성격에 의해 규정되는 것이다. 이러한 점에서 볼 때 조직과 조직 커뮤니케이션은 한 동전의 다른 두면이라 할 수 있다.

지금까지 조직 커뮤니케이션의 연구는 주로 경영학을 중심으로 하여 사회심리학, 심리학, 정보공학 등의 여러 분야에서 직접 혹은 간접 접으로 다루어왔다. 조직 커뮤니케이션에 대한 이론적 접근방식과 연구과정에 대한 방법론의 차이는 각 학문의 성격과 관심 영역에 따라 다르게 나타난다. 이들의 차이는 대개 조직의 어느 부분에 관심의 초점을 맞추느냐하는 분석단위에 의해 나눠지게 된다.

일반적으로 조직커뮤니케이션을 연구하는데 사용된 분석 단위는 대개 네가지로 분류된다. 첫째는 개인이며, 둘째는 두 사람, 셋째는 조직 내의 소집단이며, 넷째는 조직 전체를 다루는 것이다. 지금까지 이루어진 조직커뮤니케이션 연구는 대부분 개인에 관한 것으로 전체 연구의 60%를 차지하고 있다. 다음에는 25% 정도가 소집단에 관한 것이며, 나머지 15%가 양자와 조직 자체를 분석단위로 한 연구이다(홍기선, Ibid., 310).

(1) 개인 단위의 연구 사례

조직체에 소속된 개인을 분석단위로 하였을 때는 대개 두 가지 분야의 연구가 주류를 이룬다. 첫째는 조직 내에서 전달되는 메시지의 유형이나 전달 매체에 따라서 그것이 조직 구성원의 지식이나 태도, 행위 등에 미치는 영향을 분석하는 것이다. 예를 들면 사보가 조직의 활동을 이해시키는 데 도움이 되는가, 또는 조직의 목표나 취지를 해설 하는 내용을 주기적으로 사내 방송으로 전해주는 것이 사기를 높여주고 업무성과를 높이는데 영향을 주는가 등이다.

둘째는 각 조직 구성원의 심리적 특성과 사회경제적 배경의 차이에 관한 연구로서 어떤 속성의 소유자가 커뮤니케이션에 적극적 혹은 소극적인가, 또는 어떤 배경의 사람이 지도자가 되며 정보처리 능력은 어떻게 변하는가하는 문제 등이 제기된다.

(2) 양자 단위의 연구 사례

조직 내에서의 양자 간의 관계는 크게 두 가지로 볼 수 있다. 첫째는 두 사람 사이의 위치가 비교적 비슷한 균형적 관계고, 두 번째는 두 사람의 위치에 차이가 많이 나는 불균형적 관계이다. 그러나 대부분의 조직 구성원은 시간과 장소에 따라 이 두 관계를 적절히 공유하게 된다. 상사와 부하 사이의 대화, 또는 각각 다른 부서에 속한 직원 간의 대화 분석을 할수 있겠다.

(3) 소집단 단위의 연구 사례

조직에서 소집단이라고 하면 책상을 맞대고 있는 어느 부서일수도 있고, 특정 업무를 위해 구성된 위원회일 수도 있다. 이러한 소집단을 단위로 한 커뮤니케이션 연구는 전체 조직을 분석하는 기초 자료로 사용되기도 한다. 커뮤니케이션 유형이 집단의 의사 결정이나 업무성과에 어떠한 영향을 미치는가 등을 연구 대상으로 한다.

(4) 조직 단위의 연구 사례

조직 전체를 분석단위로 할 경우에는 각 부서 사이의 관계 분석을 주된 영역으로 하여 전체 조직의 커뮤니케이션 구조를 파악한다. 이는 조직 내에서 정보가 흐르는 방향이나, 속도, 또는 정보의 집중도 등을 분석하기도 하고 정보의 변형, 왜곡, 삭제 현상 등을 연구할 수도 있다. 한 마디로 조직 자체의 커뮤니케이션 망과 이에 따른 조직의 효율성과 변화를 다루는 영역이다. 이와 같은 조직 단위의 연구는 사회학과 정보공학 분야의 관심 분야이다(홍기선, Ibid., 312~313).

유은영, 장병희, 남상현(2009), 조직커뮤니케이션 만족이 직무 만족, 조직몰입, 고객지향성에 미치는 영향 - 대학 교직원 집단을 중심으로, 스피치와 커뮤니케이션 제12호, 68~105

유은영, 장병희, 남상현(2009)은 조직 커뮤니케이션 만족의 효과에 대해 연구하였다. 조직 커뮤니케이션 만족의 효과에 대한 연구가 상당히 축적되었음에도 불구하고 조직 커뮤니케이션 만족의 직접적 및 간접적 영향력을 통합적으로 모형화하려는 시도는 많지 않는 실정이다. 이러한 기존 연구의 한계를 극복하기 위해 이 연구에서는 조직 구성원을 분석 단위로 설정한 뒤, 조직커뮤니케이션 만족이 직무 만족, 조직 몰입, 그리고 고객 지향성에 대해 직접적 및 간접적으로 영향을 미치는 모형을 구성하였다. 대학 교직원 집단을 대상으로 설문 조사를 실시한 뒤 구조방정식 모형을 활용하여 분석한 결과, 조직커뮤니케이션 만족이 직무 만족에 유의미한 영향을 미치고 직무 만족이 조직 몰입에 유의미한 영향을 미치는 것으로 나타났다. 또한 이 연구에서는 조직커뮤니케이션 만족의 영향력이 성별 및 근속 년수에 의해 조절될 수 있음을 발견하였다.

5. 매스 커뮤니케이션(mass communication)

커뮤니케이션 분야 연구중에서 가장 많은 비중을 차지하는 연구 영역이다. 특히 국내에서 그러한 경향이 있다. 주로 대중 매체 등을 다룬다. 라디오, 영화, 신문, 잡지 등의 매체에 대해 연구한다. 언론사의 조직, 언론의 내용과 제작, 언론과 기술, 수용자, 언론 산업,

언론 경영, 언론의 이념, 언론의 역사, 언론 규제, 언론 윤리 등 매우 다양한 주제를 가지고 연구가 진행되어 왔다.

최현주(2012), 방송작가의 직업만족도 결정요인 연구, 언론과학연구 제12권 2호, 572~602

최현주(2012)는 방송작가들을 대상으로 그들의 근무 특성, 근로 환경, 그리고 역할 스트레스가 직업 만족에 어떠한 영향을 미치는지, 그리고 이처럼 다양한 요인들 가운데 방송작가의 직업 만족도에 가장 결정적으로 영향을 미치는 요인은 무엇인지에 대하여 고찰하였다. 이를 위해 방송작가를 대상으로 근로 실태와 직업 만족도를 파악하기 위한 온라인 서베이를 실시하였다. 총 494명이 설문에 응답하였는데, 직업 만족도에 대한 응답을 요인 분석한 결과 방송작가들의 직업 만족도는 '근로 환경 만족도'와 '장래성 만족도'라는 두 개의 요인으로 나뉘었다.

연구 결과, 외적인 보상이나 외적인 근무 환경보다도 역할 갈등이나 역할 과부하와 같은 심리적 압박감이 방송작가들의 직업 만족도에 더 큰 영향을 미치는 결정 요인이라는 점은 주목할 만하다. 이는 전문직으로서 창의적인 방송 콘텐츠를 제작하는 방송작가가 자신의 업무 영역을 침해당했다거나 자신의 업무가 아닌 일을 수행한다고 인식하지 않도록 역할과 권한에 대한 명확한 설정과 이행이 시급히 이루어져야 함을 의미한다.

최현주(2013), 디지털 테크놀로지의 발달과 다큐멘터리 스토리텔링 방식의 변화, 언론과학연구 제13권 2호, 397~432

최현주(2013)는 디지털 기술이 방송 제작에 어떤 영향을 미치는지에 대해 연구하였다. 2000년대 이후 디지털 테크놀로지의 발달과 다매체, 다채널로 대변되는 매체 환경의 변화 속에서 다큐멘터리의 장르적인 관습의 한계를 넘어서는, 시청자들의 관심과 호응을 이끌어내는 새로운 형태의 다큐멘터리들이 등장하고 있다. 캠코더의 소형화, 경량화에 의해 기동성과 현장성을 확보하게 되면서, 일상적인 소재를 재발견하여 구성한 프로그램들이 등장하기도 하였다. 또한 첨단 촬영 기술의 발달로 이전까지는 촬영이 불가능하였던 영역을 영상화할 수 있게 되면서 다큐멘터리에서 다루는 소재의 영역이 확장되어 인체 내부나 인간의 인지 과정 및 심리를 다루는 인간의 심리 과학 다큐멘터리 등 새로운 장르의 다큐멘터리가 등장하기도 하였다. 뿐만 아니라 컴퓨터 그래픽 기술의 발전으로 상상의 영역이었던 부분들도 시각화할 수 있게 되면서 〈한반도의 공룡〉과 같은 자연사 다큐멘터리도 등장하게 되었다.

이문행(2011), 사례분석을 통한 국내 TV 드라마의 수익 구조, 언론과학연구 제11권 3호, 181~206

이문행은 방송 경영에 대해 연구하였다. 이 연구에서는 최근 관심이 높아지고 있는 TV 드라마의 다양한 부가수익 창출 사례를 살펴보고자 하였다. 분석 결과, 국내 TV 드라마의 수익 모델은 '창구 다각화 모델(전통 창구 추구형)', '시장창조모델(블루오션 추구형) 등의 유형으로 구분되었으며, 점차 블루오션 추구형의 사례가 늘고 있다는 것을 알 수 있었다. 특히 경기 침체와 채널 간 경쟁 심화로 그동안 프로그램의 주 수입원이었던 광고 수익의 지속적인 감소가 예상됨에 따라 부가 수익 창출은 선택이 아니라 필수 요건이 되고 있다.

최근 사례들에 의하면 광고 수익이 전체 수익에서 차지하는 비중이 점차 감소하고, 새로운 수입원들이 늘어나고 있는 추세임을 발견할 수 있었다. 무엇보다 OST 수익을 콘서트로까지 확대하고 있는 사례는 음반 수익이 새로운 수입원으로 자리 잡을 수 있다는 기대감을 주고 있으며, 제작 협조 차원에 그쳤던 촬영지 요소를 관광 상품화하여 제작 수익을 창출하고 있는 것도 최근 눈에 띄는 점이다. 뿐만 아니라, 머천다이징 상품들도 매우 다양해짐으로써 드라마의 브랜드 수익 창출이 정착되고 있다는 것을 알 수 있다.

장하용(2011), 방송 프로그램 제작 PD의 '방송 공익성' 인식에 관한 연구- 지상파 방송 3사를 중심으로 언론과학연구 제11권 3호, 261~293

방송 환경이 다매체 다채널 시대로 변화하면서 방송의 공익성 개념도 변하고 있다. 그러나 방송 공익성에 관한 기존의 논의에는 프로그램 제작자의 입장에서 공익성을 탐색하는 연구들이 거의 존재하지 않았다. 장하용(2011)은 지상파 방송 3사의 제작 PD들이 방송의 공익성을 어떻게 인식하고 있으며, 구현하기 위한 수단으로 무엇을 중요하게 생각하는가를 알아보았다. 이를 위해 KBS, MBC, SBS 등 방송 3사의 제작 PD들에 대한 심층 인터뷰를 실시했으며, 제작 PD로서 방송의 공익성을 무엇으로 생각하고 어떻게 구현하고자 노력하는지, 걸림돌은 무엇인지를 알아보았다.

연구결과, 프로그램을 제작하는 PD들은 소수자 보호가 공익성의 기본이며, 오락 PD들을 중심으로 공익 프로그램의 범위가 확장되었다. 또한 PD들은 공익성 구현 방법의 일환으로 장르의 융합 및 구성의 연성화를 시도하고 있으며, 시청률과 공익성을 대립이 아닌 조화의 관계로 인식하고 있었다.

차찬영, 박주연(2012), TV 오락 프로그램의 포맷 구성의 변화 - 2000년대 지상파 방송 프로그램을 중심으로, 언론과학연구 제12권 3호, 526~564

차찬영, 박주연(2012)은 전 세계적으로 방송 콘텐츠 산업의 패러다임을 바꾸며 국내 방송 전경을 변화시키고 있는 TV 포맷을 중심으로 2000년대 국내 지상파 오락 프로그램의 구조적 특징 및 변화 양상을 구체적으로 파악하고자 했다. 이에 본 연구는 포맷의 구조적 측면에 천착해 지난 10년간 국내 지상파를 통해서 방송되었던 오락 프로그램들을 대상으로 내용분석을 실시했다.

연구 결과 국내 오락 프로그램 포맷은 비구조화된 구성, 현장 중심의 제작 형식 그리고 리얼리티 유형의 프로그램의 증가와 같은 특징을 보이고 있었다. 또한 출연자 구성에 있어 인기 연예인 중심으로 이루어지고 있었으며 자막이나 편집 효과에 크게 치중하는 것으로 나타났다. 또한 포맷의 구조적 특징은 방송사간에도 유의미한 차이를 보였으며 특히 공영 방송인 KBS와 상업 방송인 SBS간의 차이가 두드러졌다. 이러한 결과는 지난 10년간의 국내 오락 프로그램 포맷의 특징을 통찰할 수 있는 기회를 제공하며 아울러 국내 오락 포맷의 현주소를 정확히 인지함으로써 보다 창의적인 포맷 개발을 위해 노력하고 있는 산업 현장에 실질적인 유용성을 제공하게 될 것이다.

송종현(2011), 지역방송의 사투리 사용 내용규제에 대한 연구, 언론과학연구 제11권 3호, 120~146

지역 방송의 핵심 가치인 지역성을 지역 정체성의 관점에서 접근하는 시도가 증가하고 있다. 송종현(2011)은 지역방송의 지역 정체성을 구성하는 중요 지표 중의 하나로 지역 언어, 즉 사투리 사용의 실태와 그에 대한 내용 규제의 문제를 다루고 있다.

지역방송 프로그램을 모니터링하는 지역민을 대상으로 한 설문 조사 결과, 지역 방송에서의 사투리 사용은 현재의 수준보다 강화될 필요가 있으며, 지역민의 동질감을 확인하는 수단으로 인식되고 있음을 확인할 수 있었다.

최근 대중 매체가 기술이 진화하면서, 다양한 다매체 다채널 시대가 열리고 있다. 이에 따라 매스 미디어 연구에서 종합유선방송, 위성방송, IPTV, DMB와 같은 매체를 중심으로 연구가 많이 이루어지고 있다. 또한 스마트TV도 새로운 연구 대상으로 등장한다. 이러한 각 매체들은 대중 매체 연구 주제와 비슷하지만, 그 내용이나 결과는 차이가 나타난다. 이에 각 매체들을 다루기도 하고, 기존 지상파방송과 새로운 방송 매체들을 다양한 측면에서 비교하는 연구도 진행되고 있다.

이런 매체들은 방송(Braodcasting)이라기 보다는 협송(Narrowcasting)의 성격이 강하다. 따라서, 방송 경영, 이념, 제작 및 편성, 산업 및 정책, 수용자, 방송 기술, 효과 등 모든 면에서 기존 대중 매체와 차이가 있기에 연구꺼리가 많이 확대되고 있다.

6. 새로운 매체를 이용한 커뮤니케이션

인터넷, 소셜 미디어의 이용이 보편화되면서, 새로운 매체를 이용한 커뮤니케이션이 활성화되고 있다. 인터넷을 이용한 커뮤니케이션, 컴퓨터 매개 커뮤니케이션(CMC: computer mediated communication), 소셜 미디어를 이용한 커뮤니케이션 등이 대표적 예이다. 방송과 통신이 융합된 매체들이 등장함으로 인해 커뮤니케이션 연구 영역이 크게 확대되었다. 이러한 매체들은 통신의 성격을 내포하고 있어 점송(Personalcasting 혹은 Pointcasting)의 특성이 강하다.

인터넷이 전자우편함(E-mail)이나 인터넷 폰 등을 통한 대인 커뮤니케이션 뿐만 아니라 인터넷 신문, 인터넷 텔레비전, 인터넷 라디오 등을 통한 매스 커뮤니케이션 영역의 미디어 기능을 제공하게 됨에 따라 커뮤니케이션 학자들은 인터넷의 대인 커뮤니케이션의 가능성뿐만 아니라 새로운 매스 커뮤니케이션으로서의 가능성에 대해서도 주목하기 시작하였다.

과거 매스 커뮤니케이션의 메시지 생산자와 수용자의 형태는 1대 다수의 동시적 커뮤니케이션만으로 특징되었으나, 인터넷 상에서는 메시지 생산자와 수용자는 일 대 다수, 다수 대 다수, 다수 대 일, 일 대 일 등의 여러 형태를 띤다. 커뮤니케이션 형태 역시 동시적인가, 비동시적인가에 따라 다시 분류될 수 있다.

인터넷이 매스 미디어로 자리 매김하게 되면서, 커뮤니케이션 내용의 본질과 누가 새로운 미디어에 대한 의제를 설정하는가도 연구 대상이 되고 있다. 인터넷이라는 새로운 환경에서 수용자의 위상을 재개념화 하는 문제가 제기된다. 인터넷 이용을 둘러싼 정보 격차의 문제가 커뮤니케이션학에서 중요한 연구 대상이 된다. 인터넷은 정보 전달 채널인 동시에 오락 채널로서의 잠재력이 있기 때문에 다른 오락 매체와 동등한 기능 여부, 언어폭력, 인터넷 중독 현상, 정보원의 공신력 문제 등이 중요한 연구 쟁점이다(원우현외, 2006, 13~14).

컴퓨터가 통신망과 결합하면서 기존의 일방향성 대신 양방향성 커뮤니케이션이 가능하게 되었고, 이로서 컴퓨터를 매개로 한 커뮤니케이션이 주요 커뮤니케이션 형태로 대두되었다. 이를 컴퓨터 매개 커뮤니케이션이라고 한다. 이제 서로 대면을 해야 하는 대면 커뮤니케이션보다는 컴퓨터 매개 커뮤니케이션을 하는 추세가 증가하고 있다.

대면 커뮤니케이션과는 달리 컴퓨터 화면 앞에 앉자 기계를 대상으로 메시지를 주고받을 상대자들을 상상하면서 메시지를 전달한다. 이는 기존의 커뮤니케이션 상황과는 아주 상이한 것이며, 상이하게 전개되는 커뮤니케이션은 연쇄적으로 또 다른 변화를 낳는다. CMC는 대면 커뮤니케이션의 취약점을 보완하여 새로운 커뮤니케이션 상황을 창출한다. 또한 신속하게 확산되고 있는 컴퓨터 이용은 커뮤니케이션 행위뿐만 아니라 커뮤니케이션에 대한 기존의 이론마저도 변화시키고 있다(원우현외, Ibid., 28).

안종묵(2011), 인터넷 포털미디어의 저널리즘 특성에 관한 고찰 - 〈네이버 뉴스〉와 〈야후 미디어〉의 속보성, 상호작용성, 관련기사 서비스를 중심으로, 언론과학연구 제11권 1호, 187~218

안종묵은 포털 저널리즘의 특성을 고찰함으로써 포털 미디어의 문제점과 방향을 모색하고자 하였다. 인터넷 커뮤니케이션 기술을 바탕으로 한 포털 미디어는 전통적인 미디어와 비교하여 '속보성', '상호작용성', '관련 기사' 서비스 등의 특성 혹은 장점을 갖고 있다.

분석 결과에 따르면, 첫째 포털미디어가 저널리즘의 역할 및 기능을 강화하기 위해선 연성 뉴스보다는 경성 뉴스인 정치·경제 분야 뉴스에서 속보성을 더욱 강화해 나갈 필요가 있다. 둘째, 포털 미디어의 상호 작용성은 저널리즘의 역할 및 기능을 활성화시킬 수 있는 중요한 기제가 될 수 있음에도 불구하고 현재 포털 미디어의 뉴스 생산 구조에서 이를 실현하기엔 한계가 있어 보인다. 마지막으로 관련 기사 서비스와 관련하여, 포털 미디어의 관련 기사 서비스는 연성 뉴스인 연예 분야 뉴스에 집중하고 있는 상황을 지양해야 하며, 아울러 경성 뉴스인 정치 분야 뉴스에 있어서 공정성을 담보한 관련 뉴스 서비스를 지향해야 한다고 주장하였다.

박현구(2003), 인터넷 채팅 환경에서 도상문자의 체면 살리기 기능에 관한 연구, 스피치와 커뮤니케이션 제2호, 146~171

박현구(2003)는 인터넷 채팅 환경에서 도상 문자의 체면 살리기 기능에 관해 연구하였다. 인터넷 등 문자 발화 환경에서 사용되는 도상 문자는 문자 언어로는 전달할 수 없는 비언어적 단서를 전달한다. 언어적 행위뿐 아니라 비언어적 행위 또한 대인간 판단의 제 차원에 영향을 미치는데, 특히 상호 작용 과정에서 위협받기 쉬운 체면과 관련 있다. 얼굴 표정이나 몸짓, 그리고 어조 등의 비언어적 단서는 커뮤니케이션 과정에서 상대자에게 드는 구속받는 느낌을 줄임으로서 체면을 살린다. 문자 발화에서 사용되는 이모티콘 등은 말의 영향력을 줄임에 따라 체면을 살리는 공손의 전략으로 기능하는데, 이는 그러한 기호가 면대면 환경에서의 비언어적 행위에서 유추되기 때문이다. 명시적 표현의 문자 발화는 딱딱하고 예의 없이 보이나 도상 문자를 사용함으로서 애교 있고 여성적인 느낌을 줄 수 있고 이로서 부정적 영향력이 완화된다. 도상 문자는 동료화 전략이나 칭송 전략, 그리고 자율성 존중 전략에 사용되는 과정에서 언어적 공손 전략의 의미를 강화하거나 보충하거나 발화자의 의미를 보다 명확히 전달한다. 이러한 도상 문자는 대인간 정감을 획득하려는 욕구를 가진 인터넷 참여자들이 언어 행위의 변화를 통해 제한된 커뮤니케이션 채널의 한계를 극복하려 한 결과이며 다양한 상호 작용의 과정에서 언어와 상호 작용하여 공손의 표현을 이룬다.

이상록, 윤영민(2012), 스마트 폰 앱 뉴스의 연성화 분석 - 동아닷컴, 인터넷한겨레, 네이버, 다음의 인터넷 사이트와 스마트 폰 앱을 중심으로, 언론과학연구 제12권 3호, 330~354

이상록, 윤영민(2012)은 동아닷컴, 인터넷한겨레, 네이버, 다음의 인터넷 사이트와 스마트 폰 앱 뉴스의 연성화를 분석했다. 그 결과 동아일보, 한겨레의 스마트 폰 앱 뉴스와 동아닷컴, 인터넷한겨레 뉴스의 연성화 정도에는 유의미한 차이가 없었다. 반면 네이버, 다음의 스마트 폰 앱 뉴스는 이들 매체의 인터넷 뉴스보다 연성화 정도가 더 높았다. 네이버, 다음의 스마트 폰 앱 뉴스는 동아일보, 한겨레의 스마트 폰 앱 뉴스보다 연성 요소가 눈에 띄게 더 많았다. 이는 스마트 폰에서도 뉴스의 객관성을 유지하려는 기존 매체와 달리 인터넷 포털은 스마트 폰으로 흥미성 뉴스를 공급한다는 뜻이다. 이 연구는 뉴스 연성화 연구를 스마트 폰으로까지 넓혀 뉴미디어에서의 뉴스 연성화 문제점을 실증적으로 입증했다는 데 의미가 있다.

최근 들어 소셜미디어를 이용한 커뮤니케이션에 대한 연구도 활발해지고 있다. 점증하는 소셜미디어의 중요성을 고려할 때, 커뮤니케이션 시각에서 이 분야 연구는 더욱 활성화될 것으로 예상된다.

김은미, 이주현, 뉴스 미디어로서의 트위터 - 뉴스 의제와 뉴스에 대한 대화를 중심으로, 한국언론학보 제55권 6호, 152~180

이 연구는 최근 부상하는 소셜 미디어인 트위터에서 어떤 뉴스 이슈가 채택되고 트위터에서 나타나는 뉴스에 대한 메시지들의 내용적, 형식적 특성들이 어떠한지 살펴보았다. 이에 덧붙여 트위터 고유의 특성이라 할 수 있는 팔로워가 많은 의견 지도자들이 주로 채택해서 전파하는 뉴스 이슈가 무엇이며 이들의 뉴스 관련 메시지의 특성이 어떠한지에 대해서도 살펴보았다. 23개의 주요 뉴스 이슈에 대한 트윗 메시지 8,965개를 분석하였다.

주요 결과로, 첫째, 기존 언론이 많이 보도하는 뉴스 이슈와 트위터에서 빈번하게 회자되는 뉴스 이슈 간에는 상당한 중첩이 있었으나 기존 언론은 미미하게 보도했으나 트위터에서 예외적으로 많은 양의 트윗을 촉발한 예외적인 흥미성 이슈가 있었다. 둘째, 경성 뉴스에 대한 트윗에서는 경어체의 정보 추가 및 분석이 두드러졌으나 연성 뉴스에 대한 트윗에서는 헤드라인을 인용하고 사건을 알리고자 하는 서술이 특징적이었다. 셋째, 팔로워가 많은 의견 지도자들은 주로 경성 뉴스를 채택했으며 이들은 언론사 링크를 활용하고 헤드라인을 인용하면서 뉴스를 충실히 재매개 한다는 것을 알 수 있었다. 넷째, 트위터 상 뉴스에 대한 논의는 기존 언론과 연계되어 나타나면서도 기존 언론과는 다른 시각을 띠기도 하고 기존 언론 자체에 대한 비판도 나타난다. 그리고 이러한 과정에 있어 팔로워가 많은 의견 지도자의 역할이 큰 것으로 나타났다. 이러한 결과를 바탕으로 새로운 뉴스 생태계로서 트위터가 가지는 의미에 대해서 논하였다.

이상 설명한 연구 대상과 접근 방법을 고려하여 종합적으로 다음과 같은 커뮤니케이션 연구의 체계를 정립해 보았다.

〈표 4〉 커뮤니케이션 연구의 학적 체계

비교 연구 대상	시간 비교	공간 비교
인간 내적 커뮤니케이션		
대인 커뮤니케이션		
소집단 커뮤니케이션		
조직 커뮤니케이션		
매스 커뮤니케이션		
뉴미디어 커뮤니케이션		

각각의 연구 대상들에 연구 범위를 국한하여 연구를 할수도 있지만, 여러 개의 연구 대상을 복합적으로 탐구할수도 있다. 예를 들면, 다음 연구는 미디어와 대인 커뮤니케이션을 함께 비교하여 다루었다.

> 한지은과 정세은(2012), 미디어와 대인 커뮤니케이션이 남성 화장품 구매 행동에 미치는 영향, 스피치와 커뮤니케이션 제18호, 2012.8, 55~77.

한지은과 정세은(2012)은 합리적 행동 이론(Theory of Reasoned Action)에 기반하여 남녀 소비자의 남성 화장품 구매 행동을 태도와 규범으로 예측하였으며, 구매 행동에 영향을 미치는 미디어와 대인 커뮤니케이션의 역할에 대해서 함께 살펴보았다. 남성과 여성 소비자 모두 미디어와 대인 커뮤니케이션이 태도에 영향을 미치고, 대인 커뮤니케이션과 추정된 미디어 영향력이 규범에 영향을 주는 것으로 나타났다.

연구 대상별로 시간 비교나 공간 비교를 할수 있다. 예를 들면, 매스 커뮤니케이션의 역사적 변화를 살펴볼수 있다.

최진호와 한동섭(2012), 언론의 정파성과 권력 개입- 1987년 이후 13~17대 대선캠페인 기간의 주요일간지 사설 분석, 언론과학연구 제12권 2호, 534~571

최진호와 한동섭(2012)은 언론이 어떻게 정파성을 드러내면서 정치권력 창출에 개입하며 이를 심화해 나아가는지 살펴보고자 하였다. 민주화 이후 치러진 13~17대 대선기간의 주요 일간지 사설을 통시적으로 분석하여 언론의 정치 지형과 변동 과정을 추적하고 그 함의를 찾아보았다.

연구결과, 시간이 지날수록 언론은 지면을 통해 권력 창출 과정에 보다 적극적으로 개입하는 것을 확인할 수 있었다. 이념적 성향은 보수와 진보로 점차 나뉘어져 가는데, 조선일보와 한겨레는 14대부터, 동아일보와 경향신문은 15대에 시작하여 16대부터 뚜렷해졌다. 이로 인해 16대 대선부터는 주요 언론들이 보수와 진보로 극명히 대립하는 양상을 보였다. 이들 언론은 자신의 정치적 입장에 따라 지지하지 않는 유력한 상대 후보를 비판하여 지지하는 특정 후보에게 유리하도록 보도하였다. 언론사 소유 구조의 차이와 변화, 그리고 각 정부의 언론 정책이 개별 언론사가 정파성을 드러내며 권력 개입을 시도하는 시점과 이념적 방향 등에 영향을 미쳤을 것으로 보인다.

매스 커뮤니케이션을 공간적으로 비교하여, 국가간 비교 연구나 문화권간 비교 연구를 수행할 수 있다. 이 경우, 커뮤니케이션 모델을 이용하여 연구 대상을 보다 구체화하면 도움이 된다. 대표적인 모델로 H. Lasswell의 S(Sender) - M(Message) - C(Channel) - R(Receiver) - E(Effects) 모델을 사용하여, 효과에 초점을 맞추어 '한국과 중국의 간접 광고의 효과에 대한 비교 연구' 등을 수행할 수 있다. 또는 송신자에 초점을 맞추어 'IMF 외환위기 전후 뉴스 생산자의 변화에 대한 연구'와 같이 시간에 따른 변화를 연구할 수도 있겠다.

배진한(2009), 휴대전화 이용이 대인커뮤니케이션 네트워크에 미치는 영향에 대한 한·미 비교연구 - 대학생집단을 중심으로, 언론과학연구 제9권 3호, 178~210

이 연구는 휴대 전화 이용이 한국과 미국 두 사회 구성원들의 대인 커뮤니케이션 네트워크에 어떠한 차별성을 낳고 있는가 하는 문제를 양국 대학생 집단 간 비교를 통해서 알아보려 했다. 한국과 미국에서 총 453명을 임의 표집하여 설문 조사를 실시했다.

분석 결과, 휴대 전화는 두 집단의 대인 커뮤니케이션 지형에 대체로 엇비슷한 영향을 미치고 있지만, 이와 함께 작지만 유의미한 차이를 낳고 있다는 점도 관찰됐다. 즉, 미국 집단과 비교해볼 때 한국 대학생 집단은 휴대전화를 기존 교류 범위를 확대하거나 내집단 구성원들과의 커뮤니케이션을 더욱 활성화시켜 기존 대인 네트워크의 결속력을 강화시키는 동시에 내·외 집단간의 경계선을 고착시키는데 더 많이 활용하는 경향이 있음을 실증적으로 확인할 수 있었다.

CHAPTER 4

—

연구의

주제

선정

—

CHAPTER 04

연구의 주제 선정

1. 연구의 출발

연구 과정은 호기심이 생길 때 이미 시작된 것이다. 어떤 것을 알고 싶어 한다면, 공식적이거나 비공식적으로 연구를 시작한 것이다. 현상에 대한 관찰, 자료를 읽음, 어떤 사람이 제기한 주장, 무엇인가에 대한 직관(hunch)들 가운데 그 무엇이 되었든지 간에 이러한 것들은 연구를 시작하는 하나의 계기가 된다.

좋은 연구자가 되기 위해서는 많은 이슈들을 확인하고, 확인된 이슈들을 노트에 적고, 그리고 그 가운데 하나를 연구하기 위해 선택한다. 관련된 모든 이슈들을 확인하는 것은 연구 주제의 복잡한 관계들을 파악하는데 도움을 준다. 그리고 그 가운데 하나를 선택하는 것은 관련 있는 복잡한 현상을 한 연구에서 모두 연구하는 것이 불가능하기 때문이다.

연구 가능한 연구 문제는 시간, 장소, 조건 등에서 제한이 있다. 연구 가능한 문제란 큰 주제의 작은 부분이다. 연구자에게 있어 어려운 점 중의 하나가 커다란 매력적인 이슈를 남겨둔 채 이슈의 다룰 수 있는 작은 부분을 정하는 것이다. 만약 이러한 작업에서 실패할 경우, 시간, 에너지, 그리고 다른 자원들이 더 많이 필요하게 되어 연구가 어려움에 직면할 수 있다. 큰 연구 문제에 대한 답을 찾지 못하는 것보다, 작은 연구 문제에 대해 답을 찾는 것이 바람직하다. 추후 작은 답들을 모으면 큰 답을 찾게 될 것이기 때문이다. 한 연구에서 하나의 작은 부분을 연구하고, 또 후속 연구에서 또 다른 부분을 연구하고 이러한 연구들이 축적되어서 전체 현상에 대한 총체적인 이해가 가능하게 되는 것이다.

따라서, 너무 욕심을 내어 큰 주제를 설정하여 모든 것을 설명하려고 하기 보다는 연구 주제들을 좁혀나가는 작업이 매우 중요하다. 이러한 작업들을 통해서 연구 보고서를 읽는 독자들은 연구자가 연관된 이슈들의 복잡성을 잘 이해하고 있고, 어느 하나에 초점을 맞출 정도로 충분히 훈련되어 있다는 것을 알게 해준다. 큰 이슈에서 초점을 좁혀 연구 문제로 설정하기 위해서는 훈련이 필요하다(Dixon, 1987, 16).

연구 출발 단계에서 가장 기본적인 접근은 연구자가 연구 문제, 상황 등에 대해서 생각할 때 떠오르는 모든 이슈, 아이디어, 요인들을 확인하고 노트에 적는 것부터 시작한다. 다음으로 기초되는 자료들을 읽는 것이 이슈나, 요인 그리고 한 걸음 더 나아가 연구 문제들을 생각하는데 도움이 된다. 다시 정리하면, (1) 연구하려는 현상을 들여다보고, (2) 개념들을 학인하고, (3) 개념들 간의 가능한 관계를 확인하고, (4) 최종적으로 연구하고자 하는 몇 개의 변인들에 초점을 맞추기 위해 선택을 한다.

2. 연구 주제의 선정

초보 연구자는 학기말 과제, 논문, 학위 논문을 준비하면서 주제 선정하는 일이 매우 중요하고 어렵다. 쓰레기를 넣으면 쓰레기 밖에 나오지 않는다. 쓰레기 같은 연구 문제를 설정할 경우, 연구 과정에서 최선을 다한다고 해도 쓰레기 같은 답이 나올 수밖에 없다.

연구 주제는 자신의 머릿속에서 창의적으로 선정할수도 있고, 자신의 경험으로부터 선정할수도 있다. 기존 연구들을 검토하면서 좋은 연구 주제를 선정할 수도 있다. 자신의 직관으로 또는 자신의 경험에 근거해서 연구 주제를 선정하는 경우 창의적인 주제를 설정할수 있는 장점이 있지만, 이론적 분석의 틀을 만드는데 어려움을 겪을 수 있다. 아무리 좋은 연구라 할지라도, 기존 연구에 근거해 있어야 한다. 따라서, 초보 연구자들의 경우에는 기존 연구들을 검토하면서 연구 주제를 설정하면 좀 더 쉽게 연구를 진행할 수 있다.

결국 모방을 통해 창의성을 더해 나가는 과정이 보다 안정적이다. 100 퍼센트 창의적 연구란 존재하지 않는다. 기존 연구자의 업적들에 벽돌 하나를 더한다는 심정으로, 다소 겸손하게 연구에 임할 필요가 있다.

3. 좋은 연구 주제의 기준

연구 주제의 선정과 관련된 구체적인 기준은 학자마다 조금씩 다를 수 있다. 하지만 모든 학자들은 사회과학에서 다루는 연구 주제가 적어도 참신성과 시의 적절성, 그리고 이론에 기여해야 한다는 점에 대해서 전적으로 동의하고 있다.

▼

1) 참신한 주제가 좋다

사회과학도들이 사회 현상을 연구하는 궁극적인 이유는 바로 인간의 삶을 풍요롭게 하기 위한 지식을 축적하는 것이다. 그러므로 과거의 연구를 그대로 재현하거나 이미 확인된 사실을 재확인하는 수준의 연구를 하는 것은 연구의 의미를 반감시킬 수 있다. 연구의 의미를 배가하기 위해서라면 연구자는 새로운 현상과 관련된 진실이나 사실을 밝히는 것에 역점을 두어야 한다. 특히 새롭게 부각되는 사회 현상으로써 아직 그 원인과 결과가 알려지지 않은 참신한 것을 연구의 주제로 삼을 때 연구 가치를 인정받을 수 있다. 이런 이유 때문에 주제의 참신성은 창의성과도 맞물려 있다고 할수 있다(정현욱, 2012, 44).

▼

2) 시의성(timeliness)이 있는 주제가 좋다

역사적인 연구가 아니라면, 시의성이 있는 연구 주제를 설정하게 될 경우 훨씬 많은 사회적 관심을 받을 수 있다. 인터넷 신문에 대한 관심이 높은 시기에, 김관규는 인쇄신문과 인터넷신문의 기사 표제를 분석하였다.

김관규, 김진원(2010), 인쇄신문과 인터넷신문의 기사 표제 차이에 관한 연구, 언론과학연구 제10권 2호, 39~72

이 연구의 목적은 인쇄 신문과 인터넷 신문의 기사 표제 유형을 분류하고, 이 두 신문 간에 기사 표제 사용에 어떤 차이가 있는지를 비교 분석하는 것이다. 이를 위해 조선일보, 중앙일보, 동아일보 그리고 조선닷컴, 조인스닷컴, 동아닷컴의 기사표제 3,129개를 내용 분석을 통해 정해진 기사 표제 유목에 분류하였다.

주요 분석 결과를 살펴보면, 먼저, 인쇄 신문과 인터넷 신문 모두에서 관심 유도형이 정보 제공형보다 더 많이 사용되고 있었다. 이 결과는 독자들의 관심을 끌기 위해 인쇄 신문과 인터넷 신문 모두 보다 선정적인 제목을 사용하고 있다는 사실을 보여준다. 두 번째 주요 결과로서 인쇄 신문은 독자에게 호소하기 위해 은유적인 기사 표제를 선호하는데 반해, 인터넷 신문은 이용자의 클릭을 유도하기 위해 과장된 제목을 선호한다는 사실이 밝혀졌다. 세 번째로 주제 은폐형 유형이 인쇄 신문보다는 인터넷 신문에서 많이 사용되었는데, 특히 인터넷 신문에서는 이용자를 낚기 위해 의문형과 퀴즈형 같은 낚시형 기사 표제도 사용하였다. 이러한 주제 은폐형 유형이 신문의 신뢰도에 미치는 부정적인 영향을 정확하게 인식할 필요성이 제기되었다.

▼

3) 찬반 논쟁이 심한 주제가 좋다

연구의 쟁점이 분명하면 좋다는 의미이다. 쟁점을 두고 찬반 양론이 나누어져서 논쟁이 심하게 일고 있는 주제는 관심의 대상이 된다.

송의호기자는 박사학위 논문에서 참여정부의 브리핑제도 시행 전후의 보도행태에 대해 연구하였다(송의호, 2009). 출입처 제도 개혁에 대한 평가는 좋은 대조를 보인다. 노무현대통령은 기자실을 폐쇄하는 개혁을 단행하였다. 기자실 운영에 대해서는 찬반 양론이 존재하였다.

기자실과 취재 시스템 변화를 둘러싸고 한편에서는 제도적 폐단과 잘못된 취재 관행을 바로잡을 수 있는 기회가 될 것(장호순, 2003)이라고 기대하는가 하면, 또 다른 한편에서는 기자실 폐쇄는 정부 정책이 취재와 보도의 자유를 침해할 수 있다는 우려의 목소리(성기철, 2004)가 나오는 등 대립 양상을 보였다. 참여정부가 시도한 브리핑제도 도입, 기자실 개방 등 취재보도 관행의 개혁은 근대 언론제도의 도입 이후 기자들과 취재원의 관계를 가장 크게 변화하게 만든 조치로 평가할 정도로 본 제도가 가져온 영향력은 컸다(최영재, 2007). 이렇게 영향력이 크고, 쟁점이 분명한 주제를 다루는 연구가 의미가 있다.

▼

4) 실제 문제들을 해결할 수 있는 주제가 좋다

연구를 통해 실제적인 문제들을 해결할 수 있으면 바람직하다. 나경애소장은 박사학위논문에서 지금까지 산발적으로 수행되어 온 국내 미디어교육 프로그램의 현황, 목표, 내용, 및 방향 등을 디지털 시대에 맞추어 종합적인 관점에서 체계적으로 분석하였다(나경애, 2009).

이 연구의 목적은 미디어교육 프로그램이 청소년의 미디어능력에 미치는 영향을 고찰하는데 있다. 최근 들어 미디어교육 프로그램에 대한 연구가 활발하게 수행되고 있지만, 종합적인 관점에서 미디어교육 프로그램이 미디어능력에 미치는 영향에 대한 연구는 거의 없다. 총체적인 관점에서 우리나라 미디어교육 프로그램의 내용을 체계적으로 분석해서 정리한 연구도 드물다. 실제 교육현장에서 미디어교육을 체험하고 있는 학생들의 경험과 의견을 실증적으로 분석하여, 현장의 목소리를 미디어교육 프로그램에 반영하기 위한 연구도 매우 드물다.

이러한 현실 인식에 기초하여, 이 연구의 궁극적인 목적은 급변하는 디지털 시대의 교육 환경에서 미디어교육 프로그램이 청소년들의 미디어능력에 어떤 영향을 미치는지를 다양한 실증적 연구 방법들을 활용하여 분석한 후, 향후 미디어교육 프로그램의 방향을 제시하는 데 있다. 대부분 청소년들이 일상적으로 경험하고 있는 미디어를 중심으로 미디어교육 프로그램을 청소년에게 적용했을 때, 미디어능력 향상에 어떤 영향을 미치는지와 더불어 급변하는 미디어 환경에 걸 맞는 미디어교육 패러다임이 어떻게 구성되어야 하는지를 살펴보았다.

▼

5) 이론 축적에 기여하는 주제가 좋다

연구의 목적은 이론을 정립하는데 있고, 이론은 현상을 설명하기 위해 존재한다. 연구 주제는 커뮤니케이션 분야의 이론 축적에 기여할 수 있는 것이어야 한다. 연구는 새롭게 이슈로 등장하는 커뮤니케이션 현상을 설명하고 예측할 목적으로 이루어지기 때문에 그렇다. 연구는 기존 이론에서 출발하여 이론을 축적하는데 기여하는 하나의 순환주기로 이해한다면 왜 연구 주제를 선정할 때 이론적 의의를 고려하여야 하는가를 쉽게 이해할 수 있을 것이다. 따라서, 연구의 이론화는 중요하다. 연역적 연구는 이론에서 출발하고, 귀납적 연구는 현상 관찰을 통해 이론을 도출해 낸다.

우형진(2008), 텔레비전 드라마 시청이 시청자의 성형수술 행위 의지에 미치는 영향에 관한 연구 - 계획행동이론을 중심으로, 언론과학연구 제8권 4호, 480~513

우형진(2008)은 개인의 성형 수술 행위 의지가 어떤 요인들에 의해 추동되는지 파악하기 위하여 계획된 행동 이론을 중심으로 살펴보았다. 이 연구에서 미디어와 개인의 인지 심리적 영향을 연구 모형으로 구성하고 구조 방정식을 통해 검증하였다.

미디어 비평가들은 우리나라 성형 수술 열풍의 주요 원인을 미디어 특히, 텔레비전의 영향으로 규정하고 있다. 따라서 본 논문은 구체적으로, 텔레비전 드라마 노출과 시청자의 성형 수술 행위 의지에 영향을 미치는 계획 행동 이론(theory of planned behavior)의 구성 요인들 (태도, 주관적 규범, 인지된 행위 통제, 행위의지)에 입각하여 각 요인 간의 관계를 분석하였다. 총 781명의 대학생을 대상으로 설문조사를 실시하였다.

연구 결과, 구조방정식모델을 통해 측정된 최종 모형은 적절한 모형 적합도를 나타냈다. 요인 간의 경로를 파악해본 결과, 텔레비전 드라마는 성형 수술에 대한 태도에 유의미한 영향을 미치고, 성형 수술에 대한 태도, 주관적 규범, 인지된 행위 통제는 성형 수술에 대한 행위 의지에 최종적으로 효과를 나타냈다.

▼

6) 기존 연구 전통에서 비어있는 부분(gap)을 메꿀 수 있는 주제가 좋다

기존 연구들을 검토해 보면, 아직 연구가 수행되지 않는 비어있는 영역이 있다. 강준만(2010)은 '빨리빨리'라는 행동 양식은 한국인들이 영위하는 일상적 삶의 전 국면을 지배하고 있음에도 우리는 '빨리빨리'를 커뮤니케이션 연구의 주제로 다루지 않고 있음에 주목하였다.

강준만(2010), '빨리빨리'의 문화정치학 - 한국의 '속도 커뮤니케이션'에 관한 연구, 언론과학연구 제10권 3호, 47~80

이 연구는 '빨리빨리'의 문화 정치학을 탐구하면서 '속도 커뮤니케이션'의 기원과 유형을 제시한다. 여기서 '속도 커뮤니케이션'은 '속도를 표현하고 촉진하는 커뮤니케이션'으로 '속도 자본주의'라는 말이 나올 정도로 속도를 숭배하는 현대 사회의 커뮤니케이션 속성을 포괄하는 동시에 '빨리빨리'가 유별난 한국 문화의 특수성을 주요 기반으로 삼는 개념이다.

이 논문은 '빨리빨리'의 구조적 동인으로 1) 일극주의, 2) 군사주의, 3) 수출주의, 4) 평등주의, 5) 각개 약진주의 등에 주목한다. 이들은 공사(公私)를 막론하고 한국인의 커뮤니케이션 행위에 큰 영향을 미치며, 그 반대도 성립된다. 즉, 5대 동인이 '빨리빨리'를 촉진했지만, 역으로 '빨리빨리'의 원리에 근거한 '속도 커뮤니케이션'이 5대 동인을 지속시키거나 강화하는 효과도 냈다는 것이다.

역사 연구에서 시대별로 구분했을 때, 특정 시기에 대한 연구가 이루어지지 않은 경우도 있다. 국가나 문화권간 비교 연구에서 특정 국가에 대한 사례 연구가 이루어지지 않은 경우도 있다. 연구 대상 설정에서 특정 대상에 대한 연구가 이루어지지 않은 경우도 있다. 이와 같이 지금까지 수행되지 않은 특정 시기, 특정 국가, 특정 대상을 연구 할 경우 연구의 의의를 부각시킬 수 있게 된다.

4. 창의적인 연구 문제 선정

연구의 창의성이란 연구의 질을 평가함에 있어 가장 중요한 요소중의 하나이다. '독창적 연구', '창의적 기여', '독창적 사고임을 증명'과 같은 학위 논문으로 갖추어야 할 요건을 학위 논문 작성 지침에 포함하고 있다. 앞서 소개한 좋은 연구 주제의 기준을 포함하여, 연구의 독창성 혹은 창의성이 무엇을 의미하는 것인지에 대해 다음과 같이 정의할 수 있다(Blaxter, et al., 2001, 13).

연구의 독창성의 정의

- 수많은 새로운 정보들을 처음으로 정리하는 것
- 기존의 독창적 작업을 지속해나가는 것
- 지도교수가 구상한 독창적 작업을 수행하는 것
- 독창적인 방법, 관찰, 그리고 결과를 제공하는 것
- 다른 사람의 아이디어를 검증하는데 독창성을 보이는 것
- 이전에 수행되지 않았던 실증적 연구를 수행하는 것

- 이전에 수행되지 않았던 종합적 연구(synthesis)를 수행하는 것
- 이미 밝혀진 내용이지만, 새로운 해석을 하는 것
- 다른 나라에서 이미 수행되었지만, 우리 나라에서 수행해보는 것
- 새로운 분야에 특정한 방법을 적용해 보는 것
- 오래된 이슈와 관련 있는 새로운 증거 자료를 찾아보는 것
- 여러 분야를 가로지르면서(cross-disciplinary), 다른 방법을 사용해 보는 것
- 그 분야에서 사람들이 예전에 보지 못했던 점을 찾아내는 것
- 예전에 하지 않았던 방법으로 지식을 더해 나가는 것

연구의 창의성은 연구 주제, 접근 방법, 자료 제시 방법 등 다양한 측면에서 요구된다. 매우 독창적인 연구란 거의 없기 때문에, 현실적으로 연구에서 독창성은 매우 작을 수 있다. 수행하고자 하는 연구가 다른 사람의 기존 연구들을 창의성이 없이 단순 반복하는 것이 되지 않도록 어떤 형태로든지 독창성을 갖도록 노력해야 한다.

5. 연구 주제의 적절성 검토

기본 연구 아이디어를 선택했다면 다음 단계에서는 해당 아이디어가 연구주제로서 과연 적절한지를 확인해야 한다. 앞서 설명한 의미 있고, 중요한 연구 문제를 설정했다하더라도 연구 주제가 수행하기에 적절하지 않다면 연구자는 연구 과정에서 다양한 어려움에 직면할수 있다. 연구주제로서의 적합성을 확인하기 위해서 연구자는 다

음의 여덟 가지 체크 리스트를 확인해야 한다.

▼

1) 연구주제가 너무 광범위하지 않은가?

초보 연구자들이 제일 범하기 쉬운 오류가 연구 주제의 범위가 너무 넓다는 점이다. 용두사미라는 말이 있듯이, 처음에는 용이라도 잡을 것같이 큰 연구 주제를 던져놓고서는 마지막 결론에서는 뱀 꼬리를 그리는 경향이 있다. 초보 연구자들이 하나의 연구에서 다루기에는 너무 광범위한 주제를 선택하는 예로는 다음이 있다.

이러한 문제에 직면하지 않으려면 연구자는 본인이 선정한 연구주제를 일단 종이에 적어놓고 이를 좀 더 작은 하부단위 주제들로 나누어볼 필요가 있다.

예를 들면, 만약 한국언론의 문제점에 대해 연구하고 싶다고 가정하자. 한국언론의 문제점에 대한 연구에 대해 한 연구자가 수행하기에는 너무 연구 주제가 광범위하다. 매체를 방송과 신문으로 나누어 방송으로 국한해본다. 그리고, 방송도 너무 광범위하니까 장르를 세분화해본다. 드라마, 뉴스, 예능 프로그램의 문제점으로 구분해서 드라마의 문제점을 중심으로 살펴보기로 한다. 그리고 드라마도 선정성, 폭력성 등 여러 가지 문제점이 있을 수 있지만, 선정성에 초점을 맞춘다. 그리고 드라마의 선정성을 초래하게 된 원인에 대해 연구하는데 관심이 있을 경우, 영향을 미치는 요인으로 시청률, 경영, 시청시간대 등등이 있을 수 있다. 종합하면, 연구 주제는 '한국 방송 드라마의 선정성에 영향을 미치는 요인에 대한 연구'로 구체화될 수 있다. 좀 더 구체화하면 '시청률이 한국방송드라마 선정성에 영향'에 대해 연구할 수도 있겠다.

연구 주제를 좁히는 과정 및 방법

	매체	장르	주제	영향 미치는 요인
한국언론의 문제점	방송 문제점 신문	드라마의 문제점 뉴스의 문제점 예능프로그램 문제점	선정성 폭력성	시청률 경영 시청 시간대

▼

2) 현실적으로 연구가 가능한가?

연구자는 선정한 주제가 현실적으로 연구 가능한지를 따져보아야 한다. 비록 연구 범위가 광범위하지 않다고 하더라도 현실적으로 연구가 불가능 할수도 있다. 연구자들은 한 연구를 위해 무한한 시간을 가지는 것이 아니다. 주어진 시간 내에 연구를 진행해야 한다. 기말 보고서는 한 학기 내에 마쳐야 한다. 석사학위 논문은 짧은 경우 한학기내에, 길어야 1-2년 내에 마무리해야 한다. 박사학위 논문은 아무리 길어야 10년 내에는 마쳐야 한다. 따라서 과연 연구 주제가 주어진 기간 내에 마칠 수 있는 것인지 판단해야 한다. 지도교수의 중요한 역할중의 하나가 연구 주제 선정에 있어 가능한 기간 내에 학생들이 연구를 마칠 수 있는 것인지(doable)를 판단하는 것이다. 초보 연구자들은 잘 모르기 때문이다.

예를 들면, TV 수상기가 없는 사람들이 일상생활에서 대인 커뮤니케이션에 어떻게 반응하는지를 알아보려고 한다면, 연구자는 우선 TV 수상기가 없는 사람들을 찾아낼 수 있을지를 고려해야 한다. 전국 대부분의 가정에서 수상기를 한 두대 보유하고 있는데, 시골의 구석진 곳에서나, 자녀 교육 때문에, TV를 볼 시간이 없는 사람들을 찾아내는 것은 정말 어려운 일이다. 이 연구는 중요한 연구 주제이고 연구 주제도 적절하게 구체화되어 있지만, 현실적으로 실행에 옮기기에는 불가능할 수 있다.

이러한 문제를 해결하기 위해, 탠(Tan, 1977)은 일정 기간 동안 TV 전원을 껐을때 사람들이 무엇을 하는지 조사했다. 연구대상자를 상대로 일주일 동안 TV를 보지 않도록 설득하고 그동안 대상자가 접촉하는 TV외의 미디어가 무엇이며, 친구나 가족과의 상호작용은 어떻게 변화하는지 등을 연구 했다(Wimmer, et al., 유재천, 김동규역, 2014, 31).

3) 연구문제가 의미가 있는가?

연구를 시작하는 단계에서나, 연구를 진행하면서, 그리고 연구를 마무리하는 단계에서 수행하는 연구가 이론적으로 또는 실용적으로 어떤 의미가 있는지를 파악하는 것이다. 연구 문제의 유의성은 첫째, 연구자들은 연구 결과가 해당 분야의 기존 지식에 도움이 될 것인지에 대해 생각해야 한다. 즉 이론적인 측면에서 기존 연구 결과에 비해 기여할 점이 무엇인지를 찾아내야 한다. 자신의 연구 결과와 기존 연구 결과가 일치함으로써 이론의 일반화 혹은 이론의 확증에 기여하는바가 있는지를 생각해 보아야 한다.

자신의 연구 결과가 기존 연구결과와 차별적으로 나타나 기존 이론을 수정할 부분이 없는지를 발견하는 것도 의미 있는 일이다. 기존 이론을 수정함으로써 이론을 발전시켜나가기 때문이다. 기존 연구에서 찬반 논란이 일고 있을 경우, 자신의 연구를 통해서 어느 연구가 좀 더 설명력이 높은지, 어느 연구가 진실에 가까운지를 판단해주는 일도 무척 의미 있는 일이다. 이러한 연구들을 결정적 실험(crucial experiment)이라고 말한다. 물론 연구가 세상을 뒤집어 놓을 만큼 대단한 결과를 만들어내야 한다는 의미는 아니다. 실제로 작은 수준의 문제들이 더 중요할 때도 있다. 따라서 연구자들은 기념비적인 문제를 해결하기 위해 많은 시간을 낭비해서는 안 된다.

둘째, 연구자들은 연구가 실질적인 문제 해결을 위해 어떤 의미가 있는지에 대해서도 생각해보아야 한다. 물론 연구의 목적이 수업과제인지, 학위논문인지, 저널에 실릴 논문인지, 혹은 회사 경영의 참고자료인지에 따라 실질적인 문제 해결을 위해 어떤 의미가 있는지는 달라질 수 있다. 물론 현실의 문제 해결에 초점을 맞춘 연구일수록 실질적인 의미는 더욱 강조될 것이다. 실무 응용을 목적으로 연구하는 경우나, 커뮤니케이션 기업 운영과 관련된 연구의 경우에는 실질적인 의미를 부각시킬 필요가 있다.

▼

4) 연구결과를 일반화 할 수 있는가?

연구 결과가 실용적인 가치를 지니기 위해서는 외적 타당도를 지니고 있어야 한다. 즉 다른 상황에서도 연구 결과를 일반화 할수 있어야 한다. 공간을 달리해서, 시간을 달리해서, 그리고 표본을 달리해서 연구 결과를 일반화 가능성이 높으면 높을수록 좋은 연구라고 말할 수 있다.

▼

5) 연구 경비는 얼마나 필요한가?

많은 경우 연구의 실현 가능성 여부는 바로 연구의 비용으로 결정된다. 아무리 훌륭한 연구 주제를 선정했다고 해도, 비용이 지나치게 많이 들어가면 그 연구를 진행하기 어렵다. 특히, 수업과제나 학위 논문의 경우, 학생들의 지갑 사정이 넉넉하지 않기 때문이다. 자금부족으로 취소될수 있는 연구를 위해 자료를 수집하고 연구를 설계하는 것은 아무 의미가 없다. 연구 비용 분석은 연구를 시작하기 전에 미리 이루어져야 한다. 특히 정교한 연구일수록, 조사 대상이 접근하기가 어려울수록 연구비용이 많이 들어간다.

예를 들면, 국회의원들이나 기자들을 대상으로 연구하는 것은 정말 비용이 많이 들어간다. 매우 바쁜 사람들이어서 조사에 잘 응해주지 않기 때문에 조사 비용이 많이 필요하다. 신문 내용분석의 경우에는 한국언론진흥재단의 KINDS 기사 데이타베이스를 무료로 활용하거나, 인터넷으로 신문을 쉽게 확보할수 있기 때문에 비용이 다른 조사에 비해 상대적으로 적게 든다. 그렇지만, 표집의 크기가 클 경우에는 코더(coder)를 활용하는데 비용이 증가 할수 있다.

시간 역시 연구 계획에서 고려해야 할 중요한 요소이다. 연구는 주어진 기간 내에 완성하도록 설계되어야 한다. 연구자들이 각 연구 단계별로 충분한 시간을 배정하지 않아 연구에 실패하는 경우가 많이 있다. 문헌연구, 설문지 작성, 실제 현장 조사, 통계분석, 보고서 작성 등 각 단계마다 시간이 얼마나 소요되는지에 대해 시간 계획을 수립해야 한다. 제출 시간에 쫓기다 보면 연구는 부실하게 된다.

6) 연구 방법이 연구 주제에 접근하는데 적절한가?

좋은 연구 아이디어라도 연구 방법이 연구 주제에 접근하는데 적절하지 못하면 연구자는 힘들어질 것이다. 예들 들어 한 연구자가 인터넷 사용 시간 증가로 인해 TV 시청 시간 습관에 어떤 변화가 생겼는지 연구하고자 한다. 새로운 매체가 기존 매체의 이용 시간에 어떤 영향을 미치는지 살펴보는 것은 분명 의미 있고 중요한 연구 문제임에 틀림없다. 연구자는 지난 몇달 동안에 TV 이용 습관이 어떻게 변했는지를 알기 위해 많은 사람을 대상으로 우편 설문조사를 할수 있다. 그러나 설문지의 인쇄와 발송 비용뿐만 아니라 응답률을 높이기 위해 독촉하는 편지를 보내거나 전화하는 등 추가 비용이 들기 때문에 연구 비용이 크게 증가할 수 있다.

그렇다면 경비를 줄이고 연구목적도 달성할 수 있는 다른 방법은 없는지 생각해보아야 한다. 연구 계획은 연구목적이나 질문내용에 따라 달라질 수 있다. 연구자는 설문지 인쇄 및 우편 발송 비용을 절약하기 위해 전화 설문조사나, 인터넷을 이용하여 자료를 수집할 수 있다. 참고로 비용 측면에서 서베이는 비용이 많이 필요한 데, 서베이 방법 중 직접 설문 조사>우편 설문조사>전화 혹은 인터넷 설문조사 순으로 비용이 적게 든다.

혹은 설문조사보다 더 좋은 방법은 없는지 검토해야 한다. 실험이 대안이 될수 도 있겠다. 인터넷을 많이 이용하는 집단과 적게 이용하는 집단을 비교하여 TV 이용 습관에 차이가 있는지를 비교하는 실험을 수행할 수도 있다. 모든 연구는 연구 목적을 달성하기 위한 여러 방법들을 고려하여 최선의 방법이 무엇인지 면밀하게 고려할 필요가 있다.

6. 연구 문제의 설정

연구 문제를 선정하는 것은 연구에서 첫 걸음이며, 가장 중요한 일이다. 따라서 연구문제가 명확하게 설정되면 그 연구는 시작이 반이라는 옛 말이 있듯이, 연구가 반 이상 이루어진 것과 다름없다. 여기서는 연구 문제의 선정방법, 연구 문제의 선정 절차, 연구 문제의 범위, 연구 문제의 작성 배경, 연구 문제의 진술 방법 사례에 대해서 살펴본다(서대진, 김봉화, 2011, 41~43).

모든 연구는 문제 의식에서 출발하는데, 연구 문제를 어떻게 설정하느냐에 따라 연구의 절차와 방법이 결정되기 때문에 연구 문제는 전체 연구의 방향을 결정한다. 연구 문제를 자주 그리고 쉽게 바꾸는 경우가 종종 있다. 연구를 진행하다보니까 연구의 장애에 부딪치게 된 경우이다. 어떤 연구이든 진행하면서 장애에 부딪치게 되기 때문에, 너무 자주 연구 문제를 변경하는 것은 바람직하지 않다. 물론 연구 문제를 구체화하는 단계에서 연구 문제들이 변화되는 것은 전혀 이상한 것이 아니다.

연구 문제를 구체적으로 설정하는 방법도 있고, 연구 목적을 기술함으로 연구 문제에 대신 하는 경우도 있다. 결과적으로 연구 문제의 설정은 연구의 목적을 기술하는 근본이 된다.

연구 문제는 〈그림3〉과 같은 흐름에 따라 연구 목적의 탐색, 동기, 쟁점으로부터 특정한 과제를 도출하는 것이다. 연구 문제의 설정에서 제일 좋은 기초적인 자료는 기존 문헌이다. 자신의 연구 주제와 관련된 학술지, 학위 논문 등을 활용하여 연구 문제를 발견하는 방법은 바람직하다. 특히 최근의 학술지에 발표된 논문은 특정 연구주제에 대한 이론과 연구 동향을 다루고 있으며, 해당 연구의 제한점과 한계 및 후속 연구를 위한 건의 등이 포함되어 있기 때문에 연구 문제를 설정하는데 큰 도움이 된다.

오랜 전에 진행된 연구보다는 가장 최근에 이루어진 연구들을 먼저 찾는 것이 좋다. 가장 최근에 발표된 연구는 기존 연구를 대부분 포함하기 때문이다. 이러한 기존 문헌 검토 과정을 통해 연구자는 이전의 연구들로부터 중요한 연구 문제를 도출하게 된다. 의미 있는 연구 주제나 기존 연구들에서 해결하지 못한 문제들을 연구 문제로 설정하게 된다.

〈그림 3〉 연구 문제의 설정 방법

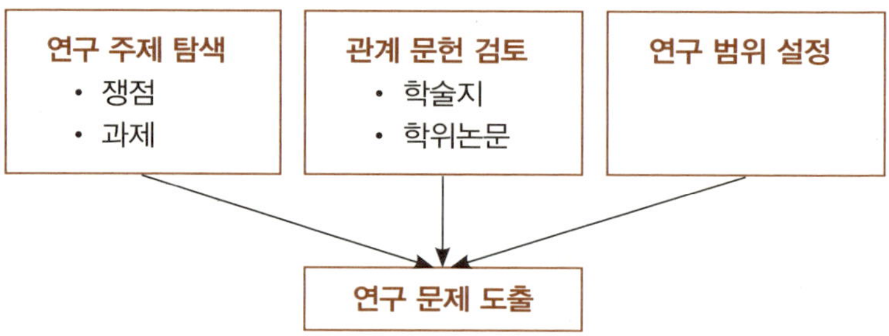

7. 연구 문제의 설정 절차

▼

1) 관심 주제의 결정

연구 문제 선정의 첫 번째 단계는 관심 주제를 결정하는 것이다. 이 단계에서는 관심사가 큰 이슈일수도 있다. 큰 이슈에 관심이 있을 경우, 다음 단계인 구체적 연구 문제 선정에서 좁히면 된다. 일반적으로 연구 주제는 특정한 분야나 영역에 대한 연구자의 관심에서 출발한다. 이러한 관심은 개인적인 경험, 그리고 기존 연구나 이론에 대한 고찰을 통해 구체적으로 결정된다.

▼

2) 기존 문헌 검토

관심 주제가 결정되면 연구자는 그 주제와 관련된 이론과 기존 연구들을 문헌 연구를 통해 분석한다. 연구 주제에 대한 기본적 배경지식도 형성한다. 또한 관련 분야에서 연구의 최근 경향을 파악한다. 그 연구들이 어떠한 방법들을 통해서 수행되었는지도 분석한다. 이러한 기존 문헌에 대한 검토 과정을 제대로 수행하지 않으면, 다른 연구자들이 이미 수행했던 연구를 단순하게 반복하는 실수를 범하게 된다. 이미 발표된 연구로 인해, 애써 노력한만큼 좋은 평가를 받을 수 없을 것이다.

▼

3) 연구 가능한 연구 문제의 도출

관련 분야의 연구들을 검토한 후, 기존의 연구 문제들을 창조적으로 수정 혹은 발전시켜 연구 문제를 설정한다. 연구 문제의 설정에서 고려해야 할 점으로는, 참신성, 창의성, 중요성, 연구 결과의 학문적 혹은 실무적 기여도, 시의성, 자료 수집의 가능성, 연구 수행 가능성 등을 종합적으로 고려한다. 이상 요인들을 모두 다 충족시키는 것은 현실적으로 하나의 연구를 통해 어렵기에, 연구의 특성에 따라 특정 요인들을 중심으로 연구 문제를 설정하면 된다. 즉, 연구 결과가 학문적으로 기여할 수 있는 중요한 연구 문제, 실무적으로 기여할 수 있는 시의성이 있는 연구 문제만으로도 충분히 연구의 의미가 있는 것이다. 이상 제시한 모든 요건들을 충족시키는 연구 주제라면 최상의 연구 주제임에 틀림없다.

본인의 경우, 박사학위 논문 마지막 단계에서 내가 작성하고 있는 연구 문제가 과연 의미가 있는지에 대한 회의가 든 적이 있었다. 주위 교수에게 이런 고민을 말했더니 의미가 있다고 말해주어서 자신감을 가지고 연구를 마무리 할 수 있었다. 주변 전문가에게 이렇게 확인할 수도 있고, 스스로 이러한 기준들을 가지고 확인할 수도 있다.

8. 연구 문제의 설정 시 고려할 사항

▼

1) 연구 문제와 기존 연구와의 관련성

연구 문제를 기술할 때, 기존 연구와의 관련성을 설명하도록 한다. 즉 일반 이론과의 연관성을 설명해준다든지, 기존 이론의 일반화 가능성을 설명해 주도록 한다. 연구 문제 기술 바로 앞 부분에 기존 연구들 중에서 핵심적인 부분들을 요약, 정리해 주는 것이 좋다. 설정한 연구 문제가 기존 핵심 연구들과 어떤 공통점과 차이점이 있는지를 밝혀줌으로써 연구 의미가 더욱 부각된다. 그렇지만, 너무 길게 설명할 경우 바로 앞장에서 다루는 '이론적 배경'이나 '기존 문헌에 대한 검토 혹은 기존 연구 동향'과 중복이 될수 있기 때문에 핵심되는 연구들만 소개하면 된다.

▼

2) 연구 문제의 분명한 초점

연구 문제의 초점이 분명해야 한다. 초보 연구자들이 범하기 쉬운 오류중의 하나가 연구의 초점이 불분명해서 무엇을 연구하고자 하는 것을 파악하기 어렵다는 점이다. 연구 문제를 좁히지 못하고, 관련된 수많은 요인들을 다루다보면 연구 문제가 산만해지는 경향이 있다. 초점을 맞춘 연구 문제는 간결하고 명확하게 진술하도록 한다.

9. 연구 문제의 설정 사례

나경애, 이상식(2010), 청소년미디어교육 프로그램 내용과 효과에 관한 연구, 한국언론학보, 54권3호, 349~373

기존 문헌 검토 및 연구문제

기존 연구는 국내의 미디어교육 커리큘럼들이 다음과 같은 특성을 지니고 있음을 지적했다. 첫째, 미디어에 대한 지식 습득과 콘텐츠제작에 집중하고 있다. 둘째, 올바른 미디어 이용태도를 습득하는 것을 미디어교육 프로그램의 평가 내용으로 삼고 있다. 셋째, 국내 미디어교육 프로그램의 미디어 비판적인 해석 부분은 초등학교 수준의 감상적 분석 차원에 머무르고 있다(김양은, 2006; 안정임, 전경란, 2001, 2004).

지금까지 국내에서 미디어교육 교재의 내용을 체계적으로 분석한 연구는 많지 않다. 기존 교재 내용 분석은 주로 미디어, 메시지, 수용자 교육 내용을 집중적으로 다루고 있고(김양은, 2005, 2006; 안정임, 전경란, 2001, 2004), 미디어능력 향상과 관련된 내용에 대한 구체적인 분석 연구는 없었다. 따라서 우리나라 미디어교육 교재는 미디어능력의 어떤 부분에 중점을 두고 있는지, 어떤 미디어에 역점을 두고 있는지, 또 시기별 변화 양상은 어떠한지에 대한 체계적인 분석이 필요하다. 이에, 다음과 같은 연구문제를 설정하였다.

연구문제 1 : 우리나라 미디어교육 교재에 나타난 미디어교육 프로그램의 내용상 특징은 무엇인가?

미디어교육의 효과와 관련된 기존 연구는 미디어교육 프로그램이 학생들의 미디어 이용능력, 비평능력(권주만, 2006), 수용력, 비판력, 창작력(강은진, 2004), 미디어이용 자제력과 미디어 비평능력(김재선, 2006)에 상당히 긍정적인 효과를 미치고 있음을 보여주고 있다. 또한 인터넷 미디어교육 프로그램이 학생들의 커뮤니케이션 능력(김성벽, 2002)과 인터넷 미디어능력(김경일, 2003; Willem, et al., 2006)에 긍정적인 영향을 미치고 있음을 밝히고 있다. 뿐만 아니라, 인터넷 미디어를 이용한 수업이 청소년들의 학습효과 및 교사들의 교수방법효과에 있어서 매우 긍정적인 역할을 수행하고 있음을 나타내고 있다(금동률 등, 2002; 성은모, 최욱, 2006; 홍기대, 이점동, 2001; Berger,

2005; Eshhet-Alkali & Amichal-Hamburger, 2004).

미디어교육 프로그램의 운영 효과에 대한 실질적인 평가 연구는 상당히 미미한 편이다. 기존 연구는 미디어 이용능력, 비평능력 등 다소 추상적인 측면에 중점을 두고 있는 반면(강은진, 2004; 권주만, 2006; 김경일, 2003; 김성벽, 2002; 김재선, 2006), 외국에서는 주로 미디어폭력, 흡연, 음주, 비만, 정신 건강 문제 등 헬스 효과를 중심으로 매우 구체적인 측면에서 이루어지고 있다(Cohen, et al., 2007; Gerbner, 1972; Gray, 2005; Hindin, et al., 2004; Scheler, 2006; Wade, et al., 2003; Wilksch, et al., 2006).

국내에서 제작 능력과 문제해결능력에 대한 평가 연구는 거의 없고, 기존 미디어교육 영역내에 인터넷 미디어 프로그램 영역을 포함하여 미디어교육이 청소년의 미디어능력에 미치는 영향을 비교한 연구도 매우 드물다. 따라서 종합적인 관점에서 추상적인 능력 수준과 구체적인 능력 수준 모두를 포함하고 기존 미디어 영역에 인터넷 미디어를 포함해서 미디어교육 프로그램의 운영 효과를 비교 평가해 보는 연구의 필요성이 제기된다. 이에, 다음과 같은 연구문제를 설정하였다.

연구문제 2 : 우리나라 교육 현장에서 미디어교육 프로그램의 효과는 어떻게 나타나는가?

CHAPTER 5

—

과학적 연구 과정

—

CHAPTER 05

과학적 연구 과정

1. 연구의 모형

과학적 연구는 현상과 이론을 탐구하기 위한 노력이다. 과학적 연구는 경험적 관찰과 이론적 명제의 연결로 이루어지며 이 둘 중 어디에서나 시작될 수 있다. 이론 차원에서 경험 세계로 내려올 수도 있고, 반대로 경험 세계에서 이론 차원으로 올라 갈수 도 있다. 과학적 지식이란 체계화된 지식이다. 기존의 연구들이 축적되어 만들어진 체계적인 지식이다. 지식의 체계화는 이론에 의해 가능하며, 이론화 작업 혹은 이론 구축(theory building) 노력을 통해 이론이 만들어진다.

이러한 순환적 고리에서 어느 방법이 더 중요시되어야 할 것인가에 대해서는 연구자들에 따라 입장을 달리하고 있다. 이론의 중요성은 특히 포퍼(Popper, 1955)와 같은 과학 철학자에 의해 강조되고 있다. 포퍼는 "이론은 직관에 의해서만 얻어질 수 있다"고 주장한다. 그는 경험 과학에서 귀납적 접근을 강조하고 있는 일반적 추세에 반하여 귀납의 원칙이 논리적 불일치를 초래할 수 있다고 본다. 따라서 귀납적 논리에 반대하고 연역적 방법의 타당성을 강조한다.

연구를 이론에서 시작할 때, 기존 연구들에 대한 검토에서 연구는 출발한다. 관심있는 분야에서 기존 연구가 많이 이루어져 있다면, 이론 차원에서 연구를 시작하는 것이 유리하다. 기존 이론을 기초로 연역적으로 가설을 설정하게 된다. 그리고 이론이나 가설은 추상성의 수준이 너무 높기 때문에 경험 차원에서 측정이 가능하도록 추상성의 수준을 단계적으로 끌어내려 주어야 한다.

가설 설정이후 필요한 단계는 가설을 구성하고 있는 주요한 개념들을 조작적으로 정의하는 작업이다. 즉, 관념적인 용어들로 구성되어진 가설들을 측정이 가능하도록 작업 가설(working hypothesis)로 바꾸는 작업이다. 이 과정을 조작화(operationalization) 혹은 조작적 정의(operational definition)라고 부른다.

작업 가설이 설정되면 이를 검정하기 위해 경험 세계로 뛰어들어 관찰을 하게 된다. 이 때 다양한 연구 방법들이 활용된다. 실험, 서베이, 내용분석, 참여 관찰 등이 커뮤니케이션 분야에서 대표적으로 사용되는 방법들이다. 이러한 작업 가설들을 검정하기 위해 측정 도구를 만들고 표본을 추출하여 이를 관찰하게 된다.

자료가 수집되면, 이를 정리하고 체계화하여야 한다. 관찰된 현상은 통계적인 데이터와 같은 양적 자료나 질적 자료로 측정된다. 양적 자료의 경우에는 통계 처리를 하게 되는데, 이 경우 전체 모집단을 대상으로 연구 하지 않고 표본을 사용한 경우 표본의 값을 계산하여 모집단의 값을 추정하게 된다.

이 과정에서 관찰한 자료들을 분석하여 가설의 참과 거짓을 판단하게 된다. 가설의 참과 거짓이 판명되면 궁극적으로 가설 설정의 근거가 된 이론을 확정하거나, 거부하거나 수정할 것을 결정하게 된다. 이러한 과정이 연역적 방법의 일반적 절차이다. 특별히 가설을 설정하여 연역적으로 접근하는 경우 가설 연역적 방법(hypothetico-deductive approach)이라고 말한다.

이 논리에 따르면, 과학적 연구를 위해서는 우선 이론 또는 모형을 설정하고 여기에서 가설을 도출해 내며, 이를 검정하기 위하여 연구계획을 수립한 후 경험적 자료를 가지고 이의 채택 또는 기각을 결정하여야 한다. 경험적 자료에서 이러한 가설이 기각될 경우에는 최초에 설정한 이론이나 연구 모형을 수정하여야 할 것이다.

연역적 방법에 상응하는 또 하나의 접근이 있는데 귀납적 방법이다. 귀납적 방법은 경험적 세계에서 추상 차원의 이론적 세계로 올라가는 접근법이다. 경험의 세계에서 현상을 관찰하여 이론 구축을 시도한다. 현상에서 여러 가지 사례들을 관찰하고 분석한 후, 패턴 변인(pattern variables)들을 찾아내어 명제를 설정하는 이론화과정을 거친다. 패턴 변인들을 발견해내는 방법은 현상에 내재해 있는 공통적인 요인이나 차별적인 요인들을 찾아내는 것이다. 기능의 관점, 구조의 관점, 혹은 구조 기능의 관점에서 연구 대상이 되는 현상들을 들여다보면 이러한 보편적 특성이나 차별적 특성들이 나타난다. 명제는 개념들 사이의 관계를 설명하는 문장을 의미한다. 다시 말하면, 명제는 실제 현상과 관련된 개념과 개념이 어떠한 특징을 가지고 연결되어 있는지를 나타내는 문장이라고 볼수 있다.

이러한 귀납적인 접근은 부단한 훈련을 통하지 않고서는 결코 쉽지 않다. 귀납법에서는 일반적으로 가설을 설정하지 않지만, 경우에 따라서는 가설을 설정하여 접근하기도 한다. 문화인류학자들이 원주민들의 생활을 참여관찰 방법을 통해 연구 할 때, 나름대로 가설을 가지고 탐구 대상이 되는 현실 세계에 들어가기도 한다. 이때 가설은 앞서 설명한 연역법의 가설처럼 고정된 것이 아니라, 연구 과정에서 수정될 수 있다는 점이 차이점이다.

머튼(Merton, 1967)과 같은 사회학자는 "경험적 연구는 단순히 이론을 검정하기 위한 수동적인 역할만을 하는 것이 아니라 명료하게 하는 능동적인 역할을 수행하고 있다"고 주장한다. 이러한 입장에 따르면 먼저 사회현상을 관찰하여 그 속성을 기술하고, 이를 여러 가지 상황 속에서 살펴보아야 한다. 자료 분석을 통해 체계적인 유형이 내재하는지를 찾아본 다음, 만약 어떠한 유형이 나타난다면 이를 바탕으로 이론을 구성할수 있다고 보는 것이다.

〈그림 4〉 과학적 연구과정

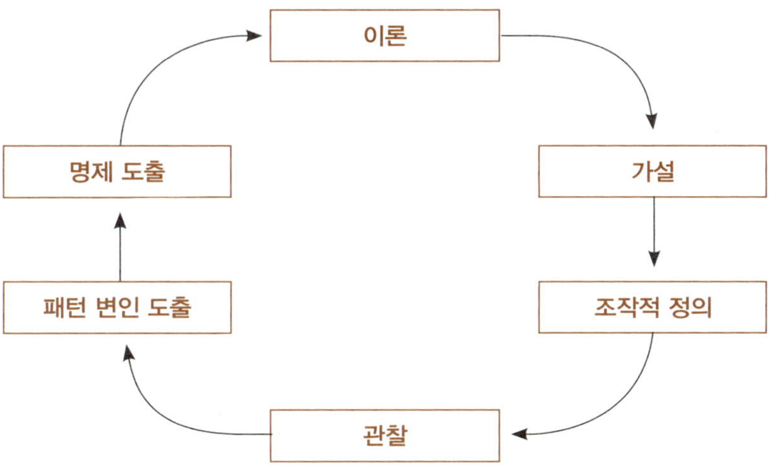

이 두 입장을 요약하면, 사회과학적 연구는 두 가지 논리적 방법을 통해 이루어질 수 있다(홍두승, 2000, 23에서 재인용). 첫 번째 방법

은 이론으로부터 가설을 설정하고 가설의 내용을 현실 세계에서 관찰한 다음, 관찰에서 얻은 자료가 어느 정도 가설에 부합되는가를 판단하여 가설의 채택 여부를 결정짓는 방법이다. 이 방법을 연역적인 방법이라고 한다. 이 방법은 기존에 충분한 연구가 이루어져 있을 경우, 좀 더 안전하게 접근할수 있는 방법이다. 초보 연구자에게 이 방법을 추천한다. 기존 연구들에 근거해서 연구가 출발하고, 방법이나 연구 과정에서 많은 도움을 받을 수 있기에 연구를 진행하는데 귀납법에 비해 상대적으로 어려움이 적다.

두 번째 방법은 우선 관찰을 통해 자료를 수집하고 이를 정리, 분석하여 일반적인 유형을 찾아내고 이것으로부터 잠정적인 결론에 도달하는 것이다. 이 방법은 귀납적 방법이다. 이 방법은 기존 연구가 별로 이루어져 있지 않은 경우에 행해지는 탐색적인 연구에 추천한다. 초보 연구자들의 경우에는 관찰을 통해 패턴 변인을 인식하거나, 명제를 도출하는데 어려움을 겪을 수 있다.

대부분의 연구에서는 연역적인 방법이나, 귀납적인 방법 중 하나를 선택해서 사용한다. 그렇지만, 이 두 가지 방법은 상호 보완적인 하나의 고리를 이루고 있다. 한 연구에서 보다 완벽하게 현상을 이해하기 위해서 연역적인 방법과 귀납적인 방법을 동시에 사용할 수도 있다.

보다 구체적인 예를 통해서 이들 두 가지 방법의 차이를 살펴보기로 한다. 예컨대, 공부 시간과 시험 성적간의 관계에 대해 두 가지 접근의 차이점은 〈그림5〉와 같다. 연역적 접근에서는 공부 시간이 증가할수록 시험 성적이 증가할 것이라는 가설에서 출발한다. 이러한 가설을 검정하기 위하여 자료를 수집하고 그림에서 I-b와 같은 결과를 얻었다고 하다. 그림에서 보는 바와 같이 관측된 결과가 가설과 정확하게 일치하고 있지는 않다. 어떤 학생들은 공부 시간이 많음에도 불구하고, 성적이 낮다. 반면, 어떤 학생들은 공부 시간이 적음에도 학점이 높다. 여기에서 우리는 관측된 결과가 최초 설정한 가설에 어느 정도 가까운가를 결정하게 된다.

반면에, 귀납적 접근에서는 우선 관찰을 통해 현상을 파악한다. 이 과정에서 가설을 반드시 미리 설정할 필요는 없으나 연구의 틀을 사전에 마련한 다음 관찰에 임하는 것이 보통이다. 위의 예에서 보면, 모든 조사대상자의 공부 시간과 학점간의 관계를 먼저 살펴본다. 그 다음 개별 사례를 바탕으로 어떤 일반적인 유형을 찾아내게 된다. 일반적인 유형을 공통점과 차이점 혹은 보편성과 특수성이라는 관점에서 찾아낸다.

나-B를 보면, 하위(15시간 이하)의 공부 시간을 나타내는 학생들의 경우 성적이 증가하는 경향이 있다. 하지만 중위(15시간 이상 ~ 30 시간 이하)의 공부 시간을 나타내는 학생들의 경우 공부 시간과 성적과는 관계가 없어 보인다.

하지만, 상위(30시간 이상)의 공부 시간을 나타내는 학생들의 경우에는 공부 시간과 성적과의 관계는 비례하고 있다. 즉, 전체적으로 보았을 때 공부 시간과 성적과의 관계는 비선형적인 곡선의 관계를 가지고 있음을 볼수 있다. 이를 바탕으로 II-c와 같은 잠정적인 결론을 도출해 낸다.

〈그림 5〉 연역적 방법과 귀납적 방법의 대비

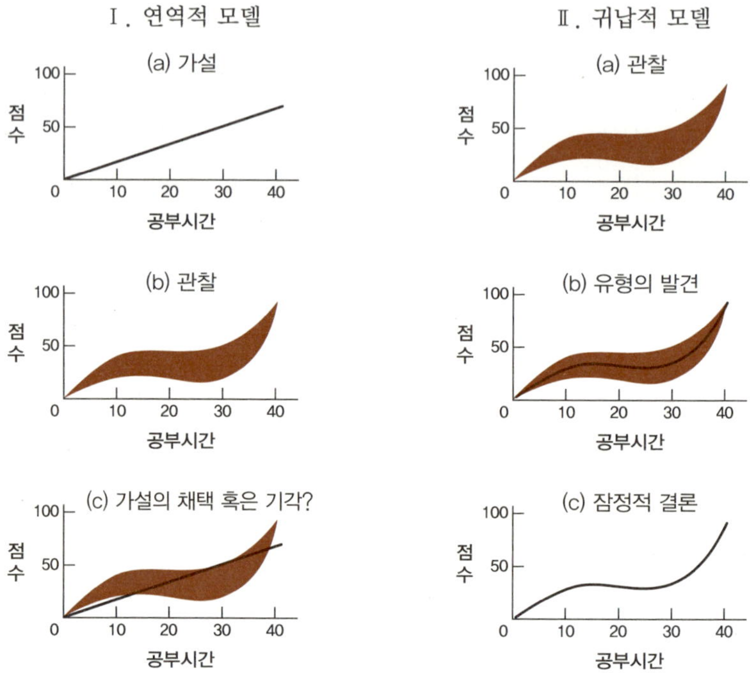

출처 : Babbie(2001: 59)

2. 가설 설정 방법

가설은 개념들 사이의 하나의 관계를 주장하는 진술문이다. 2개 또는 그 이상의 개념들 사이의 관계에 대한 가정적인 서술이다. 개념은 어떤 것을 나타내는 아이디어이다. 어떤 사람들은 어떤 것에 대해 다르게 정의하기도 하지만, 보다 폭넓게 수용되어지고, 분명하고, 상대적으로 이해할만한 정의를 내리는 것이 중요하다. 가설의 핵심은 두 개념들이 특정한 방향으로 관련이 있다는 것을 주장하는 것이다.

연구문제가 'X와 Y사이에 관계가 있는가'라는 연구 문제를 제기했다면, 일반적으로 연구 가설은 'X가 Y의 원인이다' 혹은 'X는 Y와 관계가 있다' 혹은 'X가 증가하면 Y도 증가 혹은 감소한다' 혹은 'X와 Y는 긍정적 혹은 부정적인 상관 관계가 있다'는 형식으로 서술한다.

앞선 예를 가설과 연결시켜 보자. 연구자는 기존 연구 결과에서 연구를 시작하든지 현상에 대한 관찰로부터 연구를 시작할 수 있다. '어떤 학생들이 다른 학생들보다 좋은 성적을 보인다.' 만약 이러한 현상의 관찰에서 연구를 시작한다면, 연구 주제에서 다루어질 수 있는 성적에 영향을 미칠 수 있는 가능한 모든 요인들을 떠 올린다: 공부하는 양, 체력, 영양, 사교육 비용 등등. 그리고 담당 교수와 이야기를 나누고, 도서관이나 요즘과 같이 인터넷이 발달한 시기에는 학술 논문을 쉽게 찾아 볼 수 있는 학회나 연구소 사이트들에 들어가서 자료를 읽는다.

그리고 난후 공부와 성적이라는 두 개의 변인이 어떻게 관련되어 있는지 혹은 공부가 성적에 어떤 영향을 미치는지에 대해 연구하기로 결정하였다. 이러한 예비 작업이 끝나면, 연구를 진행하게 될 하나의 가설을 다음과 같이 설정하게 된다.

가설 : 공부 시간이 많은 학생일수록 성적은 향상될 것이다.

이 가설은 두 개의 개념, 즉 X(공부 시간)가 Y(성적)에 영향을 미친다는 식의 관계성을 설명해 준다. 이런 가설은 다음과 같이 그림으로 나타낼 수 있다.

두 개의 개념은 네모 칸 속에 있고, 두 개의 네모 칸은 하나의 개념에서 다른 개념으로 가는 화살표로 연결되어 있다. 화살표는 공부 시간이라는 하나의 개념(독립 개념)이 다른 개념(종속 개념)인 성적에 어떤 영향력을 행사하는지를 보여준다. 더하기 기호는 그 관계가 긍정적이라는 것을 나타내며, 공부 시간이 더 나은 학업 성적으로 이어질 수 있다는 것을 의미한다.

연구에 관련된 변인들의 관계를 그림으로 나타내는 것은 생각을 정리하는데 무척 효과적이다. 만약 가설을 그림으로 그릴 수 없다면 아직 연구자의 생각이 제대로 정리되지 않았다는 것을 의미한다. 관련된 변인들이 어떠한 것이 있으며, 어떤 관계를 형성하고 있는지를 한 눈에 볼 수 있도록 해 주기 때문이다. 따라서, 연구자들은 관련된 요인이나 변인 그리고 개념들을 가능한 한 모두 도출하여 하나의 그림으로 정리해 보고, 그 가운데 어느 요인들에 초점을 맞출 것인지 훈련받는 것은 매우 중요하다. 그림으로 정리할 수 있다는 말은 그 이슈를 이해하기 시작했다고 볼 수 있다.

가설을 세워야 하는 이유는 분명하며 두 가지가 있다. 첫째는 연구 문제에 대한 보다 정확한 답을 얻기 위함이다. 가설을 설정하지 않고 어떤 현상을 관찰해서 주어진 연구 문제에 대한 답을 제시하게 되면 연구자의 주관이 개입하게 된다. 과학에서는 연구자의 주관을 배제하는 것이 무척 중요하다. 소위 가치 중립성(value free or value neutral)이 과학을 구성하는 핵심이기 때문이다.

어떤 주어진 연구 문제 또는 현상에 대한 바른 판단을 내리기 위해서는 기존 연구 결과를 토대로 가설을 세우고, 실증적으로 검증함으로써 보다 확실한 이론을 구축할 수 있게 된다. 다시 말해서 어떤 연구 문제에 대한 현상을 관찰하고 자기 나름대로 추측, 판단해서 연구 결과에 대한 답을 얻는 것이 아니라, 일단 가설을 세우고 과학적인 관찰을 통하여 가설검증을 통해 긍정 혹은 부정함으로써 주어진 연구 문제에 대한 최종 답을 얻어 나가는 것이 과학적이라는 것이다. 어떤 현상에 대한 서술 또는 판단은 일단 가설을 세우고, 관찰을 한 후 확률에 입각해서 가설을 수락하거나 기각함으로 진리를 발견해 나간다.

가설을 세워야 하는 두 번째 이유는 어떤 문제를 가설의 형태로 바꾸지 않고 직접 해결하는 것은 사실상 불가능하기 때문이다. 즉 연구 문제는 질문으로써 과학적 검증이 불가능하기 때문이다. 따라서 먼저 가설을 세우고 이를 검증하여 수락(accept) 혹은 거부(reject)함으로써 주어진 문제를 간접적으로 해결할 수밖에 없기 때문이다.

가설을 검증하는 과정은 연구 가설(research hypotheses)을 수립하고, 연구 가설에 반하는 대안적 가설(alternative hypothesis)인 영가설(null hypotheses)를 반증(disprove)함으로 연구 가설을 수락하거나 거부하는 일련의 과정을 거치게 된다. 예를 들면, ‘X는 Y와 관계가 있을 것이다’라는 연구 가설을 수립했다면 영가설을 ‘X는 Y와 관계가 없을 것이다’가 된다. 가설 검증 방법은 영가설인 ‘X는 Y와 관계가 없을 것이다’를 수락하면 연구 가설이 기각이 되는 것이고, 반대로 영가설이 거부된다면 연구 가설이 수락되는 과정을 거친다.

그렇다면 왜 이런 복잡한 과정을 거쳐야 하는 것일까라는 의문이 제기된다. 검증의 과정에는 두 가지 방법이 가능하다. 하나는 검증(verification)이고 다른 하나는 반증(falsification)이다. 전자는 X

가 Y와 관계가 있다는 것을 증명하기 위해 온갖 입증 자료를 가지고 그것이 진실임을 증명하려고 노력하게 된다. 그러나, 어느 순간까지 증거 자료를 통해 진실이라고 입증이 되었다 할지라도 근본적으로 다른 반박 자료가 등장함으로 인해 그 진실성이 도전받을 수 있다.

만약 어떤 사람이 도둑이라고 주장할 때, 도둑임을 입증할 수 있는 온갖 자료를 들이대고 그 사람이 죄인인 것을 입증한다할지라도, 어느 순간 기존 입증 자료를 번복할 수 있는 자료가 나타났을 때 생사람을 도둑으로 모는 결과를 초래할 가능성이 있다.

이러한 연유로 법정에서는 반증의 접근 방식을 채택하고 있다. 즉, 형사법을 적용할 때 무죄추정의 원칙이 중요하다. 형사재판 과정에서 명확한 죄인일지라도 판사의 최종 선고 판결이 있기 전까지는 무죄(innocent)라고 추정한다. 그리고 판사는 검사로 하여금 '피고인이 무죄 또는 결백하다'는 것을 반증(disprove)하게 한다. 그리하여 검사가 여러 가지 증거 자료를 제시하여 '피고인이 결백하지 않다'는 것을 반증해 주면 판사는 피고인이 유죄 즉 죄인임을 인정하게 되어, 죄질에 따른 형량을 선고하게 되는 것이다. 그러나 만약 검사가 '피고인이 결백하다'는 가정을 반증하지 못하면 피고인은 무죄가 된다.

이와 같이 연구 과정에서도 어떤 문제에 대한 답을 직접 얻는 것은 불가능하다고 본다. 따라서 연구 가설 또는 작업 가설(working hypothesis)를 설정하고 다시 대안적 가설 혹은 영가설(null hypothesis)를 세워 그것을 반증함으로써 그 대안으로써 연구 가설을 받아들이는 복잡한 과정을 거치게 되는 것이다.

3. 가설의 요건 및 서술 방법

가설이란 연구 문제에 대한 2개 혹은 그 이상의 개념들 간의 가정적 서술이다. 연구 과정에서 연구 문제와 해답 사이에 중간 단계에 존재하며 증명을 통해서 수락되거나 거부되어진다. 가설 수립 시에 반드시 고려해야 할 몇 가지 요건이 있다.

- 연구 문제에 대한 가장 적합한 해답이 될 수 있어야 한다.
- 이론적 체계와 관련되어 있어야 한다. 기존 연구 결과를 토대로 작성되어야 한다. 하지만, 직관에 의해 가설이 설정되는 경우도 있다.
- 간단명료하면서도 주어진 변인들 간의 관계가 명시되어야 한다.
- 변수들은 명확하고 측정 가능해야 한다.
- 변수들 간의 관계는 검증 가능해야 한다.
- 수락 또는 거부될 수 있도록 긍정문 형식으로 서술되어야 한다.
- 가설은 검증되어질 서술문이기 때문에 '... 것이다'라는 식의 미래형으로 서술되어야 한다.

4. 변수

가설은 대개 변수와 변수의 관계로 나타난다. 변수(variables)란 관찰 대상이 갖는 특성으로 교육수준, 월평균소득, 성별 등과 같이 여러 범주로 나누어지는 속성을 가지고 있다. 변수가 가지고 있는 속성들을 변수값(values)이라고 부른다. 예를 들어 교육수준은 변수이고, 무학·초졸·중졸·고졸·대졸 이상 등 교육 수준이 갖는 하위범주들은 변수값이다. 변수에 대립되는 개념은 상수인데 내적인 다양성이 없는 것은 사회과학에서 변수로 취급하지 않는다. 여자대학의 학생들을 대상으로 한 조사 연구에서는 대상자들이 모두 여자이기 때문에 성별 구분은 변수가 되지 않는다.

(1) 독립변수와 종속변수

두 변수(X, Y)가 있을 때, 한 변수(X)가 다른 변수(Y)에 시간적으로나 이론적으로 선행하면서 그 변수(X)의 변화가 다른 변수(Y)의 변화에 영향을 미칠 수 있다. 여기서 영향을 미치는 변수를 독립변수(independent variable)라 하고, 영향을 받는 변수를 종속변수(dependent variable)라고 부른다. 성별에 따라 드라마 시청 시간에 차이가 있다면, 성별은 독립변수, 드라마 시청 시간은 종속변수가 된다. 독립변수와 종속변수 개념은 때에 따라서 원인변수-결과변수, 설명변수-피설명변수, 예측변수-피예측변수, 또는 외생변수(exogenous variable)-내생변수(endogenous variable)와 상호 교환적으로 사용되기도 한다.

커뮤니케이션학의 궁극적인 목적은 사회현상(종속변수)을 결정짓는 요인들(독립변수)을 찾아내는 작업이라고 할수 있겠다. 커뮤니케이션학에서 규명하고자 하는 현상은 대부분의 하나의 변수로 설명될 수 없기 때문에, 우리는 종종 설명 변수로서 하나 이상의 변수들을 도입하게 된다.

(2) 인과 관계 검증

우리는 변수간의 관계를 설명할 때, 상관관계에 대해 설명한다. 독립변수가 변화하면 종속변수도 변화하는데 이 변화는 긍정적인 상관관계일수도 있고, 부정적인 상관관계일수도 있다. 나아가, 적지 않은 연구에서 변수들의 관계가 인과적이라고 결론을 내리는 경우를 볼 수 있다. 예를 들면, '성별이 드라마 시청에 미치는 영향에 관한 연구' 처럼 독립변수가 종속변수에 미치는 영향에 관한 결론을 내리고 싶어 한다. 과연 성별이 원인이 되고 드라마 시청이 그 결과가 될수 있을 것인가에 대해서 생각해볼 필요가 있다.

여기서 주의할 점은 성별이 드라마 시청에 앞선 변수라 하여, 그리고 단순히 시간적으로 뒤따르는 사건들이라 하여 인과적이라고 바로 설명할 수 없다는 것이다. 즉, 독립변수의 변화가 종속변수의 변화에 선행한다는 사실만으로는 X가 Y를 변화시켰다고 결론내리는 것은 곤란하다. 인과관계를 설명하기 위해서는 다음과 같은 3가지 조건을 충족시켜야 한다. 첫째, X가 Y보다 시간적으로 앞선다. 둘째, X와 Y가 상관관계가 있다. 마지막으로, X와 Y의 인과관계를 설명함에 있어 다른 대안적 설명(alternative explanations)을 배제할 수 있어야 한다. 즉, X가 Y의 유일한 설명임을 밝혀주어야 한다.

〈그림 6〉 대안적 설명의 배제

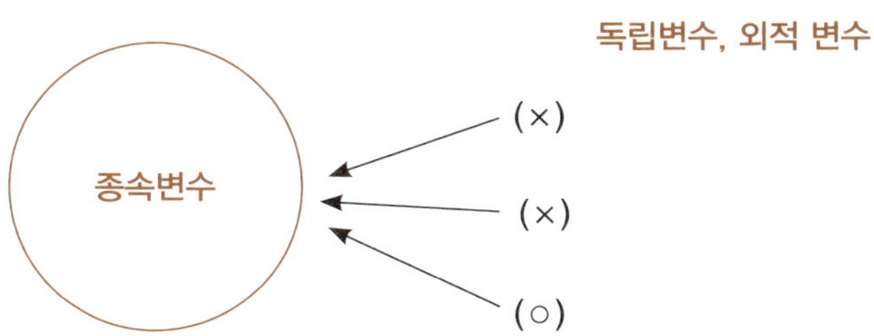

(3) 검증 요인

두 변수 X 와 Y의 관계에 혹시 제 3의 변수가 영향을 미치지 않았는지를 살펴보고자 할 때 우리는 검증 요인(test variable) 혹은 검증 변수를 도입하여 분석한다. 검증 변수에는 외적 변수, 매개 변수, 선행 변수 등이 있다. 앞선 인과 관계 설명에서 종속 변수인 드라마 시청에 영향을 미치는 성별 외 다른 변수가 있을 수 있다. 예를 들면, 연령, 교육 수준, 소득 수준, 직업 등과 같은 적지 않은 제 3의 변수가 있을 수 있다. 이러한 제 3의 변수를 외적 변수라고 한다. X와 Y의 관계를 설명하기 위해서, 이러한 외적 변수는 통제되어야 한다. X와 Y가 관계가 있는 것으로 보일수 있지만, 외적 변수를 통제할 경우, X와 Y의 관계가 사라지게 될수도 있다. 표면적으로 인관관계인 것처럼 보였지만, 원래 두 변수간에는 아무런 관계가 없는 것이다.

예를 들어, 화재장소에 소방차가 많이 나타날수록 화재 피해액이 크다는 주장이 있다. 이 경우 소방차의 수를 독립변수, 화재 피해액을 종속변수로 설명한다면, 소방차의 수가 화재 피해액을 결정하는 것으로 설명할수 있다. 그러나 이 관계가 실제 진실한 관계인지 그렇게 보이는 유사 관계(spurious correlation)인지를 규명할 필요가 있다. 외적 변수로 화재 규모를 가정할 수 있다. 만약 화재의 규모를 통제한다면 소방차의 수와 화재 피해액의 규모 사이에는 상관관계가 나타나지 않는다. 따라서, 소방차의 수가 화재 피해액을 결정한다는 처음 주장은 거짓인 유사 관계가 되는 것이다.

경우에 따라서, 독립변수와 종속변수 사이에서 독립변수의 결과인 동시에 종속변수의 원인이 되는 변수를 매개 변수(intervening variable) 혹 중개 변수라고 한다. 즉, 검증 요인이 독립변수와 종속변수 사이에 존재하는 경우이다. 예를 들면, 광고가 구매 행위에 영향을 미친다는 명제가 있다고 하자. 이 때 관여도에 따라 광고가 구매 행위에 차별적으로 영향을 미친다고 가정할 수 있다. 이 관계는 다음과 같이 나타낼 수 있다.

광고(X) → 관여도 → 구매 행위(Y)

여기서 '관여도'는 매개 변수가 된다. 고관여 상품의 경우에는 광고가 구매 행위에 크게 영향을 미치지만, 저관여 상품의 경우에는 광고가 구매 행위에 별로 영향을 미치지 못하는 경우이다. 관여도와 같은 매개 변수는 다양하게 존재할 수 있으며, 보다 훌륭한 연구를 하기 위해서 이러한 숨어 있는 매개 변수들을 발견하는 것이 매우 중요하다. 기존 연구 검토를 통해 독립변수나 종속변수를 찾아내는 것은 연구에서 기본적이다. 나아가, 이러한 매개 변수들을 찾아내는 것도 문헌 연구에서 보다 많은 관심을 가져야 한다.

마지막으로 선행 변수는 인과관계에서 독립변수에 앞서면서 독립변수에 대해 유효한 영향력을 행사하는 변수를 의미한다. 예를 들면, 광고에 영향을 미치는 선행 변수로 광고 제작비를 들 수 있다. 광고 제작비가 많은 경우, 좋은 광고 제작에 영향을 미치게 되고, 후속적으로 구매 행위에 영향을 미치게 된다. 인과적 연속의 고리 속에서 선행변수, 독립변수, 매개변수 그리고 종속변수간의 위치를 정리하면 다음 같다.

광고 제작비(선행변수)→광고(독립변수)→관여도(매개변수)→구매 행위(종속변수)

5. 분석의 단위

분석의 단위는 일반적으로 연구자들이 소홀히 하기 쉽지만 매우 중요하다. 분석의 단위는 두 종류가 있다. 하나는 개인(individual)이고 또 다른 하나는 집단(group)이다. 대부분의 조사에서는 개인을 분석의 단위로 삼는다. 경우에 따라서는 가구, 사회, 국가 등과 같은 개인이 아닌 집단을 분석의 단위로 삼기도 한다. 개인을 분석의 단위로 삼아 분석을 했을 경우, 결론도 개인에 국한해서 내려야 한다. 한편, 집단을 분석의 단위로 삼아 분석하였다면, 결론 역시 집단 차원에서 도출해야 한다. 만약 개인을 분석의 단위로 삼아 연구해서 집단 차원에서 결론을 내리거나, 반대로 집단을 분석 단위로 한 연구에서 개인 차원으로 결론을 유도할 경우에 문제가 생긴다. 즉 논리적 오류가 발생한다.

집단 단위의 자료를 바탕으로 개인의 특성을 추리할 때 저지를 수 있는 오류로 생태학적 오류(ecological fallacy)가 있다. 국가를 분석 단위로 해서 일본과 한국의 국민 소득이 2배라 하여, 일본인들이 한국인들보다 2배 잘 산다고 설명하면 논리적 오류가 있는 것이다. 일본이라는 나라는 한국보다 잘 살지만, 개인은 그렇지 않은 경우도 많다. 한편, 정반대의 오류도 존재한다. 즉 개인주의적 오류(individualistic fallacy)인데, 이는 개인의 특성에서 집단의 성격을 규명하고자 할 때 발생한다. 예를 들면, 평등주의 지향성을 나타내는 진술에 다수의 설문 조사 응답자들이 동의하였다고 해서 그 사회가 평등주의를 지향하고 있다고 결론을 내리는 경우이다. 그 사회의 개인의 의식과는 달리 한 사회는 매우 불평등할 수 있기 때문이다.

6. 개념과 측정

▼

1) 개념(concept)의 정의

과학적 연구에서 연구자가 현상을 측정하기 위해서 가장 먼저 수행해야 할 작업이 개념을 파악하는 것이다. 개념이 뚜렷하지 않고 모호하거나, 여러 가지 개념을 혼합해서 사용하게 되면 무엇을 말하는지, 무엇을 측정하려는지 알 수 없다. 기존 연구에서 개념이 애매모호하게 사용될 경우, 연구자들 간에 서로 다른 현상을 설명하게 되는 것이다.

개념은 학자마다 그 정의를 조금씩 달리하지만 보편적인 정의를 정리하면 다음과 같다. 개념이란 일정한 현상들을 보다 일반화함으로써 그것들을 대표하는 추상화된 용어 또는 현상의 속성을 추상화시킨 표현을 말한다. 커뮤니케이션 현상이나 커뮤니케이션 문제에 대해 연구자가 인식하고 지각하는 대상은 어떤 현상이다. 연구와 관련하여, 개념이라는 '연구의 대상이 되는 경험세계에 관한 대표적인 현상의 속성을 추상적으로 표현한 것'으로 정의한다(김구, 2011, 185~187).

개념은 현상을 대상으로 실제적으로 경험하는 것이 아니라 어떤 경험적인 현상을 대표하는 하나의 상징이다(김광웅, 1999, 192). 또는 개념을 연구 분야 내에 있는 현상을 분류하는 추상적 요소로 정의하기도 한다. 예를 들어, 시청률이 방송 경영에 미치는 영향에 대한 연구에서는 '시청률', '방송', '경영'이라는 개념이 포함되어 있다.

연구 문제가 선정되면 거기에 포함된 개념을 구체화하여야만 현상의 속성을 설명할수 있다. 커뮤니케이션 연구에서 사용하는 용어는 대부분 그 속성이 추상적이고 모호하여 다양한 해석이 가능할 수 있지만, 과학적 조사 연구를 통해 문제를 명확히 하고 경험적 수준에서 측정하기 위해서는 추상적 개념을 경험적 개념으로 바꿔주는 작업이 필요하다. 추상적 개념을 경험적 개념으로 전환하는 과정을 개념화(conceptualization)라고 말한다.

▼

2) 개념적 정의와 조작적 정의

커뮤니케이션의 실증적 연구에서 개념은 측정되어야 한다. 그러나 커뮤니케이션에서 사용하는 개념은 일반적으로 추상성의 정도가 높아 관찰, 측정이 곤란한 경우가 많다. 예를 들어, 시청률, 방송, 경영 등의 개념은 너무 추상적이어서 관찰하고, 측정하기가 곤란하다. 이들 개념을 측정하기 위해서는 측정 가능한 지표로 전환하는 작업이 필요하다.

연구 문제나 연구 가설에 등장하는 주요한 변인들이나 요인 혹은 개념들에 대해서는 반드시 정의를 내려주어야 한다. 연구자마다 그러한 개념들에 대해서 갖는 생각들이 모두 같지 않기 때문이다. 이럴 경우, 동일한 개념을 두고 연구자 나름대로 주관적으로 해석할 가능성이 높다. 주요한 개념들을 정의내리는 작업을 개념화라고 한다. 개념의 정의는 어떠한 개념의 뜻을 구체화하는 방법이나 절차를 말한다.

개념 정의를 내리는 데에는 두 가지 방법이 사용된다.

첫째는 명명적 정의(nominal definition)이다. 어떤 개념을 사전적(dictionary)으로 표현하기 때문에 명명적 정의를 사전적 정의라고도 말한다. 예를 들면, 정(情)의 개념을 사전에서는 '사람이 오래 살거나 생활해 온 곳에 대하여 가깝게 느끼는 마음'이라고 정의하고 있다.

하지만, 이러한 정의는 동의어반복(tautology)의 오류에 빠지게 된다. 즉, 정이나 가깝게 느끼는 마음이나 같은 의미이다. 단순한 말을 반복한 그 이상의 의미를 지니지 못한다는 뜻이다. 문헌 연구에서는 이러한 명명적 정의를 통해서 정의를 내릴 수 있다. 그렇지만, 실증적 연구에서는 보다 구체적으로 과학적으로 검증을 할 수 있게끔 정의를 내려야 한다. 따라서 조작적 정의(operational definition)를 내릴 필요성이 있다.

둘째, 조작적 정의는 어떤 개념을 어떻게 측정하겠다든가 혹은 어떻게 실험하겠다는 보다 구체적인 측정 방법을 포함하는 개념화 방법이다. 조작적 정의는 어떤 개념을 어떻게 이해하고 설명할수 있는지를 알려준다. 예를 들면, 정이라는 개념을 '오래 살거나 생활해 온 곳에 대해서 가깝게 느끼는 정도를 5점 척도로 측정해서 나온 값'으로 정의를 내린다. 이러한 경우는 측정 방법을 설명함으로 조작적 정의를 내리는 경우에 해당한다.

만약, 실험을 수행할 경우 실험 처치를 어떻게 해서 측정하겠다는 것을 구체적으로 명시하는 방법이 조작적 정의가 되겠다. 조작적 정의가 어려운 작업이기 때문에, 일반적으로 적지 않은 연구에서 조작적 정의를 내리지 않고 연구를 진행하는 경우도 종종 발견된다.

서베이, 실험, 심지어 내용분석에서도 주요 개념에 대한 조작적 정의가 필요하다. 미디어 폭력이라는 개념이 있을 때 이 개념의 조작적 정의를 내려 보자. 구체적으로 어떤 행위가 폭력을 의미하는지가 명확해야 한다. 위협적인 대화는 폭력인가, 어린이 만화에 나오는 것처럼 코믹한 폭력은 어떻게 할 것인가, 코믹한 폭력과 일반적 폭력 사이에 중요한 차이가 있는가 등의 문제를 고민해야 한다. 내용분석에서 폭력에 대한 정의를 제대로 내리지 않은 상태에서 연구를 진행한다면 그 연구 결과들은 무용지물이 될수 있다.

폭력을 너무 넓게 정의하여도 또 너무 좁게 정의하여도 문제가 된다. 너무 넓은 정의로부터 출발하면 그러한 정의에 따라 분석했을 때 너무나 많은 것이 포함된다. 즉 폭력이 아닌데도 불구하고 폭력에 포함될 수 있는 것이다. 정확하지 못한 분석이 이루어질수 있다. 반대로 너무 좁은 정의를 내릴 경우, 반대로 중요한 사항들을 빠뜨릴 위험이 있다. 폭력임에도 불구하고 포함되지 않을 가능성이 있는 것이다. 역시 정확하지 못한 분석이 될수 있다.

만화 폭력을 내용 분석하는 연구를 한다고 가정하자. 어떤 연구자는 만화에 등장하는 코믹한 폭력들은 폭력이라고 해서는 안 된다고 생각할 수도 있다. 또 다른 연구자는 얼마든지 코믹한 폭력은 당연히 폭력의 범주에 포함된다고 반대로 생각할 수 있다. 조지 거브너(George Gerbner)와 낸시 시뇨렐리(Nancy Signiorelli)는 미디어에 담긴 폭력과 테러(Voolence and Terror in the Mass Media : An Annotated Bibliography, 1988)에서 '신뢰할 수 있는 관찰이나 체계적인 분석을 하기 위해서는 다소 제한적이고 객관적인 정의가 필수적'이라고 주장한다.

미디어 폭력에 관한 대부분의 연구는 미디어 폭력을 '타인을 해하거나 죽이거나 위협하는 등 겉으로 드러난 물리적 행위'라고 정의하고 있다. 이 책은 미디어 폭력에 관해 심리학, 사회학을 비롯하여 다양한 관점에서 연구한 총 673편의 논문의 목록과 요약을 담고 있다. 이러한 많은 연구들의 검토를 통해 발견된 문제점은 바로 이러한 논문들이 폭력을 일관되게 정의하지 않고 모두 다른 정의를 내리고 있다는 점이다. 물론 폭력이란 매우 복잡한 개념이다. 위의 정의에 따르자면 만화나 코미디에서 폭력을 어떻게 보아야 하는지가 여전히 의문으로 남는다.

같은 맥락에서 어떤 개념에 대한 정의는 생각할 수 있는 모든 행위

양식을 다룰 수 있어야 한다. 측정하기 곤란하거나 양적으로 표현하기 힘들다고 해서 어떤 개념 정의에 특정 행동만을 제외한다면 그 연구 결과는 신뢰할 수가 없다. 그래서 조작적 정의란 힘든 작업이고 신중하게 표현해야 한다(Berger, 김대호 외 역 2001, 265~266에서 재인용).

〈표 5〉 광의의 폭력 개념 다양성

1. 코믹한 폭력	심각한 폭력
2. 폭력을 가하고자 하는 의도	실천에 옮겨진 폭력
3. 개인에 대한 폭력	집단에 대한 폭력
4. 경찰의 폭력	범죄자의 폭력
5. 언어 폭력	물리적 폭력
6. 가짜 폭력	진짜 폭력(레슬링)
7. 여자에 대한 폭력	남자에 대한 폭력
8. 인간에 의한 폭력	기계에 의한 폭력
9. 방어적 폭력	공격적 폭력
10. 어린이의 폭력	성인의 폭력
11. 미약한 폭력	심한 폭력(살인)
12. 목적을 이루기 위한 도구로서 폭력	목적으로서 폭력
13. 우연히 발생한 폭력	계획한 폭력
14. 폭력의 원인	폭력의 효과
15. 감정적 반응으로 비롯된 폭력	합리적 판단에 의한 폭력
16. 타인에 대한 폭력	자신에게 가하는 폭력
17. 제도적 폭력	개인적 폭력
18. 본능적 폭력	문화적 폭력

출처 : Berger(2000)

〈표 5〉는 폭력 개념이 얼마나 다양하게 정의 내릴 수 있는지를 잘 보여준다. 버거(Berger, 1995)는 그의 저서 매스커뮤니케이션이론에서 폭력의 개념이 얼마나 다루기 힘든지를 입증하기 위해서 폭력에

대한 다양한 정의를 제시하고 있다. 이렇게 폭력이란 하나의 개념만 보아도 매우 복합적이고 정의를 내리기 힘들다. 만약 조작적 정의를 내리지 않고 폭력이라는 개념을 사용한다면, 연구자들마다 차별적 의미로 해석하게 될 것이다. 수많은 연구들이 비판받는 부분이 바로 이러한 개념화가 제대로 되었는가 여부와 관련해서이다.

조작적 정의는 연구 문제나 가설에 등장하는 변인이나 개념이 추상적 차원에 머물러 있는 것을 현상적 경험의 차원에서 관찰하고자 할 때 필요하다. 즉, 폭력이라는 개념의 추상성은 매우 높기 때문에, 폭력이라는 개념만 가지고는 현상 차원에서 무엇을 관찰해야 할지 알기 어렵다.

앞서 살펴보았듯이, 추상적인 폭력 개념은 다양한 폭력을 상징하기 때문이다. 따라서 연구자는 폭력의 개념을 어떻게 정의내리겠다고 개념화를 한 후, 현상에서 그것에 해당하는 폭력만 관찰하면 되는 것이다. 이렇게 할 경우, 동일 연구자나 다른 연구자에 의해 그 연구를 반복하더라도 다른 조건이 동일하다면 동일한 결과를 도출할 수 있게 된다. 만약 그렇지 않다면, 연구할 때마다 다른 연구 결과가 나올 수 있다. 폭력이라는 개념 하에 연구를 진행했지만 실상 매우 다른 폭력의 측면을 관찰했기 때문이다. 따라서 조작적 정의는 다음과 같은 요건들을 갖추고 있어야 한다.

- 조작적 정의는 논리적으로 일관성이 있어야 한다.
- 조작적 정의는 관찰 가능해야 한다. 조작적 정의는 추상적 개념을 관찰하기 위해서 필요한 것이기에, 현상 차원에서 실증적으로 관찰할 수 있도록 정의 내려져야 한다.
- 실험 연구에서 이루어지는 조작적 정의는 실험이 가능하도록 해야 한다. 실험 처치를 어떻게 하겠다는 식으로 실험 조작을 할수

있도록 해야 한다.

- 조작적 정의는 양적으로 측정할 수 있어야 한다. 조작적 정의는 과학적 연구를 위해 검증 가능하도록 해야 하기 때문에, 수량화시킬 수 있도록 해야 한다.
- 조작적 정의는 다른 연구자에 의해 반복 가능해야 한다.

7. 신뢰도와 타당도

▼

1) 신뢰도

측정과 관련하여 가장 중요한 두 개의 개념을 들라치면, 측정의 신뢰도와 타당도이다. 측정의 문제는 측정도구가 갖는 신뢰도와 타당도의 문제로 귀결된다.

신뢰도란 반복되는 측정에서 어느 정도 동일한 결과를 얻게 되는가를 의미한다. 반복 가능성(repeatability)의 문제이다. 과학적 연구는 반복 가능해야 한다. 이론 구축을 위해서이다. 반복을 통해 연구결과를 일반화할수 있게 되고 이론 수정이 가능해 지는 것이다. 신뢰도란 '어떻게 측정하느냐'(how to measure?)의 문제이다. 측정할때마다 측정의 결과값에는 측정 오차가 존재한다. 즉 측정값(X′)이란 직접 실제 측정한 값(X)과 측정 오차(e)의 합이다.

$$X' = X + e$$

신뢰도를 측정하기 위한 방법중에서 쉽게 측정할 수 있는 두가지 방법을 소개한다. 첫째는 재조사법(test-retest method)이다. 신뢰도를 측정하기 위해서 동일한 문항을 두 시점에서 반복해서 측정한다. 재조사법이란 동일한 개념 X를 한 시점과 또 다른 시점에서 각각 측정하여 이들간에 어느 정도로 높은 상관 관계가 있는지를 보고 신뢰도를 평가하는 방법이다.

또 다른 신뢰도 측정방법으로 하나의 개념을 측정하기 위해 두 개의 문항을 가지고 측정하여 두 개의 측정간에 어느 정도로 높은 상관 관계가 있는지를 검사하는 방법으로 반분법(split-halves)이라고 한다. 전체의 문항을 두 개의 조로 나눈 다음, 각 조간의 상관계수를 보고 신뢰도를 평가하는 방법이다. 문항 번호를 홀수와 짝수로 나누어 이들간의 상관계수를 살펴보기도 하고, 문항번호를 전반부와 후반부로 나누어 검토하기도 한다.

▼

2) 타당도

타당도는 '연구자가 관찰하려고 하는 것을 어느 정도 제대로 관찰하였는가'(what to measure?)를 의미한다. 타당도의 문제가 제기되는 것은 주로 조사 설계와 측정의 단계에서 이다. 측정의 타당도는 측정도구가 우리가 측정하려고 하는 개념 혹은 변수를 어느 정도 잘 측정하고 있는가를 반영한다. 보다 구체적으로 말한다면 타당도는 우선 측정도구가 실제로 측정하고자 하는 개념을 측정하고 있는가, 그리고 그 개념이 정확히 측정되었는가라는 두 요소를 포함하고 있다. 연구에서 신뢰도는 측정하여 계수로 나타내어 연구가 얼마나 신뢰 할만한지에 대해 설명해주는 것과는 달리 타당도는 이론적 측면에서 다루어지는 경향이 있다. 따라서, 기존 연구에서 특정 개념을 어떻게 측정했는지에 대해 파악하는 것이 중요하다. 연구자는 기존 연구자들이 특정 개념을 측정한 것을 토대로 이론적 차원에서 타당도를 검토하게 된다. 만약 기존 연구들에 기초하지 않고 조작적 정의를 내릴 경우 타당도에 대해 비판을 많이 받을 수 있다.

타당도는 계수가 아니다. 그렇지만, 계수로 나타내지 않는다고 신뢰도보다 타당도가 결코 중요하지 않다는 의미는 아니다. 방법론에서 타당도는 신뢰도보다 더 근본적이다. 신뢰도는 측정의 단계에 국한되지만, 타당도는 측정뿐만 아니라 보다 근본적으로 조사 설계 단계에서도 강조되기 때문이다. 실험에서 실험 설계 방안이 매우 중요한데, 이때 타당도가 설명되고, 각 실험 설계에 대한 평가는 타당도를 기준으로 이루어진다. 제 12장 실험 설계에서 다시 실험의 타당도에 대해 자세히 살펴보기로 한다.

가장 간단한 예를 들어보자. '정보화가 세계화와 어떤 관계가 있는가?'에 대해 살펴보자. 정보화와 세계화를 측정할 수 있는 방법 즉 조작적 정의는 다양하게 이루어질 수 있다.

정보화와 세계화 개념의 조작적 정의 사례

정보화에 대한 조작적 정의

- 정보 기기의 보급률(예, 스마트폰의 보급률)
- 정보 기기의 이용 시간
- 전체 산업 중 정보 산업 부문의 종사자 비율
-

세계화에 대한 조작적 정의

- 연간 국내 입국하는 외국 관광객의 수
-
-

3) 신뢰도와 타당도의 관계

신뢰도와 타당도의 관계는 표적에 비유할 수 있다. 우선 (가) 그림은 신뢰할수 있으나 타당하지 않다. 즉 탄착이 일관성 있게 밀집되어 있기 때문에 신뢰할 수 있으나 원하는 표적 중심에서는 벗어나 있어서 타당하지 않다. (나)의 그림은 타당하지만 신뢰할 수 없다. 대체로 표적 중심을 둘러싸고 탄착이 형성되어 있지만 오차가 크고 일관성이 결여되어 있다. (다)의 그림은 탄착이 표적 중심에 밀집되어 있기 때문에 타당할 뿐만 아니라 신뢰할 수 있다. 따라서 신뢰도와 타당도 중 어느 것도 소홀히 해서는 안된다는 점을 시사한다.

신뢰도와 타당도의 관계에 대한 비유

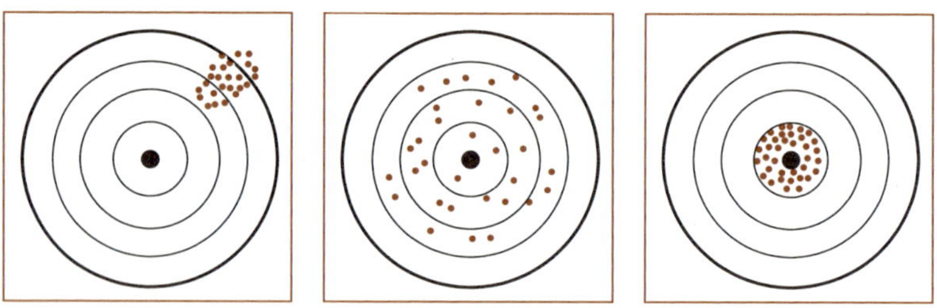

(가) 신뢰할 수 있지만 타당하지 않다.

(나) 타당하지만 신뢰할 수 없다.

(다) 타당하고 신뢰할 수 있다.

출처 : Babbie(1989 : 126)

8. 연구 문제, 가설, 조작적 정의의 사례

조작적 정의는 대개 연구 문제나 연구 가설을 설정하고 연구 방법 부분에서 서술해 주는 것이 순서이다. 예를 들면, '가설에 등장하는 주요 개념들을 다음과 같이 측정하도록 한다'는 식으로 기술해 주면 된다. 연구 문제, 이론적 배경에 근거한 연구 가설 설정, 조작적 정의를 내린 연구 사례를 소개하면 다음과 같다.

김봉철, 이병관, 최양호(2005), 한국의 국가 이미지와 광고에 대한 일반적 평가가 상품 및 기업 이미지에 미치는 영향, 한국방송학보 통권 제19-3호, 104~134

문제 제기 및 연구 목적

본 연구는 중국 시장에서 한국의 국가 이미지가 한국의 기업 광고와 상품 그리고 기업 이미지에 어떠한 영향을 미치는지를 실증적으로 분석하여 최근 규모가 급속히 커지고 있는 중국 시장에서 한국 기업들의 효율적인 마케팅 전략 수립에 도움을 주고자 하는 목적에서 이루어졌다.

기존 문헌 고찰 및 가설 설정

기존 논의(Gurhn-Canil & Naheswaran, 2000; 김영욱, 2001, 한상필, 2004)들을 종합해 볼 때, 국제 마케팅에서 국가 이미지는 광고에 대한 평가, 제품에 대한 태도, 기업에 대한 이미지 등에 영향을 미치는 선행 변인으로 작용하고 있음을 알 수 있다. 그리고 이러한 구조적 관계는 중국 시장에서도 유효할 것이라고 예측할 수 있다. 따라서 본 연구에서는 다음과 같은 가설을 설정하였다.

가설 1 : 중국에서의 한국에 대한 이미지는 한국 상품에 대한 태도에 영향을 미칠 것이다.

가설 2 : 중국에서의 한국에 대한 이미지는 한국 광고에 대한 평가에 영향을 미칠 것이다.

가설 3 : 중국에서의 한국에 대한 이미지는 한국 기업에 대한 태도에 영향을 미칠 것이다.

연구 모형의 구축

〈그림 8〉 연구에서 변인 간의 관계 모형

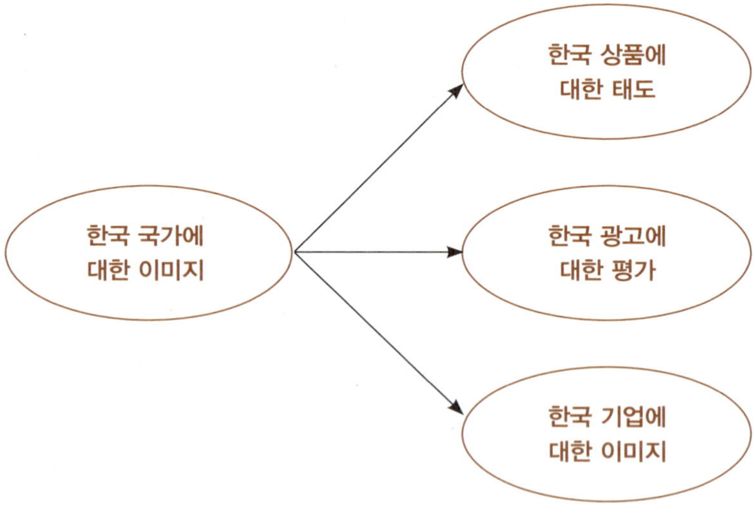

주요 개념의 조작적 정의

본 연구의 주요 변인은 국가 이미지, 한국 광고에 대한 평가, 상품에 대한 태도, 기업 이미지 등이다. 먼저 한국의 국가 이미지는 모두 5개 문항의 의미 분별 척도를 사용했다. 5개 문항은 일반적으로 국가 이미지를 측정하는 변수들로 구성했는데 '현대적이다-구시대적이다', '깨끗하다-더럽다', '개방적이다-폐쇄적이다', '문화적이다-야만적이다', '부유하다-가난하다' 등으로 모두 7점 척도로 측정되었다. 광고에 대한 평가는 무울링과 라즈낙크(Muehling & Laczniak, 1992)의 연구에서 사용된 척도를 바탕으로 구성된 총 5개의 의미 분별 척도에 의해 측정되었다. 5개의 문항은 '마음에 든다-마음에 들지 않는다', '느낌이 좋다-느낌이 좋지 않다', '설득력이 있다-설득력이 없다', '매력적이다-매력적이지 않다', '믿을 수 있다-믿을 수 없다' 등이며 모두 7점 척도로 측정되었다. 이와 같이 기존 연구자가 사용했던 조작적 정의를 그대로 재활용하는 방법도 가능하다.

상품에 대한 평가는 무울링과 라즈낙크(Muehling & Laczniak, 1992)의 연구에서 사용된 척도를 바탕으로 구성된 총 6개의 7점 의미 분별 척도에 의해 측정되었다. 구성된 문항들은 '좋다-나쁘다', '인상적이다-평범하다', '호감이 간다-호감이 가지 않는다', '유용하다-유용하지 않다', '다른 사람에게 권하고 싶다-다른 사람에게 권하고 싶지 않다', '매우 사고 싶다-전혀 사고 싶지 않다' 등으로 측정하였다.

기업 이미지는 '기업에 대한 다양한 정보와 그 기업 제품에 대한 경험에 의해 축적된 총체적인 인상'으로 정의하고, 윈터스(Winters, 1986)가 개발한 7개 항목의 기업 이미지 구성 요인을 본 연구의 목적에 맞도록 수정해 측정 항목으로 활용하였다. 이들 7개의 복합 척도

문항은 '한국 기업들은 공정한 가격으로 제품을 공급하고 있다', '한국 기업들은 품질이 좋은 제품을 만들고 있다', '한국 기업들은 환경 보호에도 적극적이다', '한국의 기업들은 소비자의 권익 보호에 관심이 많다', '한국 기업들은 세금을 잘 내고 있다', '한국의 기업들은 중국의 문화, 예술 발전에 기여하고 있다', '한국의 기업들은 소비자의 건강, 교육, 사회 복지 발전에 기여하고 있다' 등이다. 이들 항목들은 '매우 그렇다(+3점)'에서 '전혀 그렇지 않다(-3)'까지 7점 척도로 측정되었다. 이와 같이 기존 연구자가 사용했던 조작적 정의를 연구자의 연구 목적에 맞게 수정해서 사용하는 것도 연구의 창의성을 더하기 위해 바람직하다.

CHAPTER 6

과학적 연구의 윤리

CHAPTER 06

과학적 연구의 윤리

1. 과학적 연구에서 윤리의 중요성

사회조사는 사회적 맥락에서 이루어진다. 따라서 조사자는 조사를 설계하고 수행할 때 과학적 고려사항과 더불어 많은 윤리적 고려사항을 염두에 두어야 한다. 다음은 우리나라 생명과학분야의 최고의 과학자로 평가받던 황우석교수 연구의 윤리성이 우리 사회에 큰 파장을 일으켰고, 이로 인해 황우석교수는 자신의 모든 직책을 내려놓는 결과를 가져왔던 사건 내용이다.

"황우석 교수의 배아줄기세포 연구가 위기를 맞고 있다. 배아복제에 사용된 난자가 황교수의 연구실 소속 연구원이 제공한 것이라는 사실과 매매에 의해 취득된 난자라는 의심이 '윤리문제'를 일으키며 일파만파를 일으키고 있다.

지난 해 황교수가 체세포를 이용해 인간 배아줄기세포 생산에 성공하였을 때 한국생명윤리학회와 시민단체에서는 '인간배아줄기세포 1개를 만들기 위해 10여명의 여성으로부터 모두 242개의 난자를 채취해 사용함으로써 앞으로 난자 및 수정란 매매에 대한 불법적인 수요를 촉진할 우려가 있다. 연구에 사용된 242개 난자의 출처를 밝히라'며 이미 윤리문제를 제기했었다. 뿐만 아니라 〈네이처〉지도 황교수의 연구실의 박사과정 여학생이 난자 기증자에 포함돼 있다고 윤리문제를 제기하였다.

그러자 황교수는 '난자취득에는 아무런 문제가 없다. 우리의 연구성과를 폄하하려는 것'이라고 주장하며 일관되게 의혹을 부정하였다. 그런데 이러한 의혹이 사실로 드러난 것이다. MBC의 PD수첩은 지난 22일 황교수의 연구에 황교수 연구실 소속 연구원의 난자가 사용된 것과 대다수의 난자가 매매로 취득한 난자였다는 사실을 취재결과 확인하였던 것이다. 그러자 황교수는 '파문의 모든 책임은 자신에게 있다'고 하면서 대국민사과와 함께 세계줄기세포허브 소장직을 비롯한 정보와 사회 각 단체의 모든 겸직을 사퇴하겠다고 밝혔다."[1]

윤리는 전형적으로 도덕성과 관련되어 있으며, 이 둘은 옳고 그름의 문제를 다룬다. 그런데 무엇이 옳은 것이며 무엇이 그른 것인가? 어려운 질문이지만, 그 판단의 기준은 종교, 정치적 이념, 사회 구성원간 동의 등이다. 사회과학 조사에 참여하는 사람은 과학적 탐구를 할 때, 무엇이 적절하며 부적절한지에 대해 조사자들이 공유하는 일반적 동의에 대해 알아야 한다. 이에 사회조사에서 가장 중요한 윤리적 동의의 일부를 소개한다(고성호외, 2013, 47~65).

---

1) 출처 http://blog.daum.net/sosa7469/5658905, 2005년 12월 15일.

2. 과학적 연구에서 윤리적 쟁점

▼

1) 자발적 참여

사회조사나 실험에 참여는 자발적이어야 한다. 많은 실험 약품들이 죄수를 상대로 테스트된다. 매우 윤리적인 경우, 죄수들에게 그 실험의 성격과 가능한 위험에 대해서 말해주며, 참여는 완전히 자발적이라고 말해준다. 그리고 참여한다고 해서 조기 석방과 같은 특별한 보상을 기대할 수 없다는 점도 아울러 고지된다. 이러한 상황에서도 종종 참여자들은 협조함으로써 개인적으로 혜택을 받을 것이라는 믿음에서 동기를 얻을 것이라는 점이 분명하다.

▼

2) 참여자에 대한 무해

연구대상에 해를 입혀서는 안된다. 심리학자인 필립 짐바도(Philip Zimbardo)는 1971년 죄수와 간수 간 상호작용의 역할을 연구하기 위해 "스탠포드 교도소 연구"로 알려진, 죄수의 생활에 대한 유명한 모의실험을 실시했다. 짐바도는 스탠포드 학생들을 연구 대상으로 고용하여 그들에게 무작위적으로 죄수와 간수의 역할을 할당했다. 이 실험은 교도소장 역할을 한 짐바도 자신을 포함하여 모든 참가자들에게 빠르게 현실화되었다. 수많은 학생 죄수들이 모의 감금의 결과, 심리적 해를 입었으며, 일부 학생 간수들은 후에 자신들의 자아 이미지에 문제가 될 정도의 잔학성을 보이기 시작했다. 상황이 이렇게 전개되자, 짐바도는 그 실험을 종결했다. 그리고 사후 설명을 통해 모든 참가자들이 이 실험에서 얻은 지속적 손상을 피할수 있도록 조언했다.

▼

3) 익명성과 비밀성

서베이의 경우 조사 대상자들이 가장 신경을 쓰는 문제는 신원 보호이다. 서베이 조사를 공개할 경우, 어떤 방식으로든 해를 끼칠수 있기 때문이다. 조사의 익명성은 조사 결과를 읽는 사람만이 아니라, 조사자 자신의 특정 응답자를 확인할 수 없을 때 보장된다. 응답자들이 자신들의 이름을 자발적으로 밝힌 경우에도, 그러한 정보는 설문지로부터 즉각 지워버림으로써 익명성을 보장해줄수 있다.

조상의 비밀성은 조사자가 특정인의 응답을 밝힐수 있지만, 그렇게 하지 않겠다고 공개적으로 약속할 때 보장된다. 인터뷰 서베이를 예로 들면, 특정 응답자가 보고한 소득을 공개할 수 있는 위치에 있을 수 있지만, 그렇게 하지 않을 것이라는 점이 응답자에게 보장되어야 한다.

비밀성의 보장에 대한 대표적인 조사 사례를 소개하면, 1991년 엑선(Exxon) 유조선이 알래스카의 발데스 항구 근처에서 좌초되어 천만 갤런의 원유를 발데스 만에 유출시킨 사건이 발생했다. 경제적, 환경적으로 손실이 엄청났지만, 언론은 지역주민들이 겪은 심리적, 사회적 피해에 대해서는 거의 주의를 기울이지 않았다. 알콜중독자의 증가, 가정 폭력, 기타 혼란에 대해서는 일회성 보도만 있었다. 알래스카 만의 22개 지역 주민 공동체는 주민들의 경제적, 사회적, 심리적 피해에 대해 엑선(Exxon)사에게 소송을 제기했다.

피해의 양을 파악하기 위해 샌디에이고의 한 조사 회사를 결정하여 가족 문제의 증가에 대해 매우 개인적인 질문을 조사하였다. 절대적 비밀을 보장하고 고통스럽고 당혹스러운 정보를 밝혀줄 것을 요구하였다. 그 결과, 조사를 통해 개인과 가족 문제와 원유 유출 사건이후 급증했음을 밝혀냈다.

엑선사는 주민들의 고통을 입증하기 위해 조사 자료가 법원에 제출될 것을 알고 특별한 조치를 취했다. 조사 설문지를 회수해줄 것을 법원에 요구하였다. 법원이 엑선사의 요구를 허락하고, 연구자들에게 신원 정보 모두를 포함한 설문지 제출을 명령하였다. 엑선사의 의도는 조사 응답자들을 법정에 세워, 비밀을 보장하고 면접자에게 제공한 답변에 대해 일일이 확인할 것으로 생각하였다. 조사 응답자들이 공개 법정에서 증언하기 이전에 이 사례는 법원에서 잘 해결되었다.

▼

4) 기만

지금까지 조사 대상자의 신원을 잘 다루는 것이 윤리적으로 중요하다는 점을 살펴보았다. 조사자의 신원을 다루는 것도 중요하다. 가끔은 연구 대상자들에게 연구자의 신원을 밝히는 것이 필수적일때도 있지만, 경우에 따라서는 연구자 신원을 밝히지 않고, 연구를 수행중이라는 사실을 밝히지도 않고 설문 조사를 수행하는 일종의 사기와 같은 노련함이 필요할 때도 있다. 연구 목적에 대해서 거짓말을 하는 것은 실험에서 일반적이다.

대학원생 로드 험프리스(Laud Humphreys)는 동성애 행위에 대해 연구했다. 그는 동성애자들이 '찻집'이라고 부르는 공원 공중 화장실에서 만나는 이방인끼리의 동성애 행위를 연구했다. 그는 찻집을 방문할 때 익명을 유지하는 것이 중요했다. 찻집에서 만남은 전형적으로 3인이 관련되어 있다. 두 사람은 성행위에 가담하며, 한명은 '감시여왕'(watchqueen)이라고 부르는 망보는 사람이다. 험프리스는 감시여왕이 되겠다고 해서, 현장 관찰을 수행할 수 있었다. 험프리스는 참여한 사람들에 대한 추가 정보가 필요했다. 동성애자들의 인터뷰가 어렵기에, 참여자의 승용차 번호를 적고 경찰 도움으로 그들의 이름과 주소를 추적했다. 그리고 변장하고는 그들의 집을 방문하여 서베이를 실시하고 있다고 말했다. 그는 그러한 방법으로 화장실에서는 얻을수 없는 개인적 정보를 수집했다.

험프리스의 조사에 대해 논쟁이 있었다. 일부 비판가들은 과학이라는 이름으로 사생활을 크게 침해했다고 비난했다. 어떤 사람들은 참여자들을 속인 기만에 대해 우려를 표시했다. 관찰 조사는 정당하지만, 추적 조사에 대해서는 반대도 있었다. 험프리스가 참여자를 집까지 쫓아가서 가장하여 인터뷰를 한 것을 비윤리적이라고 생각했다. 한편, 어떤 사람들은 험프리스의 조사를 지지했다. 주제가 연구가치가 있다고 말했다. 다른 방법으로는 연구할 수 없으며, 험프리스가 찻집 활동을 공개하여 대상자들에게 피해를 입히지 않도록 주의했다는 점을 지적하면서 그 기만은 무해한 것으로 여겼다. 이 논쟁은 결말을 보지 못하고 아직도 논쟁중이다. 여러분들은 어떻게 생각하는가?(Babbie, 고성호외역, 2013, 64)

CHAPTER 7

–

문헌 연구

–

CHAPTER 07

문헌 연구

1. 문헌 연구의 중요성

좋은 연구를 위해서 문헌 연구는 반드시 필요하다. 문헌 연구는 일종의 연구라는 여행을 떠나면서 길잡이를 만나는 것과 같다. 과학적 연구 절차에 따라 연구를 수행하는 연구자라면 먼저 이용 가능한 기존 문헌을 검토해야 한다. 기존 연구들의 연구 방법과, 연구 절차, 발견된 연구 결과 등에 대해 알수 있다. 경험이 많은 연구자들은 연구 절차 중 기존 문헌 검토가 가장 중요한 단계 중 하나라고 생각한다. 기존 연구를 통해 배울 수도 있고, 시간과 노력, 경비도 절약할 수 있기 때문이다(Wimmer, 유재천, 김동규역, 2014, 52). 기존 문헌 검토가 제대로 이루어지지 않으면 이후 연구 과정 중 어느 단계에서 실수하여 연구 전체에 문제를 초래할 수 있다. 문헌 연구는 시행 착오를 줄이기 위해 꼭 필요한 것이다.

일반적으로 논문이나 연구보고서의 기본 구성 체계 중 '기존 문헌에 대한 검토', '이론적 배경', '선행 연구와 관계 문헌' 등이 있다.

문헌 연구를 위해서는 도서관에서 자료 찾기를 하게 된다. 도서관 찾기를 잘 한다면, 연구에 있어 큰 도움을 받을 수 있다. 일반적으로 연구자들은 이미 행해진 연구의 결과를 알기 위해 도서관에서 문헌 찾기를 한다. 이 도서관 찾기는 가치가 있다. 가끔 유사한 연구들을 발견함으로 인해 많은 도움을 얻을 수 있다. 다른 연구자의 연구에서 장점을 취할수도 있고, 다른 연구자의 문제점과 실수에서 무엇인가를 배울수도 있다.

문헌 조사의 유용성은 다음과 같다.

첫째, 연구 주제를 설정하는데 도움을 받을 수 있다. 연구자가 수행하고자 계획하는 비슷한 주제로 기존에 어떤 연구가 행해졌는지를 알수 있다. 연구자가 수행하는 연구가 그 연구 주제로 행해진 전체 연구들 가운데 어느 위치에 있는지를 파악할수 있게 한다. 즉, 얼마나 최근의 연구 주제를 선택했는지, 아니면 얼마나 진부한 연구 주제를 선택했는지 알게 한다. 기존 연구에 비해 그 연구가 얼마나 진보적인 연구이며, 그 연구를 통해 축적된 기존 연구 전통에 얼마나 기여할수 있을 것인지 알려준다. 만약 어떤 주제에 대해 연구가 이미 철저하게 잘 이루어졌다면 후속 연구는 빛을 바래게 된다. 물론 반복적인 연구를 통해서 동일한 연구 결과가 나오는지를 확인하려는 특별한 연구 목적을 가진 경우에는 예외적이다. 그렇지만 이런 연구는 그다지 많지 않다.

둘째, 연구의 주제를 충분히 좁히기 위해서 문헌 연구가 필요하다. 연구 주제가 너무 광범위하면 좁혀야 한다. 연구 주제는 좁힐수 있는데까지 좁히는 것이 좋다. 어떻게 좁혀야 할지, 어느 정도 좁혀야 할지 초보 연구자들은 감이 없기 때문에, 기존에 이루어진 연구들을 통해서 연구 주제가 어느 정도까지 구체적이고, 좁혀야 하는지에 대해서 깨닫게 된다. 일반적으로 수준 높은 저널에 수록된 논문은 연구 주제가 매우 세부적이다. 따라서, 논문 제목만 살펴보는 것만으로도 연구 주제를 잡는데 도움이 된다.

셋째, 이론적으로도 도움을 받을 수 있다. 기존 연구들이 어떠한 이론적 틀, 분석의 틀을 사용하고 있는지 알수 있다. 연구자가 수행할 연구가 이론적으로 어떤 의미가 있는지, 어떤 기여를 할수 있는지 파악할 수 있다.

넷째, 방법론적으로 얼마나 새로운 방법이 사용되어 기존 연구에 기여할 것인지도 알수 있게 해준다. 동일한 방법론을 사용해서 국가간 비교를 한다던가, 동일한 분석틀을 이용하여 시기에 따라 연구 결과가 어떻게 변화하는지를 살펴볼수 있다. 또한 그동안 그 연구 주제에서 다루어진 많은 변수들 가운데 어떤 변수들에 연구 초점을 맞추고 있으며, 어떤 변수들이 빠져있고, 새롭게 추가되었는지를 알수 있게 해준다.

2. 문헌 찾는 전략

문헌 찾는 전략은 고구마나 감자 캐는 것과 매우 흡사하다. 고구마나 감자는 하나만 있지 않고 하나를 캐면 여러 개가 달려 있는 것을 알수 있다. 문헌도 마찬가지이다. 하나의 관련 문헌을 찾게 되면 그 문헌에 여러 개의 문헌들이 달려있는 것을 알수 있다. 대부분의 연구 논문에는 참고 문헌이 소개되어 있다. 모두 그 연구와 직간접적으로 관련이 있거나, 인용된 연구들이다. 하나의 논문을 찾아 읽으면서, 참고 문헌을 보면 연구자가 충분히 관심을 가질수 있는 문헌들이 포함되어 있음을 알게 될 것이다. 참고 문헌에서 또 다른 연구를 찾아나가는 식이다.

문헌 찾기 전략에는 일반적으로 두 가지 방법이 있다(Berger, 김대호외역 2001, 50).

(1) 특정한 것에서 일반적인 것으로
(2) 일반적인 것에서 특정한 것으로

첫 번째 방법은 이미 연구자의 연구 주제가 세부적인 경우에 해당한다. 세부적인 연구 주제의 배경이나 관련된 기본 지식을 습득하기 위해서 이러한 방법을 선택한다. 만약 '방송의 이용과 충족에 관한 연구'를 수행하려고 할 경우, 방송의 효과에 관한 연구나, 방송 수용자에 대한 연구를 찾는다.

두 번째 방법은 연구자가 어떤 분야에 관심을 가지고 있고, 연구를 수행할 정도로 연구 주제가 충분히 좁혀야 할 경우 사용하는 방법이다. 즉, 연구자가 연구의 초점을 맞추도록 도와주기 위해 사용하는 방법이다. 앞서 연구 주제 선정 방법에서 설명하였듯이, 연구자는 주어진 시간 내에 또한 주어진 재정적 여건 하에 연구를 수행할 수 있을 정도로 연구 주제를 좁히는 것은 매우 중요하다. 한국 방송의 문제점에 대해 연구하고 싶다면, 한국 방송 드라마의 문제점에 대한 연구나, 방송 드라마의 선정성에 대한 연구, 혹은 방송 드라마의 선정성과 시청률의 관계에 대한 연구 등 주제를 좁힌 기존 문헌들을 살펴보아야 한다.

3. 커뮤니케이션 관련 문헌을 찾기 위한 자료원

다음과 같은 자료원들로부터 연구 주제를 선정할수 있다. 학술지, 정기 간행물, 뉴스 주간지, 일상적 만남 등에서 충분히 아이디어를 얻을수 있다. 참고할만한 주요 정보원들을 소개하면 다음과 같다.

▼

1) 전문 학술지

학술 논문을 작성하는데 전문 학술지는 단연 첫 번째로 중요한 정보원이 된다. 좋은 논문을 많이 참고하면 할수록 좋은 논문을 작성할수 있게 된다. 문헌 연구를 통해 인용한 연구의 수준이 논문의 수준을 결정한다. 따라서, 꼭 기억해야 할 점은 양적으로 많은 연구를 참고하기보다는 질적으로 수준 높은 연구를 참고하는 것이 중요하다.

학술지는 초고를 검토하고 수정하는 과정을 거쳐 논문을 게재하고, 엄격한 심사과정을 거쳐 게재하기 때문에 수준이 높고 연구 주제에 대한 많은 아이디어를 제공해준다. 대부분의 연구자는 연구과정에서 부딪쳤던 문제점과 앞으로 필요한 연구가 무엇인지를 연구의 결론 중 연구의 한계점 및 후속 연구를 위한 제언에서 제시한다. 수준 높은 많은 학술지는 연구에 관한 다양한 관점을 제시해준다. 학술지에 따라 매스미디어에 관한 연구만을 전문적으로 다루기도 하고, 때로는 광고나 소통과 같은 매우 전문적인 주제를 다루기도 한다.

커뮤니케이션 관련 논문을 전문적으로 게재하는 국내 대표 학술지 (한국연구재단에서 등재지 및 등재후보지라는 논문집 평가를 내림)

는 다음과 같다.

한국언론학회, 한국언론학보
한국방송학회, 한국방송학보
한국방송학회, 방송통신연구
한국지역언론학회, 언론과학연구
성곡언론문화재단, 언론과 사회
문화방송, 방송과 커뮤니케이션
한국언론학회, 커뮤니케이션이론
한국언론정보학회, 한국언론정보학보
한국커뮤니케이션학회, 커뮤니케이션학연구
한국광고홍보학회, 한국광고홍보학보
한국소통학회, 스피치와 커뮤니케이션
한국언론법학회, 언론과 법
한국여성커뮤니케이션학회, 미디어, 젠더 & 문화
한국PR학회, 홍보학연구
한국광고학회, 광고학연구
한국방송광고공사, 방송문화연구
한국출판학회, 한국출판연구
SBS문화재단, 미디어경제와문화
한국정치커뮤니케이션학회, 정치커뮤니케이션연구
한국광고PR실학회, 광고PR실학연구

이상의 저널에 실린 논문을 찾는 방법은 각 학회 홈페이지에 들어가서 찾는 방법이 있다. 그러나, 학회원들에게만 접근을 허용하는 경우도 있어, 제일 좋은 방법은 대부분의 대학 도서관에서 제공하는 연구 문헌 데이터베이스를 활용하는 것이다. 이러한 데이터베이스는 연구 논문의 전체와 요약문을 제공하기 때문에 연구 주제를 찾는데 도움이 되는 중요한 정보원이 될 것이다. 대부분의 도서관에서는 소위 전자도서관 서비스를 제공하기 때문에 편리하다.

2) 잡지와 정기간행물

정기간행물의 경우에는 논문을 작성하는데 있어 참고를 위해 유용하다. 특히 배경 지식을 이해하거나, 최근의 경향들을 파악하는데 도움이 된다. 연구 주제를 설정하고, 시의성이 있는 주제를 선정하는데 도움을 줄수 있다. 커뮤니케이션의 복잡한 문제에 대한 유익한 관점을 제공받을수 있고, 흥미로운 연구 소재를 많이 찾을수 있다는 점에서 활용 가치가 있다. 그렇지만, 과학적 연구를 위해 연구 주제를 선정하는데 저널의 논문이 더 유익하다. 국내에서 언론 유관단체에서 발행하는 잡지나 정기 간행물로는 다음을 참고할만하다.

한국언론진흥재단, 신문과 방송, www.kpf.or.kr
한국방송협회, 방송문화, www.kba.or.kr
한국케이블TV방송협회, 인사이드케이블(online),
www.kcta.or.kr(미디어클리핑의 언론보도 내용도 유용함)
한국방송광고공사, 광고정보, www.kobaco.co.kr
한국IPTV방송협회,
Digital Media Trend Leader(online), www.kiptv.or.kr
한국기자협회, 기자협회보, www.journalist.or.kr
관훈클럽, 관훈저널, www.kwanhun.com

언론중재위원회, 언론중재, www.pac.or.kr

한국PD연합회, PD저널, www.pdjournal.com

한국방송통신전파진흥원, 동향과 전망, www.kcaresearch.kr

정보통신정책연구원, 정보통신방송정책, www.kisdi.re.kr

한국잡지협회, magazine journal, www.magazine.or.kr

한국콘텐츠진흥원, KOCCA포커스, www.kocca.kr

▼

3) 학술자료 검색을 위한 인터넷 사이트

인터넷의 출현으로 연구자는 손쉽게 세계 정보에 접근할수 있게 되었다. 연구 주제를 찾고자 할때마다 인터넷은 주요한 접속 통로가 되고 있다. 다양한 검색엔진을 이용하면 쉽게 어떤 주제든지 관련된 많은 정보를 얻을 수 있다.

인터넷을 잘 활용하는 방법은 광범위한 카테고리로 검색해보는 것이다. 가령 관련 주제에 대해 '무엇이 처음인지', '어떻게 진행되고 있는지', '왜 그렇게 되었는지" 등 다양한 질문들에 대해 검색하는 것이다. 아울러 관련된 연구 아이디어를 검색한다. 그렇게 하면 아이디어와 관련된 믿을만한 목록도 얻을 수도 있다.

전문 학술 자료 검색 엔진으로는 다음과 같은 사이트를 추천한다.

DBPIA 데이타베이스 www.dbpia.co.kr

한국학술정보(KISS) http;//search.koreanstudies.net

학술연구정보서비스(RISS) www.riss.kr/index.do 확인

국회도서관 www.nanet.go.kr/main.jsp

기초학문자료센터 www.krm.or.kr

이 가운데 DBPIA 데이터베이스는 검색 능력이 매우 강력하기에 적극 추천한다. 각 대학교 전자도서관에 접속하여, 다음과 같은 순서로 접근하면 된다.

1단계	전자 도서관 접속
2단계	전자자료
3단계	학술 DB 리스트
4단계	자주 찾는 DB
5단계	DBPIA

그 다음 주제어 검색, 저자 검색, 학술지 검색 등 다양한 방법으로 원하는 자료를 검색할 수 있다. 원문에 대한 무료 다운로드도 가능하다. 초록을 먼저 살펴본 후 원하는 논문일 경우 논문 내용을 읽도록 한다. 이 DB의 또 다른 주요 특징은 추가적으로 관련 논문을 제공한다는 점이다. 빅데이타를 이용하여 이용자 성향 분석을 하여 고객 맞춤형 서비스를 제공하고 있다. 따라서, 이러한 서비스를 적절히 이용하면 매우 효율적으로 관련 문헌을 찾을 수 있다.

다음과 같은 포털 검색엔진들도 유용하다. 그렇지만, 앞서 소개한 전문 학술 자료 검색 엔진에 비하면 깊이 있는 자료 검색은 한계가 있다. 초보 연구자가 간단한 참고 문헌 검색을 목적으로 할 경우 사용할만하다.

구글학술검색 http;//scholar.google.co.kr

네이버전문정보 http;//academic.naver.com

그 외 정부 기관이나 단체의 홈페이지 자료실에서 제공하는 자료들도 연구에 도움을 받을 수 있다. 학술 논문보다는 정책 관련 자료, 동향 보고서, 각종 통계 자료 등에 대한 자료를 많이 제공한다.

미래창조과학부 www.msip.go.kr
방송통신위원회 www.kcc.go.kr
방송통신심의위원회 www.kocsc.or.kr
문화체육관광부 www.mcst.go.kr

4. 문헌 정리 방법

연구 주제와 관련된 문헌들을 찾았다면, 다음으로 중요한 것은 그 문헌들을 어떻게 소화해서 정리할 것인가이다. 아무리 많은 문헌을 찾았더라도 제대로 정리할 수 없다면 의미가 없다. 수집한 개별 문헌들을 체계적으로, 의미있게, 일목요연하게 보기 좋게 정리하는 것은 좋은 연구자가 되기 위해 반드시 필요한 연구 능력이다. 적지 않은 연구에서 기존 문헌 연구나 이론적 배경들을 논문의 형식 요건으로만 생각하여 정리하는 경우를 보게 된다.

문헌 연구를 잘하게 되면, 좋은 연구 문제나 가설을 도출할 수 있고, 훌륭한 연구 방법이나 분석의 틀을 발견할 수 있다. 반드시 포함되어야 할 변수들을 찾아 낼수 있으며, 분석방법에 대한 아이디어를 얻기도 한다. 논문 작성 방법에 대해서 배우기도 한다. 자신의 연구의 한계점을 깨닫게도 해준다.

문헌 연구를 수행함에 있어, 연구자는 다음과 같은 문제들을 고려해야 한다(Wimmer, 유재천, 김동규역, 2014, 52).

- 그 분야에서 지금까지 어떤 유형의 연구가 이루어져 왔는가?
- 기존 연구에서 발견된 것들은 무엇인가?
- 다른 연구자들은 추후 연구를 위해 어떤 점을 제안하고 있는가?
- 검토한 결과 아직 연구되지 않은 주제는 어떤 것들이 있는가?
- 본인이 제시한 연구가 그 분야의 발전에 어떻게 기여할 것이라고 보는가?
- 기존 연구에서 주로 사용한 연구 방법은 무엇인가?

기존 문헌들을 정리하는 유형은 다음과 같은 세 가지로 정리할 수 있다(정현욱, 2012, 70~71).

첫째, 연구 배경과 맥락을 검토하는 것이다. 기존 연구가 어떤 연구문제를 가지고 지식 발전에 어떤 기여를 하는지 등에 초점을 두고 기존 문헌을 검토한다. 연구자는 이러한 선행 연구검토를 통해 현재 수행하고 있는 연구를 어떻게 발전시킬 수 있는지, 자신의 연구가 선행연구와 어떤 부분에서 합치되거나 상이한지 등을 이해할 수 있는 계기가 된다.

둘째, 이론적으로 검토한다. 동일 연구 대상을 다르게 설명하는 이론적 특징을 살펴보고 이를 평가하는데 초점을 두고 기존 문헌을 검토한다. 여기에서는 주로 각 이론들이 주장하는 가정, 논리적 일관성, 설명의 관점 등을 집중적으로 비교한다. 이러한 관점에서 이론적 검토를 수행하는 연구자는 여러 이론을 통합 할 수도 있고, 새로운 문제를 해결하기 위하여 이론의 외연을 확장 시킬 수도 있다.

셋째, 방법론적인 검토를 한다. 기존 연구에서 활용된 방법론을 평가하는데 초점을 둔다. 각 연구가 어떠한 방법을 사용하고 있는지,

어떤 연구 설계를 사용하고 있는지, 어떠한 척도를 사용하는지, 표본은 어떻게 선정하는지 등을 집중적으로 비교한다. 이러한 관점에서 개선된 연구 설계를 고안해 낼뿐만 아니라, 새로운 척도를 개발하거나 표본 선정 방법을 달리하여 자신이 수행하는 연구의 수준을 높여 나간다.

적지 않은 기존 문헌들을 구체적으로 정리하는 방법은 기계적으로 정리하는 방법도 있지만, 한 걸음 더 나아가 창조적으로 정리하는 방법도 있다. 기계적으로 정리하는 방법이란 말 그대로 기존 연구들을 발표 연대순으로 정리하는 방법이다. 혹은 연구의 소주제별로 요약해서 편집하는 방법이다. 하지만 이렇게 기계적으로 정리해서는 좋은 문헌 연구라고 말할 수 없다.

훌륭한 연구를 수행하기 위해서는 기존 연구들을 비판적으로 검토할 수 있어야 한다. 연구의 쟁점은 무엇이며, 쟁점은 시기별로 어떻게 변화해 왔으며, 어떠한 새로운 변수들이 추가되었는지에 대해서 정리하도록 한다. 그리고, 더욱 중요한 점은 기존 연구의 장점과 단점 및 한계점들을 분석하여 정리하는 것이다. 이런 작업을 통해 기존 연구와 자신이 수행하고 있는 연구와의 관련성을 설명해주면 바람직하다. 기존 연구의 장점들을 어떻게 자신의 연구에서 취사선택했고, 기존 연구에서 누락된 점은 어떻게 보완하고, 기존 연구의 약점이나 한계점들을 어떻게 수정, 보완할 것인지에 대해 설명해 준다면 바람직하다.

수집한 문헌들은 다음과 같이 하나의 표로서 정리할 수 있으면 한눈에 기존 연구 경향들을 파악할 수 있어 좋다. 이렇게 정리할 경우, 언제 그 주제로 연구가 시작되었으며, 해마다 연구가 감소하는지 혹은 증가하는지, 언제 그 주제로 연구가 활성화되었는지, 최근에는 연구가 빈번하게 이루어지고 있는 관심 있는 주제인지를 알 수 있다.

연구자에 대한 정보를 정리해 줌으로써 그 주제로 어느 연구자가 연구를 왕성하게 하고 있는지를 알려 준다. 연구 문제와 가설들을 정리하면서, 자신의 연구 주제를 구체화, 세부화 할 수 있다.

아울러, 연구 쟁점이 무엇인지에 대해서도 알 수 있다. 시간이 지남에 따라 연구 쟁점이 어떻게 변화해 왔는지에 대해서도 알 수 있다. 연구 방법에서는 어떤 연구 방법들이 많이 활용되는지 혹은 새로운 연구 방법은 없었는지, 또한 새로운 연구 방법의 적용 가능성은 없는지에 대해 정리한다. 연구의 주요 결과들을 정리하면서, 연구 결과의 일관성은 있는지, 상반되는 연구 결과는 나오지 않았는지에 대해 알 수 있다.

다음으로 비고란 활용 방법도 중요하다. 일반적으로 비고란에는 참고할만한 자료들을 정리하는 경향이 있으나, 여기서는 중요한 점들을 기록해둔다. 비고란에는 기존 연구와 수행할 연구와의 관련성을 중심으로 정리하면 유용하다. 즉, 기존 연구의 장점, 약점, 한계점, 연구의 타당성, 연구 유용성, 나의 연구에서 활용할 부분 그리고 기타 기존 연구가 시사하는 바를 적는다. 결국, 이러한 기존 연구 경향에 대한 분석표를 풀어서 자세히 설명해 주면 '기존 문헌에 대한 검토'가 제대로 이루어 진 것이다.

〈표 6〉 기존 연구 정리 표(기존 연구 경향)

연구 연도	연구자	연구 문제 연구 가설	연구 방법	연구 주요 결과	비고
					– 장점, 약점, 한계점 – 연구 타당성 – 연구 유용성 – 내 연구에서 활용할 부분 – 기타 시사점

다음 표는 기존 연구들을 정리한 사례이다. 이 표의 부족한 부분은 각 연구가 제공하고 있는 시사점들이나 교훈들을 담고 있지 않다는 점이다. 비고란을 만들어 각 연구들의 장점, 단점, 한계점들을 기록하거나, 연구의 타당성, 유용성, 그리고 자신의 연구에서 활용할 부분들을 정리한다면 유용하다.

〈표 7〉 한국의 미디어교육 프로그램 효과 연구 동향

	연도	제목	연구내용	연구방법	연구결과
김경일	2003	인터넷 정보이용자 간의 디지털 디바이드 요인에 관한 연구:인터넷 미디어 능력을 중심으로	개인이 추구하거나 수용하는 인터넷 정보의 유형에 따른 디지털 디바이드가 발생 여부와 인터넷 이용자들 간의 격차 연구	설문조사	인터넷 미디어능력의 정도가 높은 사람들은 인터넷 미디어능력의 정도가 낮은 집단보다 더 자주 지식정보 사이트를 이용
강은진	2004	유아미디어 리터러시 교육 프로그램의 개발 및 적용	유아들의 미디어에 대한 수용력, 비판력, 창작력 소유 여부와 부모의 영향력 조사	개별면담	유아들은 미디어에 대한 수용력, 비판력, 창작력을 지니고 있고 유아의 미디어 비판력은 부모의 영향을 크게 받음
김광희	2006	창의적 미디어교육 프로그램 수업모형과 효과에 관한 연구:사회구성주의 관점에서	창의적 체험중심 미디어교육 프로그램 수업 모형의 효과 연구	설문조사	창의적 문화 프로슈머 양성을 위해 체험중심 미디어교육 프로그램 수업 모형이 학습자의 흥미도를 증진시키는 데 효과적임
김재선	2006	특별활동 학교 미디어교육에 대한 만족도와 효과 연구	미디어교육을 통해 미디어이용 자제력과 미디어 비평능력 향상 여부 조사	실험연구	미디어교육을 받은 집단이 받지 않은 집단보다 미디어 이용시간조절, 인터넷 이용자제력, 미디어 영향력과 미디어능력의 효과에 대한 이해가 높았고 비평능력이 향상됨
권주만	2006	청소년의 미디어 능력 향상을 위한 미디어교육 프로그램의 효과 분석	청소년의 미디어능력과 미디어교육 프로그램 내용간의 관계 및 폭력성 인식 정도와 미디어교육 프로그램의 효과 간의 관계 분석	실험연구	미디어교육을 받은 청소년들은 미디어에 대한 이해력이나 분석력, 비판력, 미디어 선택능력, 미디어 신뢰성, 미디어 참여의식이 높고, 비평능력이 향상된 청소년이 미디어 선택능력이 높음

출처 : 나경애(2009)

CHAPTER 8

–

연구

계획서(제안서)

작성

–

CHAPTER 08

연구 계획서(제안서) 작성

연구 계획서는 왜 연구를 수행하며, 어떻게 수행할지에 대해 알려주는 것이다. 연구를 진행하면서, 다른 사람의 검토나 승인을 위하여 연구 계획을 보여주어야 할 때가 종종 있다. 학위 논문을 발표하기 이전에 논문 제안서를 발표하여 학과 교수들로부터 지적을 받고 논문의 진행 방향을 수정, 보완하기도 한다.

정부나 연구 재단에 연구비를 신청하고자 할 때, 연구 계획서(Request for Proposal, RFP)를 제출하여 심사를 받기도 한다. 연구 계획서 작성 시 고려사항과 연구 계획서에 포함시켜야 할 기본적인 요소와 작성 방법은 다음과 같다(김구, 2011, 136~138 재인용).

1. 연구 계획서의 작성시 고려 사항[2)]

▼

1) 연구 주제의 독창성

연구주제는 독창성이 있어야 한다. 독창성은 연구 주제의 독창성과 연구방법의 독창성으로 구분한다.

연구주제의 독창성으로 검토할 사항은 다음과 같다.

- 지금까지 연구되지 않았던 주제인가
- 새로운 지식 또는 이해를 창출 및 증진시키는가
- 새로운 해석이나 적용이 가능한가

연구방법의 독창성으로 검토할 사항은 다음과 같다.

- 독창적인 연구방법론을 모색하는가
- 새로운 자료수집 방법(도구)를 시도하는가
- 새로운 분석 기법을 활용하는가

▼

2) 연구 내용의 적절성

연구 내용이 적절한지를 검토하기 위해서는 다음 사항을 고려해야

---

2) 한국연구재단 인문사회연구지원사업 신청요강에 수록된 내용을 정리한 것이다.

한다.

- 연구규모와 관련하여 연구 내용 및 범위가 적절한가
- 연구되어야 할 핵심적인 내용들을 포함하는가
- 포함된 내용들은 연구 목적 달성에 필수적인 것들인가

▼

3) 연구방법의 타당성

연구방법이 타당한가를 검토하기 위해서는 다음 사항을 고려해야 한다.

- 연구문제 해결에 적합한 접근방법인가
- 자료수집 방법은 적절한가
- 자료분석 및 결과 해석 방법은 적절한가

▼

4) 연구실행 계획의 구체성

연구를 구체적으로 실행하는데 있어서 고려할 사항은 다음과 같다.

- 연구 추진과정이 체계적으로 계획되어 있는가
- 자료의 수집, 분석, 해석 방법과 도구가 구체적으로 기술되어 있는가

5) 선행연구

연구와 관련하여 선행연구를 검토함으로써 이론의 탐색과 연구의 방향을 설정할 수 있다. 선행연구를 체계적으로 검토하기 위해서 고려할 사항은 다음과 같다.

- 중요한 선행연구(참고문헌)들이 정확하고 치밀하게 분석 되었는가
- 중요한 선행연구가 정확하게 제시되어 있는가

6) 연구 규모

연구 수행을 위해서는 연구 인력의 구성이 적정하고 연구 규모가 연구 주제 및 연구내용에 적정해야 한다. 연구 규모에서 고려할 사항은 다음과 같다.

- 연구 인력의 규모가 연구 주제와 내용에 적합한가
- 연구 인력의 역할 분담 및 참여 비율이 적정한가.

7) 연구진의 전문성과 역량

연구 수행에 있어서 연구 참여진의 전문성 및 관련 연구수행 실적이 중요하다. 연구진의 전문성과 역량으로 고려할 사항은 다음과 같다.

- 연구를 수행할 수 있는 전문성이 있는가
- 연구를 수행할 수 있는 관련 연구 업적이 축적되어 있는가

▼

8) 기대 효과, 학문적, 실무적 기여도

연구 결과는 지식을 발전시키고 축적하며 교육 및 사회 각 분야에 적용될수 있어야 한다. 이를 위해서는 다음 사항을 고려해야 한다.

- 많은 후속 연구를 파생할 수 있는가
- 각 학문분야 연구 활성화에 기여하는가
- 연구 결과가 교육 및 산업 등에 기여할 가능성이 높은가
- 연구 결과가 지식 공동체의 지적 호기심을 불러일으킬 수 있는가

2. 연구 계획서 작성 내용 및 순서

▼

1) 제목

제목은 연구 내용을 함축하여 연구를 대표하는 이름이다. 일반적으로 '~에 대한 연구', '~이 ~에 미친 영향' 등이 사용되며, 제목이 긴 경우에는 소제목(부제)을 붙인다.

예) 우리는 평소 원자력 안전 이슈를 어떻게 다루는가?:

보도 자료와 언론 보도 비교를 통한 '원자력 안전 현실' 탐색

2) 서론

서론에서는 연구의 목적, 큰 연구 문제, 연구 배경, 연구의 중요성이나 연구 의의 등이 포함된다. 연구 범위도 포함한다.

3) 기존 연구 경향(기존 문헌 검토)

다른 연구자들은 이 주제에 대해 무엇이라고 말했는지, 어떻게 연구했고, 어떤 결과들이 나왔는지, 어떤 이론적 틀로 이 주제를 다루었는지 살펴본다. 연구의 쟁점은 무엇이고, 연구 결과의 발견 내용들이 일관성이 있는지, 아니면 과거의 연구결과들이 서로 다른지를 살펴본다. 시간에 따라 쟁점은 어떻게 변화하고 있으며, 새로운 변인들이 추가되지 않았는지에 대해서도 살펴본다.

기존의 연구들을 검토하면서 본인이 개선할 수 있는 약점이 있거나 기여할 수 있는 부분은 없는지에 대해서도 살펴본다. 기존 연구들을 비판적 관점에서 고찰하면서, 이론적이거나, 방법론적으로 문제가 없는지에 대해서도 검토한다.

4) 연구 방법

연구 방법과 관련해서 먼저, 중요한 연구 방법 예를 들면, 서베이,

내용분석, 실험연구, 심층인터뷰, 통계의 이차분석 등 가운데서 어떤 연구방법을 사용할지에 대해 설명한다. 그리고 난후, 연구 방법에 대해 세부적인 내용들을 소개한다. 연구 대상, 표본 선택 방법, 연구의 핵심 변수, 핵심변수의 측정방법에 대해 설명한다. 측정 방법에서는 핵심 변수를 어떻게 정의하고 측정할 것인가 즉 조작적 정의를 내린다.

연구자의 정의와 측정방법은 이 주제에 관한 기존의 연구와 동일한지 혹은 다른지, 이미 측정 방법(예를 들면, 설문지)을 개발했거나 혹은 다른 사람들이 이미 개발한 것을 사용하려고 할 경우, 연구 계획서의 부록에 첨부하는 것도 좋다.

내용분석의 경우에는 내용분석을 위한 코딩 지침서도 첨부하는 것이 좋다. 실험의 경우에는 실험설계를 포함하도록 한다. 심층 인터뷰의 경우에는 인터뷰 대상 및 인터뷰 질문지를 포함하도록 한다.

연구방법에서 자료 수집 방법도 설명하여야 한다. 서베이의 경우, 직접 설문조사를 할 것인지, 혹은 전화나 인터넷으로 설문조사를 할 것인지 설명한다. 내용분석의 경우, 신문 기사나 방송 프로그램, 광고 등의 분석 대상을 어떻게 수집할 것인지 설명한다. 심층 인터뷰의 경우에는 인터뷰 대상자들을 어떻게 확보할 것인지, 어떻게 인터뷰 할 것인지 즉 직접 인터뷰를 할것인지, 인터넷으로 인터뷰를 할 것인지 등에 대해 설명하도록 한다.

▼

5) 자료 분석 방법

보다 완전한 연구 계획서를 위해서는 자료 분석을 어떻게 할 것인지에 대해 설명하기도 한다. 통계 분석을 어떻게 하며, 어떠한 통계 프로그램을 사용할 것인지 즉 일반적으로 많이 사용하는 사회통계 분석 프로그램인 SPSS를 사용하여, 독립 변인이 종속변인에 미치는 영향을 분석하기 위해 변인의 특징에 따라, 차이 검증를 위해서 카이 스퀘어검증, t 검증, ANOVA 검증, 인과 관계 검증을 위해서 회귀분석 등을 사용할 계획이라는 식으로 서술한다.

▼

6) 연구 일정

정부나 기업에 제출하는 연구 계획서의 경우에는 연구 일정을 포함하기도 한다. 연구 일정에는 월, 주 단위로 연구문제, 기존 문헌 검토, 자료 수집, 자료 분석, 보고서 작성, 보고서 인쇄 등과 같은 내용을 포함한다.

〈표 8〉 연구 일정표

(연 구 기 간: 2016. 5. 1. ~ 2019. 4. 30.)																																				
내 용 / 월	2016								2017												2018												2019			
	5	6	7	8	9	10	11	12	1	2	3	4	5	6	7	8	9	10	11	12	1	2	3	4	5	6	7	8	9	10	11	12	1	2	3	4
제1장 서 론																																				
제2장 문헌연구 분석틀																																				
제3장 연구방법 연구문제																																				
제4장 자료수집 자료분석																																				
제5장 결 론																																				
초고 교정																																				
보고서 인쇄																																				

▼
7) 예산

학생들의 학위논문에서는 필요 없지만, 역시 정부나 기업에 연구비를 신청하기 위해 제출하는 연구 계획서의 경우에 예산을 포함한다. 연구비를 어디에 쓸 것인가에 대해 구체적으로 예산서를 작성할 필요가 있다. 비용이 많이 드는 대규모 프로젝트에는 인건비(연구 참여수당), 연구 활동 경비(연구 활동비, 연구회의비, 여비, 유인물 비, 공공요금 등 잡비), 직접성 경비(조사연구비, 문헌 구입비, 재료 구입비, 장비 사용료, 연구 기기비)와 같은 예산 항목이 포함된다.

3. 연구 계획서, 학술지 평가 방법 및 기준

본인은 학생들로 하여금, 온라인과 오프라인으로 연구 계획서를 발표하도록 하고, 질의와 응답에 이어 동료 평가를 받도록 한 후, 동료 평가 점수를 최종 학점에 반영하고 있다. 제 1차 온라인 발표때에는 연구 계획서를 온라인으로 발표하고 동료들이 질문과 의견을 제시하도록 한다. 이를 토대로 연구 계획서를 수정, 보완하여 제 2차 오프라인 발표를 진행한다. 이때 사용하는 동료 평가 기준은 다음과 같다. 아울러, 동료들의 수정 요청 사항들을 정리한 후, 학기말에 최종 연구 계획서를 제출할 때에는 수정 요청 사항과 수정 결과를 정리한 표와 함께 보고서를 제출하도록 한다.

연구 계획서 발표에 대한 동료 평가 기준

1) 평가자 이름 (　　　　　　)

2) 발표자 이름 (　　　　　　)

3) 평가 기준

① 연구 목적이 분명한가 (　　　)점

② 문헌검토가 충실한가 (　　　)점

자신의 연구와 관련성이 잘 정리되었는가 (　　　)점

일목요연하게, 의미있게, 체계적으로 잘 정리되었는가 (　　　)점

③ 연구문제와 가설 설정이 제대로 되었는가 (　　　)점

변인간 관계를 그림으로 잘 보여주는가 (　　　)점

④ 연구 문제가 중요하고, 의의가 있는가 (　　　)점

연구 문제가 창의적인가 (　　　)점

⑤ 사용하는 방법론이 적절한가 (　　　)점

주요 개념의 조작적 정의가 잘 되었는가 (　　　)점

⑥ 발표가 제대로 준비되었고 열의가 있는가 (　　　)점

⑦ 총점(100점 만점) (　　　)점

일반적으로 저널 논문이나 학위 논문은 다음과 같은 평가 항목을 종합적으로 검토하여 평가한다(한국방송학보 심사 평가 항목, 2015). 전문 학술지의 경우 대개 3인의 심사위원들이 심사를 하여 논문 게재 여부를 결정한다.

학술지 논문에 대한 평가 기준

① 연구 목적의 명료성

② 이론 적용의 타당성

③ 연구 방법의 타당성

④ 분석의 엄밀성

⑤ 연구 결과의 의의

⑥ 논문의 독창성

⑦ 구성의 체계성 및 논의의 논리성

⑧ 문장의 독이성

⑨ 논문 제목의 적합성

⑩ 관련 문헌의 취급

⑪ 논문 작성 규정의 준수 정도

(학회나 학교 나름대로 규정을 채택하고 있으며, 부록 참조)

CHAPTER 9

사회 조사 (survey)

CHAPTER 09

사회 조사(survey)

1. 사회 조사의 의미

서베이 조사는 응답자들에게 연구 주제와 관련된 질문에 응답하도록 함으로써 자료를 체계적으로 수집하고 분석하는 조사 방법이다. 조사연구는 비교적 오랜 역사를 가지고 있으며, 가장 많이 활용되는 방법으로 대인조사, 전화 조사, 우편조사, 인터넷 조사 등을 이용한다. 사회 조사는 사회과학적 연구 이외에 언론기관에서 실시하는 여론조사나 상업적 조사전문기관 등에서 행하는 시장조사에서도 흔히 이용되고 있다. 사회 조사는 센서스(census, 총조사)와 유사하지만, 센서스는 모집단 전체를 대상으로 하는 것인데 반해, 사회 조사는 모집단으로부터 표본을 추출하여 조사하는 것이다.

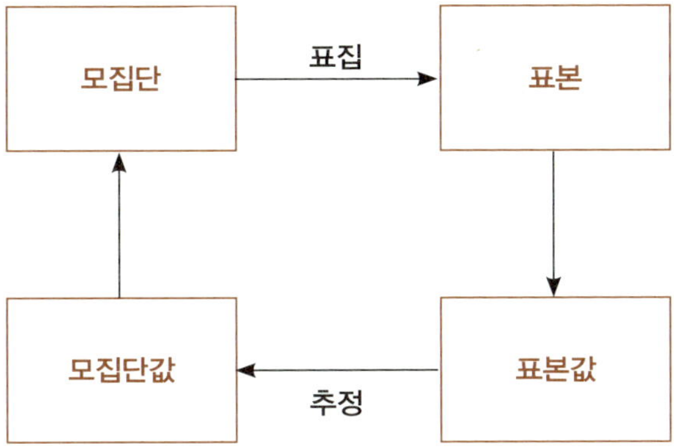

사회 조사는 연구자가 설정한 연구 대상인 모집단(population)으로부터 표본을 표집(sampling)하여, 표본값을 계산한다. 모집단이란 우리가 일반화하고자 하는 사람들의 총체이다. 예를 들어, '매스 미디어가 유권자들의 투표 성향에 미치는 영향에 대한 연구'를 수행한다고 가정할 경우, 유권자들이 선호하는 정당의 분포를 보려고 하는 경우 모집단은 투표권이 있는 모든 사람이 될 것이다. 이 모든 유권자들을 조사할수 없으니까, 일부 표본을 추출하여 표본의 값을 가지고 궁극적으로는 전체 유권자들의 투표 성향(모집단의 값)을 추정하는 조사 방법이다.

2. 사회 조사의 장점과 단점

서베이의 장점과 단점은 다음과 같다(황근, 2008, 90~91).

▼

1) 장점

서베이 방법의 첫 번째 장점은 어떤 문제들을 실제 환경에서 조사할 수 있다는 것이다. 실험 연구와 비교할 때, 연구자가 임의로 변인들을 통제하지 않은 상황에서 가장 현실적인 반응을 얻을 수 있다. 둘째, 서베이를 통해 수집되는 정보량에 비해 비용이 많이 들어가지 않는 다는 점도 장점이다. 우편 서베이, 전화 서베이, 인터넷 서베이 등의 방법을 사용할 경우 많은 양의 자료를 모으면서도 비용을 절약할 수 있다. 셋째, 다양한 사람들로부터 많은 자료를 수집할 수 있다. 마지막으로 이미 유사한 주제로 많은 연구, 조사들이 진행되었기 때문에 활용할수 있는 자료가 많다는 점도 장점이다. 때문에 기존 자료들을 통해 설문을 구성 보완할 수 있고, 이차 분석 자료도 활용이 가능하다.

▼

2) 단점

서베이 방법의 첫 번째 단점으로는 독립변수를 실험실 내에서처럼 조작할 수 없다는 점이다. 그러므로 서베이 방법을 통해서는 독립변수와 종속변수 사이의 인과적 관계를 설명할 수 없다. 즉, 상관관계를 밝힐 수는 있지만, 이것만 가지고 어떤 변수가 원인이고 어떤 변수가 결과인지를 확신하는 것이 불가능하다. 또한 중개 변수와 가외 변수 등이 개입되어 변수간의 명확한 관계를 밝히기도 어렵다. 둘째, 서베이 방법에 따라서 의도했던 사람에게 질문하지 못할 수도 있다. 전화 서베이, 우편 서베이 경우가 특히 그러하다. 원래 표본의 대상이 아닌 다른 사람이 응답할수 있기 때문이다. 셋째, 일반 사람들의 설문 참여율이 저조해지면서 점점 서베이를 실시하기가 어려워지고 있다. 이를 해결하기 위해 선물을 증정하는 방법을 사용한다.

3. 사회 조사를 통한 자료 수집 방법

사회 조사를 할 때 자료를 수집하는 방법으로는 일반적으로 질문지를 사용하는 질문지법과 면접조사표를 사용하는 면접법으로 구분하고 있다. 질문지법은 응답자가 스스로 기재해 넣는 방법이고, 면접법은 조사자가 면접을 통하여 기재하는 방법을 말한다. 질문지법은 조사 대상자가 스스로 기재해야 하기 때문에 질문지의 형식은 면접조사표에 비해서 보다 짜임새 있게 구조화되어 있다.

어느 방법을 사용할 것인가는 연구의 목적, 조사 내용, 조사 대상, 시간 및 경비, 그리고 응답률이나 질문의 민감도 등을 고려하여 결정하여야 한다. 조사자가 기재해 넣는 방법으로 개별 면접조사와 전화조사가 있다. 반면에 응답자 자신이 직접 기재해 넣는 방법으로는 우편조사나 집단 표본조사가 있다(홍두승, 설동훈, 1987, 43). 그리고 최근에는 온라인 사회 조사 등이 많이 활용되고 있다.

▼

1) 면접 조사

면접 조사라 함은 조사자가 응답자를 직접 대면하여 조사하게 되는 '개별 면접 조사' 또는 '대면적 면접 조사'를 말한다. 면접 시간은 대개 30분에서 1시간 정도로 하고, 그것을 초과하지 않도록 한다. 그러나 조사의 성격에 따라는 그 이상 소요되는 것도 얼마든지 있을 수 있다.

면접조사가 갖는 장점으로는 첫째, 우편조사보다 응답률이 높다. 둘째, 질문의 내용을 응답자가 잘 이해하지 못할 경우 면접자가 다시 설명해 줄 수 있고, 반대로 응답의 내용이 분명하지 않을 경우 면접자가 응답자의 의도를 다시 물어볼수 있어, 보다 신뢰성 있는 대답을 얻어낼수 있다(홍두승, 설동훈, 1987, 44~46).

이러한 장점에도 불구하고 몇가지 단점을 가지고 있다. 우선, 여러 명의 면접자가 있을 경우, 면접자간의 차이가 나타날 수 있다. 면접 조사 시 유의할 점으로는, 먼저 응답자와 친숙한 분위기(rapport)를 형성하는 것이 무엇보다 중요하다. 그렇게 함으로써 응답자는 질문 조사에 친절하게 응하게 된다.

면접자는 응답자가 이질감이나 불편함을 느끼지 않도록 복장이나 언어 사용에 유의해야 한다. 남성 면접자가 응답자에게 불편함을 줄 수 있는 복장이나 말로 설문 조사에 임할 경우 면접의 충실도는 떨어질 수밖에 없다.

▼

2) 전화 조사

전화 조사는 여론 조사나 시장 조사 등에서 자주 사용되고 있다. 전화 조사의 장점으로는 첫째, 다른 조사에 비해 시간과 비용을 절약할수 있는 장점을 지닌다. 특히 넓은 지역이 조사 대상이 될수록 비용 면에서 더욱 유리하다. 둘째, 신속성을 들 수 있다. 시의성이 있는 이슈에 대한 여론을 조사하고자 할 때, 신속하게 응답자들의 생각을 조사할수 있는 가장 적합한 방법이다. 예를 들어, 정치적 현안이 등장했을 때, 전화 조사를 통해 하루 저녁에 조사를 모두 마치고 즉시 분석할 수 있다.

한편, 전화 조사의 단점으로는 첫째 질문의 길이와 내용을 제한 받는다. 질문은 짧고 단순해야 하며 질문의 수도 적어야 한다. 정치적으로 지나치게 민감하거나 사생활과 깊이 관련된 주제들은 전화 조사에 적합하지 않다. 전화 조사 시 응답자들은 금적적인 문제나 정치적으로 민감한 주제에 대해서는 응답을 꺼리는 경향이 있다. 따라서 조사가 도중에 끝나버리는 경우도 종종 발생한다. 둘째, 전화 조사에서 표본의 대표성을 유지하는 일이 어렵다. 표집은 전화 번호부를 사용하거나 무작위로 전화 번호부를 돌리는 방법이 있다. 전화 번호부를 사용할 경우 전화 번호부에 등재되지 않은 사람은 배제되고, 무작위로 전화 번호를 돌릴 경우에는 결번이거나 가정집이 아닌 사무실이 걸릴 수 있다. 전화를 통해서 접근할 수 있는 대상이 인구학적 변수에 따라 달라질 수 있다.

예를 들어, 전화조사를 저녁 시간에 실시할 경우, 그 시간대에는 보다 활동적인 인구, 여자보다는 남자가, 40~50대보다는 20~30대가 집에 있을 확률이 상대적으로 낮다. 물론 그러한 왜곡을 피하기 위하여 성별, 연령별 할당을 주어 조사에 임하고 있다(홍두승, 설동훈, 1987, 47~50).

전화 조사의 문제점

2016년 선거 전문가들은 뒤바뀐 20대 총선 결과를 놓고 여론조사가 민심을 제대로 파악하지 못했다고 지적했다. 여론조사 기관들은 일제히 새누리당이 과반 의석을, 더불어민주당은 100석 내외를 얻을 것으로 예측했다. 지난 총선에서 정치인들은 말할 것도 없고, 언론과 유권자들은 총선 결과에 놀라움을 금치 못했다. 대부분 새누리당의 150~160석을 예상했는데 120석은 충격이었다. 뜻밖의 결과였다. 아무도 '여소야대' 상황이 연출될지 몰랐다. 기자들도 놀라긴 매한가지였다. 2016년 1월부터 총선 당일까지 중앙선거관리위원회에 등록된 여론조사는 1440여개나 되었다. 하지만 흥미롭게도 이 중 여소야대를 예측한 여론조사는 단 한 개도 없었다.

현 여론조사 방식인 집 전화 임의걸기(RDD) 방식이 응답률이 낮을 뿐만 아니라 정확도도 떨어진다. 유선전화방식의 여론조사에 대한 사형선고라고 볼수 있다. 현 여론조사가 얼마나 민의를 반영하지 못했는지 적나라하게 드러난 것이다. 유선 전화 방식은 고연령층의 응답률이 상대적으로 높다는 점, 야권 지지층의 응답률이 저조하다는 점에서 여권 편향 결과를 보일 수 있다는 지적이 꾸준히 제기돼왔다. 젊은 유권자들은 이구동성으로 "젊은 사람들은 집 전화를 거의 안 쓰는 걸로 알고 있다"며 "그런 의미 없는 여론조사를 믿고 오차도 별로 없는데 '1위다, 2위다'하는 마구잡이식 보도는 그만했으면 좋겠다"고 말한다.

이번 총선에서 여론조사에 대한 한계가 드러나며 대책 마련이 시급하다는 목소리가 높다. 현재 대안으로 떠오르고 있는 여론조사 방법은 휴대전화 안심번호제. 하지만 이는 선관위의 제재로 실제 여론조사에 쓰이지 못하고 있다. 선거법상 이동통신사가 안심번호를 정당에만 제공토록 하고 있는 만큼 공표할 수 없다. 한국사회여론연구소에서 새누리당과 더불어민주당 모두 안심번호를 이용했더니 결과가 거의 근접하게 나왔다고 발표하였다.

▼

3) 우편 조사

자기 기입식 조사 방법 중 가장 흔한 형태로 우편 조사를 들수 있다. 우편조사란 질문지를 우편으로 우송한 후 동봉한 반송용 봉투를 이용하여 응답을 받는 방법이다. 우편조사의 장점은 다음과 같다. 첫째, 최소의 경비와 노력으로 광범위한 지역과 대상을 표본으로 삼을 수 잇다. 둘째, 개별 면접 조사 시 쉽게 접근할수 없는 대상을 포함할 수 있다. 매우 바쁘고 만나기가 어려운 대상을 조사할 경우 유리하다. 셋째, 응답자에게 충분한 시간적 여유를 주어 응답하게 할 수 있다.

그러나 우편조사는 다음과 같은 단점도 있다. 첫째, 회수율을 적정선까지 확보하는 것이 쉽지 않다. 응답률이 50% 정도면 일단 성공적인 것으로 보지만, 일반적으로 20~40% 정도이다. 회수율은 응답자의 대표성 문제와 결부되어 있기 때문에 조사 결과의 신뢰성에 영향을 미친다. 응답률을 높이기 위해, 독촉 서신을 보내는 등 후속 조처가 필요하다.

예를 들면, 질문지를 우송한 1주일 후에 그것을 환기하는 엽서를 보내고, 일주일 후에 동일한 작업을 한 번 더하면 회수율이 크게 높아진다. 둘째, 응답의 내용이 모호할 경우, 그것을 확인할 길이 없다. 셋째, 우편 조사에서는 누가 응답했는지 확인할 길이 없다(홍두승, 설동훈, 1987, 52~56). 예를 들어, 노인을 대상으로 했을 경우, 손자가 응답할 수도 있고, 사회 지도층 인사를 대상으로 했을 경우, 비서가 대리로 응답했을 수도 있다.

4. 측정과 척도

▼

1) 측정의 개념

측정이란 관찰된 현상의 경험적인 변수의 속성에 대해 일정한 규칙에 따라 수치를 부여하는 것이다. 예를 들면, 교육 변수를 측정함에 있어 초등학교 졸업 이하의 학력을 가진 사람에게는 1, 중학교 졸업자에게는 2, 고등학교 졸업자에게는 3, 그리고 대학교 이상 졸업자에게는 4를 부여한다. 연령이나 성별 또는 교육과 같은 객관적으로 파악될 수 있는 변수들은 측정이 쉬우나, 광고 만족도나, 프로그램 질에 대한 평가와 같은 개인의 태도나 견해를 묻는 항목의 측정은 매우 복잡하고 어렵다.

측정의 문제를 다룰 때, 두 가지 매우 중요한 문제에 부딪치게 된다. 첫째, 측정하고자 하는 것을 과연 제대로 측정하고 있는지 하는 측정의 타당성(What to measure?) 문제이고, 둘째, 반복해서 측정했을 때 어느 정도 동일한 결과를 얻을 수 있는지에 대한 측정의 신뢰성(How to measure?) 문제이다.

측정의 문제가 많은 논란이 되어왔는데, 그 이유는 측정하고자 하는 개념들이 제대로 조작적 정의가 이루어졌는가라는 논란 때문이다. 개념들이 명확하게 개념화되지 못하고 연구자에 따라 다르게 정의가 내려진 경우가 많았다.

▼

2) 측정 수준과 척도

관찰된 현상에 대해 일정한 규칙에 따라 수치를 부여하는 것을 측정이라고 한다면, 척도는 이러한 측정을 위한 도구이다. 측정의 수준은 4가지가 있다.

(1) 명목 척도

명목척도는 단지 분류적인 개념만을 내포한다. 성별이라든가, 종교 등의 변수가 이에 속한다. 이 척도에서는 각 응답 범주에 똑같은 비중이 주어진다.

"귀하의 종교는 무엇입니까?"

① 개신교
② 카톨릭
③ 불교
④ 천도교
⑤ 기타
⑥ 종교 없음

각 범주에 부여되는 점수는 아무런 계량적 의미를 갖지 않는다. 개신교에 1, 불교에 3을 주고 있지만 불교가 개신교보다 어떤 특성을 많이 갖고 있다든가, 3배만큼 크다는 것을 나타내지는 않는다. 각 범주를 식별해 주는 목적 이상의 별다른 의미를 가지고 있지 않기 때문이다.

(2) 서열 척도

서열 척도는 명목 척도가 가지고 있는 속성 이외에 서열성을 갖고 있다. 특정의 속성을 가지고 있는 정도에 따라 범주들을 서열화시킬 수 있다. 사회계층적 지위를 측정하기 위하여 다음과 같은 질문을 한다.

"귀하는 다음 중 어느 계층에 속한다고 생각하십니까?"

① 상층
② 중의 상층
③ 중의 하층
④ 하층

서열 척도는 개개인들을 서로 구분되는 범주들로 나눌수 있을 뿐만 아니라, 서열화시킬 수 있기 때문에 명목척도보다 상위 수준의 척도이다. 그러나 서열척도에서 각 범주간의 간격이 반드시 같지 않다. 즉, 상층과 중의 상층과의 간격이 중의 상층과 하층과의 간격과 동일하지 않다. 조사에서는 서열 척도가 많이 사용된다.

서열 척도의 대표적인 예가 리커트(Likert) 척도이다. 리커트 척도란 응답자들에게 서술형으로 작성된 질문 항목에 대한 동의 혹은 반대의 정도를 표시하도록 하는 가장 많이 사용되는 척도중 하나이다. 태도를 묻는 질문에 대한 응답에서 "전적으로 동의한다", "동의한다", "반대한다", "전적으로 반대한다"와 같은 범주도 전형적인 서열 척도이다. 질문들을 사용하여 사회 현상의 다양한 측면을 측정할 수 있는 유용한 척도이다. 보통 1~5 혹은 1~7까지의 응답 범위를 제시하는 것이 일반적이다.

리커트 척도의 예

다음은 귀하의 인터넷 서비스 이용 내용에 대한 질문입니다. 귀하가 동의하는 정도에 따라 해당하는 점수에 ∨ 표시해 주십시오.

	이용해 본적 없다 ①	②	보통이다 ③	④	매우 자주 이용 한다 ⑤
실시간 방송 시청 또는 청취					
TV 프로그램 다시 보기					
라디오 프로그램 다시 듣기					
게시판(프로그램 소개) 글읽기					
게시판(자유게시판) 글쓰기					
기사 검색 이용					
방청 출연 신청					

(3) 등간 척도

등간 척도는 대상을 서열화할수 있을뿐만 아니라 간격을 표준화된 척도로 표시할 수 있다. 사회과학에서 엄밀한 의미의 등간 척도를 찾기가 그리 쉽지 않다. 등간척도로 측정된 값이라고 해도 엄밀하게 말해서 그 값이 대상의 실제 값을 나타내 주는 것이라고 하기 어렵고 수량적으로 표시되었다 하더라도 대상 자체가 갖는 속성의 크기가 아닐 수도 있다.

사회과학에서 많이 사용되는 등간 척도의 하나로 의미분별 척도(semantic differential scale)가 있다. 언어학자인 Osgood(1957)이 발명한 척도이다. 어떠한 개념에 함축되어 있는 의미를 평가하기 위한 방법으로 고안되었다. 하나의 개념을 주고 응답자들로 하여금 여러 가지 의미의 차원에서 이 개념을 평가하도록 한다. 다음과 같은 질문지를 구성할수 있다. KBS 1 채널의 이미지에 대해 세 가지 의미의 차원에서 차지하는 위치에 의해 그 의미를 부여할 수 있다.

KBS 1 채널의 이미지

의미차원\점수		①	②	③	④	⑤	⑥	⑦	
평가	좋다	├	+	+	+	+	+	┤	나쁘다
능동성	능동적	├	+	+	+	+	+	┤	수동적
힘	강하다	├	+	+	+	+	+	┤	약하다

의미분별 척도는 비교적 쉽게 이용할 수 있고 응답자들이 신속히 응답할 수 있기 때문에 사회조사에서 널리 사용되고 있다. 또한 그 내용이나 결과를 해석하는 방법에 있어서도 체계화되어 있는 편이다.

(4) 비율 척도

비율 척도는 등간 척도와 모든 다른 특성에서 동일하나 0이 자의적으로 부여된 값이 아닌 절대적 의미를 갖게 된다는 점에서 등간척도와 구분된다. 즉, 비율 척도는 진정한 의미에서의 절대 영점(0점)의 존재를 설정하고 있다는 의미이다. 따라서, 절대 영점으로 인해, 비율을 말할 수 있다.

특정 채널의 시청률 0%의 의미는 분명하다. 텔레비전의 특정한 프로그램이 시청되고 있는 정도가 0%이면 전혀 시청이 이루어지지 않고 있다는 것을 의미한다. 시청률 20%는 시청률 10%에 비해 두배의 시청이 이루어지고 있는 것이다.

5. 폐쇄형 질문과 개방형 질문

질문은 두 가지 형태가 있다. 주어진 범주 중에서 간단히 선택하도록 하는 폐쇄형 질문과 자유롭게 응답토록 하는 개방형 질문으로 나누어진다.

▼ 1) 폐쇄형 질문의 예

선생님 댁의 월평균 가구 소득은 어느 정도 되십니까(부수입, 보너스 포함)?

(1) 100만원 미만, (2) 100만원 이상 ~ 300만원 미만,

(3) 300만원 이상 ~ 500만원 미만,

(4) 500만원 이상 ~ 700만원 미만, (5) 700만원 이상

▼

2) 개방형 질문의 예

선생님 댁의 월평균 가구 소득은 어느 정도 되십니까(부수입, 보너스 포함)? ( ) 만원

이들 두 형태의 질문이 갖는 장단점을 살펴보자.

▼

3) 폐쇄형 질문의 장단점

폐쇄형 질문이 갖는 장점으로는 다음과 같은 점들을 들 수 있다.

- 질문에 대한 대답이 표준화되어 있기 때문에 비교가 가능하다.
- 부호화(coding)와 분석이 용이하여 시간과 경비를 절약할 수 있다.
- 질문의 의미가 응답자에게 보다 명확하게 전달될 수 있다. 즉, 질문이 다소 모호하게 던져진다 하더라도 주어진 선택 항목을 통해서 그 질문의 의미를 보다 잘 파악할 수 있다.
- 민감한 주제에 보다 적합하다. 소득과 같이 밝히기를 주저하거나 개인의 사생활과 깊이 관계되는 물음인 경우에는 선택할 수 있는 범주를 마련해 주어 그중에서 고르도록 하는 것이 좋다.
- 고르기만 하면 되기 때문에 응답자가 쉽게 응답할 수 있으며, 따라서 적합하지 않은 응답을 최소화할 수 있다.

반면에 단점으로는 다음과 같은 것들이 있다.

- 응답을 모르거나 특별한 견해가 없는 경우 또는 자신의 의도를 명확히 나타내 주는 응답의 범주가 없을 경우에 적절한 응답을 상상하거나 아무것에나 응답할 수 있다.
- 응답자가 질문의 의도를 잘못 이해하고 응답한다거나 응답자가 잘못 기재할 때, 그것을 찾아낼 길이 없다.
- 동일한 선택 항목을 택한다 하더라도 개인에 따라 느낌이나 견해가 서로 다를 수 있는데, 그것이 인위적으로 무시되고 있다.
- 응답의 범주가 많을 경우 응답자는 그것을 모두 기억할 수 없다. 그러한 때에는 응답의 내용을 다시 읽어 주어야 하는데, 그 과정에서 오류가 발생할 수 있다.

▼

4) 개방형 질문의 장단점

개방형 질문은 응답자의 견해를 보다 잘 서술할 수 있도록 해 주는데, 장점으로는 다음과 같은 것을 들 수 있다.

- 모든 가능한 응답의 범주를 모르거나 응답자가 어떻게 응답하는가를 탐색적으로 살펴보고자 할 때 적합하다. 따라서 이 방법을 쓰면 연구자가 앞서 기대하지 못했던 응답들도 얻을 수 있다. 그러므로 개방형 질문은 특히 사전 조사(pilot study)에서 유용하다.
- 응답자로 하여금 그가 원하는 방향으로 자세히 응답하게 함으로써 창의적인 자기 표현의 기회를 줄수 있다.

- 질문지에 열거하기에는 응답 범주가 너무 많은 경우에 사용하면 좋다.
- 몇 개의 범주로 압축할 수 없을 정도로 쟁점이 복합적일 때 적합하다.

반면에 개방형 질문은 몇 가지 단점도 가지고 있다.

- 응답 자료가 개인별로 표준화되어 있지 않기 때문에 비교나 통계 분석이 어렵다.
- 부호화 작업이 어렵고 주관적이어서 그 작업을 하는 사람들 간에 차이가 날수 있다.
- 자기의 생각이나 견해를 말과 글로 표현할 수 있는 능력을 가져야 하기 때문에 응답자가 어느 정도의 교육수준을 갖추어야 한다.
- 완전개방형 질문이 주어지면 희귀한 응답을 하는 사람들이 많아지는데 그러한 응답은 분석적으로 유용하지 못하다.
- 응답하는데 시간과 노력이 더 들기 때문에 무응답이나 거절의 빈도가 높을 수 있다(홍두승, 2001, 99~101).

6. 질문의 배열

질문지를 작성한 후, 질문 배열이 중요하다. 질문의 순서는 응답자로 하여금 질문에 응답을 쉽게, 홍미를 가지고, 자연스럽게 할수 있도록 정한다. 몇 가지 염두에 두어야 할 요소들을 정리하면 다음과 같다.

▼

1) 흥미 유발 질문은 제일 먼저

시작하는 질문은 응답자의 흥미를 유발하는 것으로 쉽게 대답할 수 있는 것으로 한다. 응답자가 질문을 시작하면서, 큰 부담없이 응답할수 있도록 하는 질문을 우선 배치한다. 시작 질문에 응답자들이 깊이 생각해야하는 골치 아픈 질문은 좋지 않다.

▼

2) 민감한 질문은 제일 나중

응답자들로 하여금 사생활과 깊게 관련된 위협적인 질문도 도입부에 배치하는 것은 좋지 않다. 응답자가 밝히기를 꺼리는 질문은 미리 묻게 되면 응답자는 경계하게 된다. 소득이나 나이, 종교 등의 질문을 뒤로 돌리는 이유가 바로 여기에 있다.

▼

3) 자연스럽고, 논리적 순서로 질문 배열

질문에 전체적인 흐름이 있는 것이 좋다. 질문에 흐름이 없이 뒤죽박죽이 되면 응답자의 입장에서도 혼돈스럽다. 일반적인 질문으로부터 시작해서 보다 구체적인 질문으로 이어지는 배열이 바람직하다. 한국방송에 대한 평가에 대해 묻고 난후, 한국 방송 드라마에 대한 평가, 드라마의 선정성과 폭력성에 대한 평가 순으로 질문을 던진다. 이런 순서로 배열할 경우, 분석 결과를 연구 보고서로 작성할때도 보고서 목차 순서도 질문 순서에 따라 작성하면 자연스럽고 논리적이 된다.

7. 질문지 작성원칙

일반적으로 질문지를 구성함에 있어 요구되는 원칙은 다음과 같다.

▼

1) 간결성

질문은 간결하게 한다. 질문이 짧을수록 좋고 부연설명이나 단어의 중복된 사용은 피해야 한다. 부사나 형용사를 가능한 한 사용하지 않고 핵심 질문만 담는 것이 좋다. 질문이 길어지면 핵심이 흐려지고 무엇을 질문하는지 응답자가 이해하기 어려워진다. 좋지 않은 질문의 예는 다음과 같다.

"우리나라에서 몇 년 전에 국민의 노후생활안정을 위하여 국민복지연금제도를 제정하였습니다. 이 제도를 보면 18세 이상 60세까지 봉급 생활자는 누구나 매월 자기 봉급의 약 3%를 일정기간(20년) 불입하고 기업주도 약 4%를 부담해 주며 자영자는 본인이 전액을 부담

합니다. 그리고 정부에서는 운영비만을 부담하게 되어 있습니다. 선생님께서는 이러한 연금제도의 실시에 대하여 어떻게 생각하십니까?"

(1) 곧 실시되기를 바란다
(2) 더 연기되기 바란다
(3) 별 필요성이 없을 것 같다

이러한 질문은 너무 길고, 장황하여 무엇이 핵심 질문인지를 이해하기가 어렵다. 응답자들은 당혹해하거나 질문 응답에 흥미를 잃어버려 응답 도중에 포시하거나 대충 응답할수 있다.

▼

2) 명확성

질문은 명확하게 한다. 모호한 질문은 피하는 것이 좋다. 교육을 많이 받은 사람들만이 이해할 수 있거나 특정 집단의 사람들만이 알아 들을 수 있는 단어는 피하도록 한다. 설사 이해할 수 있다하더라도 그 단어에 대한 정의가 사람마다 달라질 수 있는 것은 좋지 않다. 즉, 질문은 모든 응답자에게 같은 의미를 갖도록 해야 한다.

예를 들면, "귀하의 고향은 어디입니까?"라는 질문에 사람마다 고향의 의미는 달라질 수 있다. 어떤 사람은 아버지가 태어난 곳, 혹은 본인이 태어난 곳, 할아버지 할머니가 사시는 곳, 자신이 어릴 때 살던 곳 등 고향이 실제 태어난 곳을 의미할 수도 있고, 마음의 고향을 의미할 수도 있다. 이 경우, "본인이 태어난 곳은 어디입니까?"라고 분명히 질문하는 것이 좋다.

3) 적절한 언어 사용

전문가 조사의 경우에는 다르지만, 일반적으로 누구나 쉽게 이해할 수 있는 평이한 단어를 사용하는 것이 좋다. 응답자가 질문의 의미나 단어의 뜻을 이해하지 못하면 당황해할 수 있고, 결과적으로 제대로 된 응답을 얻을 수 없게 될수 있다.

4) 단순성

복합적인 질문은 피한다. 두 개 이상의 질문은 하나로 묶지 말아야 한다. 복합적인 질문을 하면 응답자들은 대답에 곤란을 느끼게 된다. 이런 질문을 쌍렬적 질문(double-barreled questions)이라고 한다.

예를 들면, “한국 유료방송의 가격과 질에 대해 어느 정도 만족하십니까?”라는 질문에 대해 어떤 응답자는 가격에 대한 만족도를 평가할 것이고, 어떤 응답자는 질에 대한 만족도를 평가할 것이고, 어떤 응답자는 가격과 질 모두에 대한 만족도를 평가할수 있을 것이다. 일반적으로 ‘그리고’라는 단어가 질문이나 질문지의 문장에 등장하게 될 때마다 쌍렬식 질문을 하는지를 검토해야 한다.

5) 가치 중립성

질문은 가치중립적이어야 한다. 특정 응답을 암시하거나 유도해서는 안된다. 편견이 들어가 있는 질문은 피해야 한다. 예를 들면, “현재 우리나라가 당면하고 있는 방송 뉴스의 공정성의 상실 위기의 원인 중 언론사 노사 분규가 방송 공정성 위기에 얼마나 영향을 미쳤다고 생각하십니까?"라는 질문에는 이미 언론사 노사 분규가 방송 공정성 위기의 원인으로 영향을 미치고 있다는 부정적 의미가 포함되어 있는 유도성 질문이다. "언론사 노사 분규가 한국 방송 뉴스의 공정성 위기에 미치는 영향은 어떠하다고 생각하십니까?"라는 질문이 보다 객관적이다.

6) 규범적 질문의 억제

규범적으로 옳고 그르다는 응답을 자아내는 질문은 좋지 않다. 동성 연애와 같은 민감한 주제들은 때로 규범적인 응답을 자아낼수 있다. 동성 연애를 해본 경험이 있는가라고 질문하였을때, 실제로 있었다하더라도 스스로 그러한 경험이 바람직스러운 것이 아니라고 생각한다면 사실대로 대답하지 않을 것이다. 이러한 경우에 진실된 응답을 구해 내는 것을 어렵다. 규범적인 응답이 예상될 경우, 동성 연애와 같은 행위가 반드시 일탈적인 것이 아니라는 점을 강조해 두거나, "이러한 질문에는 맞고 틀리는 것이 없다"라는 등 전제를 다는 것이 좋다.

8. 사전 조사

질문지 초안이 만들어지면 사전 조사를 한다. 사전 조사를 통해 질문들이 갖는 문제점을 찾아내고, 보다 명료하게 수정한다. 이 과정에서 모호하거나 부적절한 것, 중복된 것이나 누락된 것 등을 찾아낸다. 사전 조사는 반드시 많은 수의 응답자를 상대로 실시할 필요가 없다. 사전 조사를 위한 응답 대상자가 대표성을 가지면 좋겠지만, 반드시 대표성을 가지도록 표집할 필요도 없다.

사전 조사의 방법은 본 조사에서 사용하고자 하는 방법과 동일하게 한다. 본 조사에서 응답자가 직접 기입하는 설문 조사를 실시하고자 한다면, 사전 조사에서도 동일한 방법으로 실시한다. 그래야 설문지뿐만 아니라, 조사 방법상의 문제점도 함께 확인할 수 있다.

CHAPTER 10

표집

CHAPTER 10

표집

1. 표본 추출 이유

표본을 추출하는 것을 표집이라고 한다. 표집을 하는 이유는 간단하다. 만약 모집단이 아주 동질적이라면, 소수의 사람을 골라 질문을 해도 전체 모집단에게 물은 것과 유사한 결과를 가져다 줄 것이다.

표본이란 대표성이 있어야 하고, 표본의 크기가 적합해야 한다. 무작위 표본 추출의 원리를 살펴보자. 예를 들어, 어떤 나라에 100만명의 사람이 살고 있고, 그들은 모두 동일한 유전 인자를 갖고 있다고 가정하자. 다음 그림의 X는 각 5만 명을 상정한다.

모집단

X X X X X X X X X X

X X X X X X X X X X

필요한 표본

X (작은 일부분으로 충분함)

이러한 모집단의 경우에는 아주 소수의 표본을 추출하여 유전 인자를 검사하더라도 모집단 전체의 정보를 정확하게 알아낼수 있다. 혈액형 검사를 할 때, 혈액형이 신체의 어느 부분에 있는 혈액형이건 동일하기 때문에 매우 소량의 표본만으로도 혈액형을 정확하게 알수 있다. 그러나 다음 사례에서 보는 것처럼 모집단의 동질성이 떨어지는 경우를 생각해보자.

모집단

X Y Z Z Y Z X X Y X Y Z

Z X Y Y X X X Y Z X X Y

필요한 표본

X Y Z

이러한 모집단의 경우 표본에서도 모집단과 동일한 비율로 X와 Y와 Z를 추출하는 것이 바람직하다. 총 24개 중 X가 10개, Y가 8개, Z가 6개이니까, X는 42%, Y는 33%, Z는 25% 비율로 추출해야 표본의 대표성을 지닌다.

2. 표집 방법

▼

1) 표집 절차

표집 절차는 그림과 같다.

1단계 모집단의 정의
2단계 표집 틀의 결정
3단계 표집 방법의 선택
4단계 표본 수 결정
5단계 표집의 실행

① 모집단의 정의

표집의 설계는 목표 모집단을 정하는 것으로부터 시작한다. 목표 모집단이란 연구 문제에 대한 통계적 추정을 하기 위한 정보를 가지고 있는 모든 연구 대상을 말한다. 예를 들어, 만일 연구자가 대중매체를 통한 여론조사의 공표가 유권자에게 미치는 영향에 대해서 연구할 경우, 모집단은 전체 유권자로 현행 선거연령 만19세 이상의 대한민국 전국민이 모집단이 된다.

② 표집 틀의 결정

표집 틀은 목표 모집단의 구성요소를 나타내는 것으로 목표 모집단을 구성하는 목록이 된다. 예를 들면, 전화번호부, 특정 지역에 거주하는 주민의 목록 등이 해당한다.

③ 표집 방법의 선택

표집 방법은 확률적 표집과 비확률적 표집이 있다. 이에 대해서는 다음 절에서 설명한다.

④ 표본의 수 결정

중요한 연구라면, 많은 정보를 확보하여야 하며, 이를 위하여 많은 수의 표본이 필요하고, 이에 따라 많은 비용이 필요할 것이다. 질적 연구나 탐색적 연구의 경우에는 일반적으로 적은 표본을 사용한다. 변수의 수가 많거나, 인과 관계 연구라면, 어느 정도 많은 표본을 사용하는 것이 바람직하다.

정확한 표본의 크기를 제시하는 학자는 거의 없으나 예비 조사를 위해서 분석표의 각 셀(cell)마다 최소 30개 이상을 권장하고 있다. 일반화를 위한 표본이라면 이 보다 훨씬 큰 표본수가 필요하다. 일부 학자들은 마법의 숫자 200을 말한다. 200명 정도를 표본으로 사용한다면 그 결과를 어느 정도 신뢰할수 있다는 의미이다.

⑤ 표집의 실행

표집의 실행은 목표 모집단, 표집틀, 표집 방법, 표본의 수 등이 구체적으로 결정된 후에, 이에 따라 표집 설계를 실행에 옮기는 단계이다. 이 단계에서는 추가적으로 응답을 거부하는 경우의 처리, 선택된 연구 대상을 찾지 못하는 경우의 재시도 횟수 등의 표집 실행에 필요한 사항을 정해야 한다.

2) 확률적 표집과 비확률적 표집

전통적인 표집방법은 확률적 표집과 비확률적 표집으로 나누어진다. 확률적 표집은 연구자의 의도가 표집 과정에서 개입되어 있지 않으며, 확률에 의한 무작위 추출 방법에 의해 표본이 만들어진다.

이에 반해, 비확률적 표집은 연구자의 의도가 개입되어 표집이 이루어지는 방법이다. 따라서 비확률적 표집에서는 연구자의 주관적인 판단이 표집 과정에서 중요한 역할을 한다. 결국 비확률적 표집은 모집단에 속한 연구 대상이 표본으로 선정되는 확률을 사전에 모르는 상태에서 표집이 이루어진다. 〈그림10〉은 다양한 표집 방법을 소개하고 있다.

〈그림 10〉 표집 방법의 분류

(1) 확률 표집(probability sampling)

① 단순 무작위 표집(simple random sampling)

단순 무작위 표집은 표집의 가장 기초적인 방법이다. 표본의 수가 정해졌을 때, 모든 가능한 표본들이 실제 표본으로 선정되는 확률이 동일한 경우의 표집 방법이다. 무작위란 모집단의 모든 요소가 동등한 추출 기회를 가지며 어떤 요소의 추출이 계속되는 다른 요소의 추출 기회에 아무런 영향을 미치지 않는 것을 의미한다. 동전의 앞, 뒷면이 무작위 선택의 좋은 예이다. 한 번 던졌다고 해서 그 결과가 다음 동전 던질 때 어떤 영향력을 행사하지 않는다.

예를 들어, 4개의 방송국 A, B, C, D에 대하여 조사하는 경우, 이를 모집단으로 하고 두 개의 표본을 선정하는 단순 무작위 표집을 한다고 가정하자. 이 경우, 모집단의 수가 적으므로 6개의 조합으로 구성되는 모든 가능한 표본을 생각할 수 있다. 즉, 다음 6개의 조합중 하나, ①에서 ⑥ 사이의 숫자를 뽑는 것이다.

① AB ② AC ③ AD ④ BC ⑤ BD ⑥ CD

단순 무작위 표집이라는 모든 가능한 표본에서 무작위로 한 개의 표본을 뽑는 것은 모집단 내에 있는 연구 대상이 동일한 확률에 의해 뽑힌다는 개념과 동일하다는 것이다. 다시 말해서, 연구자는 모든 가능한 표본을 나열할 필요없이 모집단에 속해 있는 연구 대상을 무작위로 선택하여 표본을 구성한다면, 여기서 얻는 표본은 모든 가능한 표본에서 무작위로 한 개의 표본을 선택하는 것과 동일한 과정이라는 의미이다. 6개의 가능한 표본을 나열하지 않고, 무작위로 두 개의 방송국을 선택하면 된다. 이 경우 무작위 과정으로 주사위를 던지거나, 컴퓨터를 이용하여 난수(random number)를 발생시키는 방법을 이용할 수 있다.

모집단이 클 경우 컴퓨터를 이용해 난수표를 많이 이용한다. 이러한 무작위 과정은 전화조사에서 유용하게 사용된다. 특히, 컴퓨터가 무작위로 전화번호를 설정하여, 표본을 구성하고, 자동으로 걸어주는 방법으로 사용되고 있는 방법이다. 이러한 단순 무작위 표집 방법은 앞으로 언급될 다양한 확률적 표집에 모두 적용된다(이군희, 2001, 297).

② **층화 표집**(stratified sampling)

단순 무작위 표집은 모집단으로부터 얻을 수 있는 모든 가능한 표본 중에서 실제 표본이 선택될 확률이 모든 표본에 대하여 동일해야 한다. 하지만, 이러한 방법이 모집단을 잘 대표하지 못하고, 한쪽으로 치우친 표본이 될수 있다. 다음의 예를 보자.

한쪽으로 치우친 표본

A대학교의 학생들의 커뮤니케이션 태도에 대해 파악하고자 한다. 총 학생수는 10,000명이며, 1학년은 4,000명, 2학년은 3,000명, 3학년은 2,000명, 4학년은 1,000명으로 구성되어 있다. 이중 500명을 선택하여 설문조사를 하고자 한다. 만약 단순 무작위 표집을 할 경우, 선정된 표본이 4개 학년을 골고루 포함하고 있으리라는 보장을 하기 어렵다. 즉, 단순무작위 표집을 통해 선택된 표본은 500명 모두 1학년 학생일수도 있다. 분석 결과, 학생 전체의 태도라기보다는 1학년 학생의 태도가 될 것이므로, 잘못된 표본의 결과, 정확하지 못한 조

사 결과를 나타낼수 있다.

이러한 경우 사용될 수 있는 방법이 층화 표집이다. 모집단을 구성하고 있는 1학년에서 4학년과 같은 층(strata)에 특정 수의 표본을 할당하는 확률적 표집이다. 모집단의 특성을 제대로 나타내는 표본을 얻기 위해 비례 층화 표집을 사용하는 경우 표본의 분포는 다음과 같다.

〈표 9〉 비례 층화 표집에 의한 표본 할당

층	층에 속한 모집단의 수	층에 속한 표본의 수
1학년	4,000명 (40%)	200명 (40%)
2학년	3,000명 (30%)	150명 (30%)
3학년	2,000명 (20%)	100명 (20%)
4학년	1,000명 (10%)	50명 (10%)
합 계	10,000명(100%)	500명(100%)

③ 군집 표집(cluster sampling)

단순 무작위 표집이나 층화 표집은 사전에 표집 틀을 가지고 있어야 하는데, 표집 프레임을 미리 구성하기가 어려운 경우에는 적용이 어렵다. 예를 들어, 특정 지역의 가구를 대상으로 조사를 할 경우, 특정 지역의 모든 가구에 대한 목록을 확보하는 것이 어려울 수 있다. 이 경우, 군집 표집을 한다.

예를 들어, 각 지역의 동사무소에 가서 모든 가구에 대한 목록을 확보하는데, 이때 각 지역의 동은 군집이 된다. 그리고 특정 지역의 동을 먼저 표집 틀로 하여 무작위로 일단계에서 동을 선택한 다음,

선택된 동에 속한 모든 가구를 대상으로 조사하거나, 일부 가구를 대상으로 조사를 실시하면, 군집 표집이 된다.

앞서 예로 든 A대학교를 군집 표집할 경우, 군집에 해당하는 학과로 나눈 후, 단순 무작위 표집으로 일단계로 학과를 선정하고, 선정된 학과의 모든 학생들을 조사하거나, 선정된 학과에 속한 학생들을 이단계로 단순 무작위 표집으로 선택하면 된다.

④ **체계적 표집**(systematic sampling)

체계적 표집은 표집 틀에 속한 연구 대상을 나열하고, 무작위로 첫 번째 표본을 선택한 다음, 매번 k번째 대상을 표본으로 선택하는 확률적 표집을 말한다. 여기서 k를 표집 구간이라고 하는데, 이 값은 모집단의 수에서 표본의 수를 나눈 값이다.

예를 들어, 10만명으로 구성된 모집단에서 1천명의 표본을 선택할 경우, 표집 구간은 100이 된다. 그리고 1에서 100사이의 난수를 발생시켜서, 표본의 첫째를 선택한다. 만일 난수가 17이 나타났다면, 첫 번째 표본은 17번째가 되며, 두 번째 연구 대상은 117, 세 번째는 217를 선택하는 것과 같이 계속 1천명의 표본을 선택하면 된다. 이를 단계별로 나타내면 다음과 같다.

1단계: 표집 구간을 다음과 같은 방법으로 계산한다.
표집 구간 k = 모집단의 수/표본의 수

2단계: 첫 번째에서 k번째 사이에서 무작위로 첫 번째 표본 추출한다.

3단계: 첫 번째로 선택된 표본으로부터 매번 k번째 표본을 선택한다.

(2) 비확률 표집(nonprobability sampling)

비확률 표집은 표본을 추출하는 과정에서 확률에 의한 표집을 하지 않고, 연구자의 주관적 판단하에 표본을 추출하는 방법이다. 비확률적 표집이 중요한 역할을 하는 이유는 연구자가 표집 설계 과정서 자유로움과 유연성을 가질수 있기 때문이다. 모집단의 크기를 모르는 경우, 예를 들면, 포르노 사이트 이용자, 전국 마약 중독자, 동성애자 등 모집단 목록 작성은 불가능하다. 따라서 확률 표집도 어렵다. 대안으로 비확률 표집을 사용한다.

① 편의 표집(convenience sampling)

편의 표집 혹은 임의 표집이란 연구자가 편리하게 표본을 선택하는 방법이다. 편의 표집은 조사 시점과 조사 장소에 있는 연구 대상이 표본이 된다. 따라서 편의 표집은 연구자가 표집 설계에서 모집단을 대표하는 표본을 선택하고자 하는 어떠한 노력도 기울이지 않는 방법이다. 표집 비용과 시간을 줄일수 있는 장점이 있다. 하지만, 표본 선택에서 심각한 문제가 있을 수 있다. 즉, 표본이 모집단에 대한 대표성을 갖지 못한다는 점이다. 표본을 분석하여 얻은 결과를 모집단에 추정하여 일반화하는데 한계가 있다. 따라서 인과 관계 연구에서는 사용하기 어렵고, 주로 탐색적 연구에서 사용한다. 편의 표집의 예로, 도서관 앞이나, 시내 중심에 있는 백화점을 걸어가는 행인들을 대상으로 표집하는 손쉬운 방법을 들수 있다.

② 할당 표집(quota sampling)

할당 표집은 비확률적 표집 중에서 가장 정교한 표집 방법으로 많이 사용된다. 할당 표집은 모집단을 구분하여 표집한다는 측면에서 층화 표집과 비슷하지만, 연구자의 주관적 판단으로 표본을 구성한다는 측면에서 편의 표집과 유사하다. 예를 들면, 언론사에 대한 태도 조사를 한다고 할 경우, 지역과 성별이 중요한 영향을 미칠 것이라고 가정하자. 표본의 수가 1,000명을 추출한다고 할 경우, 다음과 같이 지역과 성별을 고려하여 표본을 임의로 할당한다.

지역 구분	남 자	여 자
1지역	200	300
2지역	150	100
3지역	150	100

할당 표집을 층화 표집과 비교하면, 할당 표집은 적용이 쉽다. 모집단에 대한 사전 정보가 없어도 적용이 가능하다. 그렇지만, 할당 표집은 층화 표집과 비교할 때, 정확성이 떨어지며, 연구 결과를 일반적인 상황에 적용시키기 어렵다.

③ **눈덩이 표집**(snowball sampling)

눈덩이 표집은 소개의 소개를 받아 계속적으로 연구 대상을 표본으로 선택하는 방법이다. 마치 눈덩이가 굴러가는 것과 비슷하다고 하여 이렇게 부른다. 눈덩이 표집의 첫 번째 단계는 단순 무작위 표집이 적용된다. 눈덩이 표집은 모집단에 속하는 연구 대상을 찾기 어려울 때 유용하게 사용된다. 예를 들어, 미디어 정책 분야의 전문가들을 대상으로 조사할 때, 한 전문가를 조사하고 난후, 다음 전문가를 추천받아 조사하는 방법이다. 노숙자, 철새 노동자, 불법 체류자 등과 같이 특정 모집단 구성원을 찾아내기 어려울 때 적절한 방법이다. 눈덩이 표집의 장점은 원하는 모집단에 속한 대상을 쉽게 찾을 수 있기에 시간과 비용을 절약할 수 있다.

3. 표본의 크기와 오차

오차는 표본의 크기와 밀접한 관련이 있다. 오차의 범위는 표본의 크기가 커질수록 조금씩 줄어든다. 일반적으로 표본의 크기가 클수록 표본 조사를 통해서 알아낸 정보가 모집단에 관한 정보와 일치할 것으로 생각하지만, 무한정 정확도가 증가하는 것이 아니다. 물론 완벽한 정확도를 위해서는 모집단 구성원 모두를 대상으로 조사해야 한다. 인구 센서스(census) 조사가 그 예이다. 그러나 센서스는 현실적인 방법은 아니고, 대표성을 지닌 표본을 통하여 조사를 하는 것이 하는 것이 효율적이다. 〈그림11〉에서 보듯이, 표본의 크기가 일정수준 이상 넘어가면 표준 오차는 별 차이가 없다.

〈그림 11 〉 표본의 크기와 표준오차의 관계

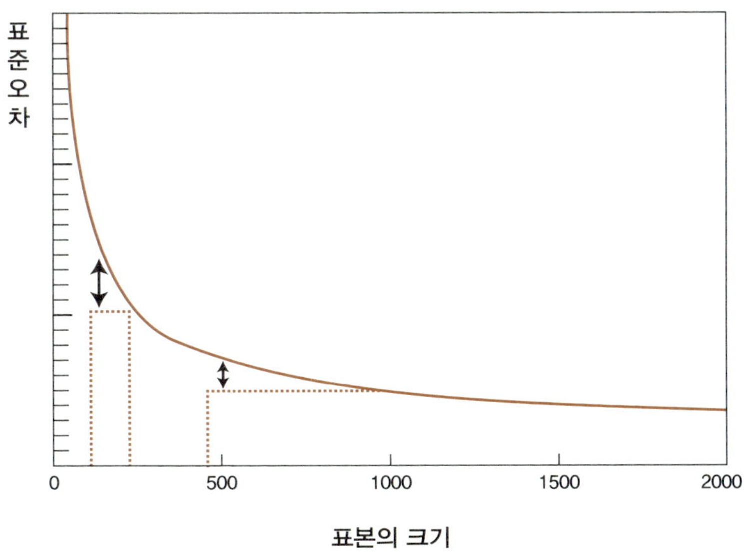

신뢰도란 말 그대로 표본을 통하여 밝혀진 결과가 얼마나 모집단의 그것과 일치하는지에 대해 얼마나 신뢰할수 있는지의 정도를 의미한다. 신뢰도란 구간 추정(interval estimation)과 관련되어 제시된다. 관찰한 표본의 값이 하나의 숫자로 제시되는 것이 아니라, 어떤 범주로 제시되어 있을 때 특정한 신뢰도의 수준에서 모집단의 값은 그 범위 안에 속해 있을 것이라고 추정한다. 구간 추정의 범위는 점추정(point estimation)을 중심으로 표준오차와 정해진 신뢰도의 수준에 비례해서 정해진다. 신뢰도를 더 높이고 싶다면 그 범위가 넓어진다.

가장 널리 사용되는 신뢰도의 수준은 95%인데 관찰 값으로부터 2단위의 표준오차만큼씩 좌우로 벌어진 범위 내에 모집단의 값이 있다고 할수 있다. 예를 들어 어떤 서베이를 통해서 유권자 중 54%가 여당을 선호한다는 결과가 있고, 표준 오차는 3%라고 할 때 95% 신뢰도 수준에서 모집단인 전체 유권자 중 48%(54-6%)에서 60%(54+6%) 사이의 유권자가 여당을 실제로 선호할 것이라고 말할수 있다. 즉 이 같은 표본 조사를 100번 반복한다고 가정했을 때, 100번 중 95번은 여당의 선호 유권자 비율이 48%와 60% 사이에 있다는 말이다. 즉, 신뢰도 수준 95%란 예측의 정확성을 의미하는 것이다.

더 높은 신뢰도를 원한다면 예들 들어 99% 신뢰도 수준의 경우 추정 범위는 더 넓어지게 된다. 99% 신뢰도 수준에서는 약 3단위의 표준오차만큼 좌우로 범위가 벌어지게 된다. 위의 조사에서 45%에서 63%의 범위내에 전집의 값이 있을 것이라고 추정하게 된다(Berger, 김대호외역 2001, 302~303).

일반적으로 기억하고 있으면 유용한 것은 1,000명에서 1,500명의 서베이는 ± 3% 표준오차를 갖고 350명의 서베이는 ±5%의 표준오차를 갖는다. 만약 선거에서 A 후보가 B 후보를 51% 대 49%로 이

기고 있는 서베이의 경우, 두 후보의 차이가 오차의 범위보다 작으므로 두 후보 중 어느 누가 더 우세하다고 해석할 수 없다. 왜냐하면 오차를 생각할 때 B후보가 A후보보다 더 많은 득표를 할수도 있기 때문이다. 95% 신뢰수준에서 각 후보에 대한 지지는 다음과 같은 구간내에 있다고 추정할 수 있다.

51%-6%=45%〈A후보〈51%+6%=57%

49%-6%=43%〈B후보〈49%+6%=55%

만약 99% 신뢰수준으로 높일 경우에는 각 후보 지지는 다음과 같이 구간이 넓어지게 되고, 두 후보간 차이는 별로 없게 되어 결과는 어떻게 될지 예측하기가 더욱 힘들어진다.

51%-9%=42%〈A후보〈51%+9%=60%

49%-9%=40%〈B후보〈49%+9%=58%

CHAPTER 11

내용 분석

CHAPTER 11

내용 분석

내용 분석은 커뮤니케이션 학자들이 가장 많이 사용하는 연구 방법중 하나이다. 내용 분석을 연구 방법으로 사용하기 시작한 것은 20세기 초부터이며, 그동안 사회학, 인류학, 정치학 등에서 사용해왔지만, 커뮤니케이션 분야에서 가장 많이 사용되어 왔고, 컴퓨터의 발전으로 인해 방법론적으로 크게 진화되어 왔다. 최근 점점 더 많은 분야에서 내용 분석의 방법을 사용하고 있다.

내용 분석은 시간이나 공간적인 제약 때문에 연구 대상자에게 직접 접근할수 없을 때, 사용하는 것으로 직접적인 분석 방법이 불가능할 때 쓰는 연구방법이다. 내용 분석을 통해 말과 글로 표현하는 인간의 행위를 직접 측정할수 있게 되었다(Berger, 김대호외역 2001, 259). 서베이 조사의 경우 실제 행위 자체보다는 그 행위를 한 사람들의 사후 진술을 토대로 분석할 수밖에 없기 때문에, 행위를 직접 관찰하는 것은 아니다. 그에 비해 내용 분석은 사람들이 나눈 대화의 내용이나 방송 프로그램의 인물, 내용을 분석하거나, 신문이나 만화의 보도 행태 분석, 심지어 일기나 외교 문서의 분석에 이르기까지 분석하기 때문에 서베이 조사에 비해 더 직접적인 인간 행위의 측정 방법이 된다.

내용 분석은 그 자체가 하나의 방법으로 사용되기도 하지만, 다른 연구 방법, 예컨대 질문지나 면접 자료의 결과에 대한 보조적 자료의 기능을 수행하기도 한다. 근래의 경향은 대체로 다른 연구 방법들과 함께 사용되고 있음을 보여주고 있다(홍두승, 2001, 42).

1. 내용 분석의 정의

내용 분석이란 커뮤니케이션 내용을 미리 정해진 유형에 따라서 체계적으로 분류하고 기술하는 연구 방법이다. 이는 양적인 연구가 될수도, 질적인 연구가 될수도 있으며 때로는 양적, 질적 연구가 혼합되기도 한다. 분류에 쓰이는 유형들의 선택이나 분석에 있어서 다른 연구자들이 따라 했을 때 반복할수 있도록 유형에 대한 명확한 조작적 정의가 필수적이다. 예컨대, 텔레비전에 나오는 인물들의 계급적 구성에 관하여 내용 분석을 할 경우, 계급을 어떻게 정의하고 계급의 유형들을 어떻게 불류할 것인지가 명확히 정의되어야 여러 명의 코더(coder)들이 작업을 해도 분류가 올바로 진행될수 있다.

기억해야 할 것은 내용분석은 수용자의 특징 또는 커뮤니케이션 효과에 대해서 아무것도 밝혀주지 않는다는 점이다. 그러므로 내용 분석은 철저하게 내용에 대한 분류와 기술 이상으로 확대되어 오용되어서는 안되며, 그리고 그 의미가 비교적 객관적으로 명확한 것에 대해서만 분석하여야 한다. 내용 분석이란 커뮤니케이터가 만들어내는 것이기 때문에 결국 내용 분석은 커뮤니케이터의 의도를 분석하는데 목적을 둔다.

어찌 보면 우리는 늘 일상 생활속에서 내용 분석을 한다. 다른 사람들이 우리에게 무엇이라 말하는지에 관해서도 생각하고 신문이나 잡지에서 읽은 것에 대해서도 생각하기 때문이다. 우리는 항상 사람들이 왜 이런 말을 하였을까, 또는 왜 저렇게 행동하였을까에 관해 생각한다. 그러나 내용 분석은 이러한 일상적인 것들과는 차별된다. 그 분석에 있어서 체계적이고 객관적이며, 기본적으로 양적인 연구 방법이기 때문이다(Berger, 김대호외역 2001, 260~261 재인용).

2. 내용분석의 장점과 단점

내용 분석의 가장 큰 장점은 아마도 시간과 비용 측면에서의 경제성이다. 대학생의 신분에서 규모 있는 서베이 조사는 엄두도 내기 어렵겠지만 내용분석은 얼마든지 시도해 볼수 있다. 특히, 언론진흥재단의 KINDS 프로그램을 이용해서 무료로 기존 일간지들을 내용분석 하는데 비용이 크게 필요하지 않다. 내용분석을 위해서는 수많은 연구진도 필요하지 않고, 서베이처럼 수많은 면접자들이 필요하지도 않다. 실험연구처럼 실험실이나 특별한 장비도 필요하지 않다. 분석하고 코딩할 자료 또는 내용만 있다면 내용분석은 언제든지 시도해 볼수 있다(Babbie, 고성호외역, 2013, 463에서 재인용).

내용분석의 두번째 장점은 오류의 수정 가능성이다. 연구자가 만일 서베이 또는 실험조사를 실시하는 도중 무언가 잘못되었다는 사실을 깨달았을 경우에는 모든 시간과 비용을 감수하면서까지 전체 연구 계획을 수정해야만 한다. 현장 조사의 경우에는 문제가 더 심각해서, 분석하고자 하는 현상이 이미 사라져버린 후에는 연구 계획을 수정하려고 해도 할수가 없게 된다. 하지만 다른 조사방법에 비해서 내용분석의 경우에는 연구 계획을 부분적으로 수정하고 반복하는 것이 훨씬 더 용이하다. 코딩이 잘못되었을 때에도 전체를 수정하기 보다는 부분적인 수정을 할수 있다.

내용 분석의 세번째 장점은 일정한 기간 동안 진행되는 지속적 과정에 대한 분석이 가능하다는 점이다. 예를 들어, 특정 사건이 지속될 경우, 그 사건에 대한 보도 태도의 변화 과정을 분석할 수 있다.

내용 분석의 마지막 장점은 그것이 분석 대상에 어떠한 영향도 미치지 않는다는 점이다. 실험은 실험하는 사람이 실험의 대상에 영향을 미칠수 있다. 실험하는 사람이 어떻게 말하고 행동하는가에 따라 피실험자는 민감하게 반응할수 있다. 서베이는 면접자가 누구이냐에 따라 응답자들이 영향을 받을수 있다. 심층인터뷰 역시 면접자의 영향을 응답자들은 많이 받는다. 하지만, 방송 프로그램은 이미 만들어진 것이고, 신문 기사는 이미 작성된 것이기에 내용 분석하는 연구자들은 분석의 대상이 되는 방송 프로그램이나 신문 기사에 영향을 전혀 미치지 않는다.

하지만, 내용 분석은 기록된 내용들만을 대상으로 이루어진다는 문제가 있다. 즉, 구두이건, 문서건, 영상이건 또는 어떠한 방식이건 간에 기록이 이루어진 내용에 한해서만 내용 분석이 가능하다. 스피치나 제스처 분석을 하는 경우에도, 스피치나 제스처를 기록해야 분석할 수가 있다.

3. 내용 분석 방법과 주의할 점

내용 분석 방법을 사용하는데 있어서 주의해야 할 점들은 다음과 같다(Berger, 김대호외역 2001, 264~272 참조).

① 조작적 정의는 내용분석에서도 중요하다.

조작적 정의는 내용분석에서도 중요하다. 조작적 정의는 어떤 개념을 어떻게 이해하고 측정할수 있는지를 알려준다. 조작적 정의는 어떻게 측정할 것인가 즉 어떻게 내용을 분석할 것인가에 대한 정의를 말한다. 내용 분석 방법에서 조작적 정의를 내리는 작업이 힘들기 때문에 내용 분석 방법의 약점으로 지적되기도 한다. 만약 주요 개념에 대한 정의가 제대로 이루어지지 않은 상태로 연구가 진행된다면, 그 연구 결과물들은 무용지물이 될 수도 있다(Berger, 김대호 외 역 2001, 265).

내용 분석에 쓰이는 어떤 개념의 유형들은 두 가지 원칙을 지켜야 한다. 첫째는 분석 유목이 상호 배타적이어야 한다. 하나의 내용은 어느 한가지 유목에만 포함되어야 하지, 두 개 이상의 유목에 동시에 속할 수 있다면 분석하기가 곤란하다. 둘째는 모든 내용을 다룰 수 있어야 한다. 측정하기 곤란해서 분류하는 유목에 포함시키지 못할 경우가 발생하면 안된다. 이때는 '기타' 유목을 활용하여 기타에 포함되도록 한다. 그러나 기타 항목에 포함된 사례가 20%를 넘을 경우, 별도의 분류 항목을 만들어 주도록 한다.

② 측정의 단위가 명확해야 한다.

측정의 단위도 결정하여야 한다. 인쇄물에서는 대개 단어의 수와 같은 단위를 자주 사용한다. 신문 기사를 분석할 때, 신문 기사의 한 건 한건을 기본 단위로 할수 있다. 또한 문단, 문장, 단어를 기본 단위로 설정할수 있다. 텔레비전 프로그램 분석에서 프로그램 하나를 기본 단위로 할수 있다. 특정 장면의 길이, 대사, 행동 하나를 기본 단위로 할수 있다. 중요한 것은 한 연구에 걸쳐 이러한 기본 단위가 변함없이 지켜져야 한다는 점이다. 이러한 단위들은 반드시 표준화되어야 한다. 잡지에 담긴 패션 광고가 연구 대상이라면 각각의 광고가 단위가 될 것이고, 이때 광고의 면적이나 길이는 중요치가 않다. 만화가 분석 대상이라면 프레임의 수를 단위로 할수도 있다.

③ 코딩 방법이 일정해야 한다.

코딩이란 분석한 자료를 유형별로 분류하여 그 유형에 번호를 부여하는 과정이다. 코딩 과정을 거쳐야 추후 통계 분석이 가능하고, 자료 해석이 가능하다. 텔레비전 폭력을 연구하는 경우, 다양한 폭력상을 분류하여 유형화하고 각 유형마다 숫자 또는 어떤 기호를 부여할 것이다. 폭력은 여성의 남성에 대한 폭력, 남성의 여성에 대한 폭력, 성인의 아동에 대한 폭력, 아동의 성인에 대한 폭력 등으로 구분할 수 있다. 이상 4가지 폭력 유형을 각각 ① ② ③ ④로 코딩한다.

④ 겉으로 명확하게 드러난 콘텐츠만을 분석 대상으로 한다.

행간에 숨겨진 의미는 내용 분석의 대상이 될수 없다는 의미이다. 어떤 만화의 내용 분석을 하다가 한 등장 인물이 "너를 사랑해"라고 말하는 부분이 있을 경우, 연구자는 이 말을 있는 그대로 받아들여야지, 그 등장인물의 성격이나 과거 행동 등에 비추어보며 그런 의미가 아닐 것이라고 추측하는 것은 절대 금물이다.

⑤ 대표성 있는 표본을 구한다.

대표성을 지닌 표본을 구하는 것은 연구 결과의 일반화를 위해 매우 중요하다. 표본의 대표성이 부족하다면 그 연구 결과는 설명력이 떨어진다. 대표성을 높이기 위해, 무작위 추출을 통해서 표집을 하도록 한다. 무작위 추출은 표본의 대표성을 확보해줄뿐 아니라, 분석의 대상이 되는 내용을 선택함에 있어서 연구자의 편견이 배제되었음을 보여주기도 한다. 체계적 표집의 경우, 특정 요일의 신문 기사나 방송 프로그램이 기획 특집물로 인해 대표성이 감소할수도 있으니 유의하여야 한다.

⑥ 코딩 작업에 있어서 신뢰도를 확보하도록 한다.

코더들이 동일한 자료를 다르게 코딩해버리면 그 연구 결과는 아무 쓸모없게 되므로 코더의 신뢰성은 매우 중요하다. 서로 다른 코더들이 동일한 체계에 따라 코딩을 하도록 지침을 마련하도록 한다.

코더의 신뢰성을 유지하기 위해서는 분류할 내용이나 개념에 대해 명확한 조작적 정의를 내려야 한다. 코딩하고자 하는 대상을 면밀히 분류하여 각각의 조작적 정의를 내린다.

신뢰도를 가장 간단하게 계산하는 방법은 코더간 신뢰도 측정 방법이다. 동일한 텍스트를 코더들에게 주고 각자 지침에 따라 코딩하게 한후 얼마나 일치하였나를 측정하는 것이다. 이때 연구자에게는 일치한 정도가 중요하고, 이 비율이 높을수록 좋다. 일반적으로 85% 이상은 신뢰도를 확보해야 한다. 신뢰도 계산 방법은 다음과 같다.

코더가 2명인 경우, 신뢰계수 산정 방법

신뢰계수 (Coefficient of Reliability)=2M/N1+N2

M=분석자 2명이 일치한 코딩 수

N1=분석자 1이 코딩한 수

N2=분석자 2가 코딩한 수

코더가 3명인 경우, 신뢰계수 산정 방법

신뢰계수 (Coefficient of Reliability)=3M/N1+N2+N3

M=분석자 3명이 일치한 코딩 수

N1=분석자 1이 코딩한 수

N2=분석자 2가 코딩한 수

N3=분석자 3이 코딩한 수

4. 내용 분석의 절차

내용 분석의 단계는 다음과 같다.

① 연구 문제와 가설을 설정한다.

② 왜 연구가 중요한지 설명한다.

③ 주요한 용어에 대한 조작적 정의를 내린다

④ 표집 방법을 설명한다.

⑤ 분석의 단위를 밝힌다.

⑥ 코딩 체계를 설명한다.

⑦ 코더간 신뢰도를 계산한다.

⑧ 정해진 체계에 따라 분석한다.

⑨ 분석 결과를 제시한다.

⑩ 결과를 해석한다.

5. 내용 분석을 한 연구 사례

송의호, 이상식(2009), 참여정부의 브리핑제도 시행 전후의 보도행태 비교 연구, 정치커뮤니케이션연구, 통권 12호,127~167.

연구의 배경 및 연구 문제

출입처 제도에 대한 평가는 상반되고, 제도 변화가 초래한 반향이 크고, 언론 취재 및 보도에 적지 않은 영향을 미쳤음에도 불구하고, 지금까지 논의만 무성하였지 학문적 연구는 매우 빈약하다. 그동안 논의는 토론이나 단편적인 의견 개진, 비판 수준에 머물러 있다. 기자실의 관행을 다루는 연구는 그동안 꾸준히 있어 왔지만, 대부분 배타적이고 폐쇄적인 국내 기자실의 문제점이나 취재원과 기자 사이의 공생 관계로 인한 부정적 취재 관행들을 다루어왔다. 이에 출입처 제도의 변화가 보도에 미친 영향을 분석하는 작업은 참여 정부의 언론 정책을 실증적으로 평가한다는 중요한 의미를 지닌다.

연구문제 1: 기자실 개방과 브리핑제 시행이 보도의 빈도에 미친 영향은 출입처에 따라 차이가 있는가?

연구문제 2: 기자실 개방과 브리핑제 시행이 취재원의 수에 미친 영향은 출입처에 따라 차이가 있는가?

연구문제 3: 기자실 개방과 브리핑제 시행이 기사의 유형에 미친 영향은 출입처에 따라 차이가 있는가?

연구문제 4: 기자실 개방과 브리핑제 시행이 보도의 태도에 미친 영향은 출입처에 따라 차이가 있는가?

주요 개념의 정의

본 연구의 연구문제에서 제기된 주요 개념들을 개념화 혹은 조작적으로 정의 내리면 다음과 같다.

보도의 빈도

보도의 빈도란 해당 출입처의 출입기자가 자신의 이름으로 신문에 실제로 게재한 기사의 건수를 의미한다. 기사의 단수 또는 몇 면에 게재되었는지에 상관없이 단순히 게재되었느냐, 그렇지 않느냐에 따라 측정한다. 즉 해당 신문의 전체 지면에 게재된 중앙정부나, 지방자치단체에서 발생했거나 관련된 기사의 건수를 조사한다.

조사에서 해당 출입처와 다른 출입처의 관련 내용이 혼합된 기사일 경우 해당 출입처 부분만 조사한다. 예를 들어 청와대와 한나라당의 내용이 혼합되어 1개의 기사를 이룬 경우 한나라당 부분은 제외하고 청와대 기사로 분류해 조사한다.

취재원의 수

기사에 사용된 취재원의 수는 특정 기사에 노출돼 있는 취재원이 실제로 몇 명인지를 밝히는 것이다. 정부 부처 출입기자가 브리핑제

시행 이후 취재원 사용에서 어떤 변화를 보이는지 관찰하기 위해 기사를 통해 취재원의 수를 분석한다. 브리핑제 시행으로 정보 제공 등이 활성화되었다면 취재원의 수가 늘어났을 가능성이 있는 반면, 사무실의 방문취재 제한으로 인해 취재원의 수가 줄어들었을 가능성도 있기 때문에 취재원 수의 증감을 확인하는 것은 의미있는 일이라 판단하였다.

기사의 유형

이상갑(2001, 67)은 기사의 유형을 스트레이트와 사설, 칼럼·논단, 기획·연재, 스케치, 해설·분석, 인터뷰·대담, 기타로 분류했다. 또 조철래(2005, 77)는 스트레이트와 사설, 칼럼·논단, 기획특집기사, 스케치, 해설·분석으로 분류하고 있다. 본 연구는 이들의 분류를 참고해 기사의 유형은 스트레이트와 분석·해설, 기획·특집, 인터뷰, 기자회견·공동대담, 화제, 스케치, 칼럼, 기타로 분류했다. 연구목적에 맞게 사설은 배제시켰다. 사설은 속성상 출입기자의 이름으로 작성되지 않기 때문이다. 또 인터뷰는 독자적인 인터뷰와 공통의 기자회견이나 대담으로 다시 세분하고 화제 기사도 별도로 분류하였다.

보도의 태도

보도의 태도란 부정적인 기사와 긍정적인 기사의 수가 각각 얼마나 되는 지를 파악하는 것이다. 부정적인 기사는 기사에 등장하는 어휘가 비판적이거나 부정적인 의미를 담고 있는 형용사·부사를 사용한 기사의 수를 의미한다. 또 기사 속 어휘에 직접 등장하지 않더라도 전체적으로 부정적인 내용을 소개하거나 제목에 비판적이거나 부정적인 의미를 담은 기사도 포함시킨다.

긍정적인 기사는 기사에 등장하는 어휘가 우호적이거나 긍정적인 의미를 담고 있는 형용사·부사를 사용한 기사를 의미한다. 또 기사 속 어휘에 직접 등장하지 않더라도 전체적으로 긍정적인 내용을 소개하거나 제목에 우호적이거나 긍정적인 의미를 담은 기사도 포함된다. 언론의 보도 성향은 대체로 부정적, 중립적, 긍정적 등 3개 유형으로 구분하는 것이 일반적이다.

연구방법

본 연구에서는 기자실 개방과 브리핑제 시행을 전후한 출입처별 보도 행태를 실증적으로 비교 분석하기 위해 3개 신문을 대상으로 양적 연구방법인 내용분석을 하였다. 내용분석은 3개 신문이 출입처의 바뀐 취재 환경에서 어느 정도로 활발하게 보도 활동을 하고 있는지를 양적으로 측정하는 분석방법으로, 분석 결과를 객관적으로 제시하고, 많은 양의 기사를 동시에 고려할 수 있다는 장점을 갖고 있다.

분석 대상

분석 대상으로 서울에서 발행되고 있는 조선일보와 한겨레, 대구에서 발행되는 영남일보를 선정하였다. 조선일보는 '조·중·동'이란 말로 표현되듯 발행 부수와 영향력 등에서 국내 유력 신문이자 보수 측을 대표하는 신문으로 분류된다. 이에 비해 한겨레는 '조·중·동'의 상대어로 흔히 쓰이는 '한·경·대(한겨레·경향신문·대한매일)'의 가장 앞 자리에 놓일 만큼 진보 측을 대표하는 신문이자, 노무현 대통령이 대통령에 당선된 뒤 가장 먼저 방문해 친밀감을 보인 신문사이기도 하다.

영남일보는 현재 대구에서 매일신문에 이어 두 번째로 독자가 많은 지방 신문으로 1980년 언론통폐합 조치 때 폐간됐다가 1988년 복간된 뒤 청와대 등을 출입하는 서울지역 주재기자를 둔 곳이다. 영남일보는 특히 청와대를 매일신문보다 늦은 시기에 출입을 시작하는 등 한동안 출입처 차별을 경험한 지방 신문이어서 분석 대상으로 선택했다.

분석 대상 기사는 3개 신문사가 자체적으로 운영하는 자사 인터넷 홈페이지를 검색해 입수했다.

분석 시기

기자실 개방과 브리핑제 시행이라는 출입처의 환경 변화가 취재 및 보도 행태에 어떤 변화를 가져왔는지 일목요연하게 비교 분석하기 위해 제도 시행 전후의 두 시기를 설정하였다. 즉 2000년 9월 1일부터 11월 30일까지와 2005년 9월 1일부터 11월 30일까지 3개월간이다.

분석 단위

분석 단위는 출입처와 관련된 신문 기사의 건수로 했다. 여기서 신문의 기사 1건은 기사 안에 제목을 포함하고 있으면서 1명 또는 그 이상의 기자에 의해 기술된 것으로 여러 명의 기자가 썼더라도 하나의 제목 아래 포함되어 있으면, 1건의 기사로 분류하였다. 사진이나 만화·만평은 내용분석에 포함시키지 않았다.

분석 절차

① 코더선정 및 훈련

다양한 언론 보도를 정확하게 구분하기 위해서는 코더들의 보도와 관련된 사전 지식이 요구된다. 따라서 신문방송학 등 사회과학 전공자 3명을 코더로 선정하였다. 코더로 선정된 조사자들은 모두 내용

분석 연구방법에 대해 사전 지식이 있을 뿐만 아니라 이전에 내용분석 연구에 참여한 경험이 있어 본 연구의 코더로서 무리가 없다는 판단에 따라 선정되었다.

② 예비조사 및 신뢰도

분석유목과 변인들의 정의에 대한 교육을 실시한 뒤 코딩용지를 지급해 예비조사를 실시하였다. 기사에 인용된 취재원의 수와 기사의 유형 등에 대한 본격적인 코딩작업을 시작하기 전에 코더 간 신뢰도를 측정하였다. 3명의 코더들에게 2005년 9월과 10월의 3개 신문에 게재된 청와대 등 출입기자들이 작성한 유효한 50건의 기사를 제공한 뒤 3명 상호 간에 어느 정도 일치하는가를 알아본 결과 표와 같이 4개 코딩유목의 신뢰계수를 평균한 값인 87%의 코더 간 신뢰도를 얻었다. 이는 내용분석 연구의 최저 신뢰도인 85%를 만족시키는 수준이다(Kassarjian, 1977).

〈표 10〉 코딩 유목별 신뢰도 계수

코 딩 유 목	신뢰계수	M	N_n
취재원의 수	0.80	40	50
취재원의 익명성 여부	0.98	49	50
기사의 유형	0.84	42	50
보도의 태도	0.86	43	50

코딩 지침

1. 코더 번호
2. 기사 일련번호

3. 신문

1) 조선일보 2) 한겨레 3) 영남일보

4. 기사 게재일자

5. 출입처

1) 청와대 2) 재정경제부 3) 경북도청

6. 취재원의 수

7. 취재원의 익명성 여부

1) 실명 취재원만 사용 2) 익명 취재원만 사용

3) 실명·익명 같이 사용

8. 기사의 유형

1) 스트레이트 2) 분석·해설 3) 기획·특집

4) 인터뷰 5) 기자 회견·공동 대담 6) 화제

7) 스케치 8) 칼럼 9) 기타

9. 기사의 보도 태도

1) 비판·부정적

2) 우호·긍정적

3) 중립적

코딩 지침서 – 코딩을 정확하게 하도록 지침을 제시한다

예를 들어, 취재원의 익명성 여부와 관련하여 다음과 같은 지침을 제시한다.

7. 기사에 사용된 취재원이 익명인지 실명인지를 확인하고, 해당 번호를 코딩한다. 실명은 이름이 밝혀진 경우이며, 익명은 '관계자' '재정경제부' 등으로 표현돼 누구인지 구체적으로 알수 없을 때로 구분한다.

CHAPTER 12

—

실험

—

CHAPTER 12

실험

1. 생활 속에서의 실험과 응용

실험은 인과관계를 검증할수 있는 관찰의 한 유형이다. 실험은 사회과학보다는 자연과학과 더 연관성이 높다. 사회과학에서는 심리학에서 많이 사용하는 방법이다.

우리는 일상 생활속에서도 실험을 유용하게 활용할수 있다. 감기가 걸렸을때 어떻게 하는가? 병원에 갈수도 있고, 병원에 가서 약만 먹을수도 있고, 주사를 맞을 수도 있다. 집에서 대중요법으로 따뜻한 물을 많이 먹을 수도 있고, 비타민 C를 복용할수도 있다. 아무런 처방도 하지 않고 충분한 영양가 많은 음식을 먹고 충분히 쉴수도 있고, 땀을 흘릴수도 있다. 우스개 이야기이지만, 소주에 고추가루를 타서 마시면 감기가 낫는다는 민간 요법을 말하기도 한다. 과연 어느 방법이 감기에 가장 효과적일까를 실험할수 있는 것이다. 학생들은 높은 학점을 받기 위해 얼마만큼 공부해야 하는지 실험을 통해서 안다. 교수는 성공적으로 강의하려면 어떻게 표현해야 하는지, 학생들에게 학습 동기 부여를 하려면 어떻게 해야 효과적인지에 대해 실험을 통해 깨닫게 된다.

실험 방법들을 공부하게 되면 응용할수 있는 가능성이 많다. 방송 프로그램 가운데는 실험을 이용한 좋은 프로그램들이 적지 않다. 채널A방송의 먹거리 X 파일에는 종종 실험 프로그램 많이 소개된다. EBS 교육방송에서는 어떤 교육 방법이 더 효과적인지를 실험하는 프로그램이 많다. 광고의 효과를 측정하기 위해서 실험을 많이 사용한다.

2. 실험에 적절한 주제

연구의 주제와 목적에 따라 다른 연구방법들보다 실험이 더 적절한 경우가 있다. 실험은 인과관계를 규명하는데 초점을 두기 때문에, 기술적 목적보다는 설명적 목적의 연구에 더 잘 맞는다.

예를 들어, 다문화 가정에 대한 편견을 줄이기 위한 방법을 찾으려 한다고 가정해 보자. 다문화 가정들이 우리 사회에 기여한 바를 학습하는 것이 편견을 줄일 것이라고 가정하고, 이 가설을 실험적으로 검증하기로 결정했다고 하자. 우선, 다문화 가정에 대한 편견의 수준을 알아보기 위해 실험 대상자 집단을 조사할 것이다. 그 다음으로 다문화가정이 한국 사회의 과학, 문화, 정치, 경제, 인구 그리고 사회 발전에 여러 가지로 크게 기여하고 있다는 것을 보여주는 다큐멘터리를 실험 대상자들에게 보여준다. 마지막으로, 그 다큐멘터리의 시청이 실제로 편견을 줄였는지 확인하기 위해 실험 대상자들에게 다문화 가정에 대해 갖고 있는 편견의 수준을 다시 측정한다. 다큐멘터리 시청 전후의 편견의 수준을 비교하면 다큐멘터리의 효과를 파악할수 있게 된다.

우리는 일반적으로 실험에 대해 고정 관념을 가지고 있다. 실험은 실험실에서 이루어지며 어렵다고 생각한다. 그렇지만, 실험이 반드시 실험실내에서만 이루어지는 것은 아니다. 커뮤니케이션 관련 실험에서 자연 상황에서 실험을 할수도 있다. 이러한 실험을 현장 실험(field experiment)라고 한다.

3. 주요 개념 및 용어(박정의, 2008, 112~116 참조)

▼

1) 무선 배치(random assignment)

실험 대상자인 피험자를 무선적으로 실험 집단과 통제 집단에 배치하는 것이 무선 배치 즉 무선화(randomization)이다. 무선화란 모든 피험자들이 각 집단에 속할 확률이 서로 같게 만드는 것을 의미한다. 무선화를 행할 경우, 집단들의 속성이 대체로 비슷해지면 오염 변수(confounding variable) 또한 집단마다 같은 정도로 퍼져 결국 상쇄될 것으로 기대할수 있다. 그러나 실험 집단의 표본 크기가 작으면 동질적이지 않은 집단이 생길 위험이 있다.

2) 실험 처치

직접적 조작(straightforward manipulation)과 연출된 조작(staged manipulation)의 두가지 방법을 사용하여 독립 변수를 실험 처치한다. 직접적 조작이란 연구자가 직접 피험자에게 구두 지시, 혹은 기타의 자극 등을 제시하여 그 반응을 관찰하는 방법이다. 연출된 조작이란 연구자가 독립 변수를 조작할 수 있도록 어떤 사건이나 상황을 만드는 방법을 말한다. 이때 연구팀의 일원을 실험 상황에 있는 피험자들 사이에 집어넣어 그들이 마치 실제의 피험자처럼 행동하도록 하는 연구 공모자를 이용하는 기법을 주로 사용한다.

3) 통제(control)

타당도를 높이기 위해 필요한 것이 가외 변량의 통제이다. 피험자 집단들 사이에서 체계적으로 등장하는 변량이 오염 변수 혹은 가외 변수이다. 연구자가 의도하지 않았던 변수에 의한 변량과 독립 변수의 효과로서 나타나는 변량이다. 실험 처치가 독립 변수의 변량을 극대화하는 것이라면, 가외 변수의 변량은 통제의 대상이다. 가외 변량의 통제의 방법은 크게 변량의 제거, 무선화, 독립 변수로 간주 하는 방법들이 있다.

첫째, 변량의 제거라는 것은 종속 변수에 영향을 미칠 것으로 예상되는 의도하지 않았던 가외 변량을 제거하는 것이다. 예를 들어, 미디어의 폭력물이 어린이의 폭력성에 영향을 미치는지에 대한 실험 연구에서 아이의 성별이 매개 변수로 작용하여 영향을 미칠 것으로 예상된다. 이때, 남자와 여자 아이를 분리하여 남자 아이만 대상으로 피험자 집단을 구성해서 실험을 하는 방법은 성별의 변량을 제거하는 것이다.

둘째, 무선화는 이론상으로는 모든 가외 변량을 통제하는 최상의 방법이다. 무선화가 이루어졌다면, 모든 실험 집단이 통계적으로 동일하게 조건화되었다는 것을 의미한다.

셋째, 가외 변수를 연구 설계 안에서 독립 변수로 재편하는 것이다. '미디어 폭력물은 어린이의 폭력성에 영향을 미칠 것이다'라는 가설을 설정하고, 추가적으로 '미디어 폭력물이 어린이 폭력성에 미치는 영향은 성별에 따라 차이가 있을 것이다'라는 가외 변수인 성별을 중심으로 가설을 설정하는 방법이다.

넷째, 변수들을 결합함으로써 변수 속성에 맞는 피험자 집단을 구성할수도 있다. 이것은 종속 변수와 관계가 높은 것으로 판단되기 때문에 오염을 초래할수 있는 가능성이 있는 변수들을 기준으로 피험자 집단을 묶는 방법이다. 미디어 폭력물이 어린이 폭력성에 미치는 영향에 대한 실험에서, 아이들의 가정 환경이 가외 변수로 영향을 미칠 것으로 예상된다면, 생활 수준이 비슷한 아이들을 하나의 집단으로 묶어 같은 조건을 만들어 실험하는 방법이다.

▼

4) 주 효과와 상호작용 효과(main effects와 interaction effects)

주 효과와 상호작용 효과는 두 개 이상의 독립 변수가 사용되는 요인 실험 설계에서 나타난다. 주 효과는 개별적인 각각의 독립 변수가 종속 변인에 미치는 영향을 말한다. 상호 작용 효과는 두 개 이상의 독립 변수들이 상호 작용을 미쳐서 나타나는 영향을 말한다. 각

개별 변수들의 효과의 합과는 다른 효과를 나타낸다. 미디어 폭력물이 어린이 폭력성에 미치는 실험 연구에서, 폭력물이 어린이 폭력성에 미치는 영향은 주 효과이다. 그런데, 폭력물과 어린이 성별이 영향을 서로 미쳐 상호 작용 효과를 나타낼수 있다. 즉, 폭력물이 성별과 서로 관계되면서 남자 어린이들이 여자 어린이들보다 훨씬 더 효과가 크게 나타나게 될 때 상호 작용 효과가 일어났다고 할 수 있다.

〈그림 12-1〉 주효과와 상호작용 효과

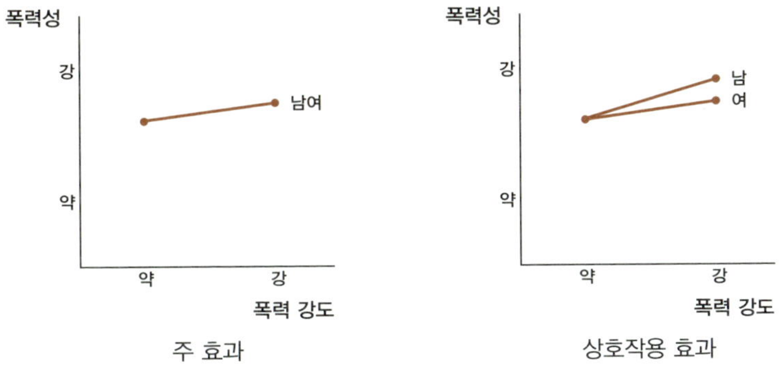

▼

5) 인과성

실험은 인과 관계를 설명한다. 특정 사건들 사이의 인과성을 추론하기 위해서는 전제된 원인과 효과 사이의 관계가 있어야 한다. 이에 대해서는 제 5장 4의 (2) 인과 관계 검증에 대한 자세한 설명을 참조하기 바란다.

6) 타당도

실험 설계는 내적 타당도와 외적 타당도를 높일수 있어야 좋은 설계이다. 내적 타당도란 실험 설계를 구성할 때 연구자가 탐색하고자 하는 연구 문제나 가설에 적합한지의 정도를 말한다. 연구자가 측정하고자 한 것을 제대로 측정하는 실험 설계는 내적 타당도가 높은 것이다. 외적 타당도란 실험의 연구 결과를 실험이 이루어진 외적 상황에서 얼마나 일반화할수 있는지의 정도를 의미한다. 실험 결과의 외부 상황에서 적용 가능성, 즉 설명력이 높으면 외적 타당도가 높다고 말할수 있다. 내적 타당도를 저해하는 요인으로는 역사(history), 성숙(maturation), 검사 효과(testing), 도구(instrument), 탈락(mortality), 선정(selection) 등이 있다.

역사는 독립 변인의 실험 처치와 종속 변인의 측정 과정 사이에 발생하는 외부 세계의 사건이 개입하여 실험의 효과를 제대로 측정할 수 없는 것을 말한다. 무슬렘에 대한 다큐멘터리가가 무슬렘에 대한 편견에 어떤 영향을 미치는지에 대한 실험 연구에서, IS에 의한 무장테러로 인해 수많은 사상자가 발생했다면 무장 테러 사건이 역사 요인으로 내적 타당도를 저해하게 되는 것이다.

성숙은 실험 처치를 하는 과정에서 피험자에게 나타나는 변화를 말한다. 실험이 오래 진행될 경우, 피험자들은 피곤해하거나 지루해하고, 이러한 생리적 현상들이 실험 결과에 영향을 미치게 된다. 이것을 성숙이라고 말한다.

검사 효과는 실험에서 사전 조사와 사후 조사를 시행함으로 인해 타당도가 저해되는 것을 의미한다. 실험에서 사전 조사와 사후 조사를 해서, 그 차이를 분석한다. 예를 들면, 미디어 폭력물을 보여주기 전에 어린이 폭력성을 사전에 조사하고, 폭력물을 보여주고 난 후에 사후 조사를 하는데, 사전 조사가 사후 조사에 영향을 미치는 것을 검사 효과라고 말한다.

도구는 변인을 측정하는 도구가 시간이 지남에 따라 변화하는 것을 말한다. 도구 효과의 예를 들면, 첫째 사전 조사는 관찰법으로 하고, 사후 조사는 지필 검사로 측정하는 경우이다. 둘째, 사후 조사가 사전 조사보다 더 어렵다거나 더 쉬울 때도 나타난다. 셋째, 관찰자가 사전 조사와 사후 조사 사이에 숙련도가 높아지거나, 피로가 누적되어 부주의로 평가 결과가 달라질 때에도 도구의 효과는 나타난다.

탈락은 실험의 중도에서 피험자가 포기하는 경우이다. 주로 시계열 실험 설계에서 발생한다. 수차례 실험에 응하다가 개인적인 사정으로 실험에서 떨어져 나가는 경우이다.

마지막으로 선정이다. 선정은 피험자의 선정이 종속 변수에 영향을 미치는 경우에 발생한다. 피험자 집단들이 동질적이지 못할 경우, 주로 무선 배치를 하지 않을 경우에 발생하는데, 차별적 집단에서 차별적 효과가 나타나는 것을 독립 변수의 차이에서 온 것이라고 오인하는 경우에 해당한다. 선정 효과를 방지하기 위해 무선화를 하는 것이다.

내적 타당도를 저해하는 이상의 여러 요인들 사이에 상호 작용을 해서 일어나는 것도 고려해야 한다. 한편, 외적 타당도는 연구 결과의 일반화 가능성의 정도를 말하는데, 이를 저해하는 요인으로는 크게 실험실에서 이루어지는 연구 상황의 비현실성을 들 수 있다.

4. 실험 연구의 일반적 절차(차배근 & 차경욱, 2013, 632 참조)

① 연구 문제의 선정과 서술

② 선행 연구 조사

③ 연구 가설의 설정

④ 주요 개념의 조작적 정의

⑤ 실험 설계와 통제

⑥ 실험 대상자(피험자)의 표집과 배치

⑦ 실험 처치와 그 재료의 준비

⑧ 검사 또는 측정 도구의 준비

⑨ 예비 실험

⑩ 본 실험 및 검사의 실시

⑪ 수집된 자료의 검토와 통계 분석

⑫ 실험 결과에 대한 논의

⑬ 논문(연구 보고서)의 작성

5. 실험 설계의 종류

실험 설계(experimental design)는 실험을 통해 기대하는 가장 합리적인 결과를 얻기 위해 여러 변수들을 통제하는 청사진이다. 실험 설계는 연구자가 외생 변수의 엄격한 통제하에서 독립 변수를 조작하여 종속 변수에 미치는 영향력을 파악하여, 인과 관계를 밝히는 연구 설계를 의미한다. 독립 변수의 조작이란 변수의 크기나 영향력 또는 강도를 연구자가 임의로 변화시키는 것을 말한다.

실험에서 통제란 '최대 최소 통제 원칙'을 잘 지켜야 한다. 최대 원칙이란 독립 변량을 최대화하고, 최소 원칙이란 가외 변량을 통제하는 것을 의미한다.

이를 위해, 실험 설계는 (1) 가외 변수를 통제하여 독립 변수의 효과만을 측정할 수 있어야 하고, (2) 조사 대상의 무선화를 통해 가외 변수를 통제할 수 있어야 하며, (3) 외적 타당도를 높이기 위한 방안들이 실험 설계에 반영되어야 한다(김구, 2011, 377~378 참조).

▼

1) 실험 설계의 종류

연구자는 실험 설계를 할 때, 연구 목적, 측정 대상, 독립 변수와 종속 변수의 측정 수준, 조사 상황, 조사 시기, 실험 비용, 실험 장비, 선행 연구 등을 종합적으로 고려하여 적합한 실험 설계 방법을 선택한다. 실험 설계의 방법은 피험자의 선정에서 무선화 과정의 유무, 실험 처치 집단과 통제 집단의 존재 여부, 그리고 측정이 실험 처치 전후에 따라 시간적 배열을 하였는가에 따라서 구분된다. 이러한 기준에 따라 비 실험 설계, 진 실험 설계, 준 실험 설계로 나눌수 있다.

(1) 비 실험 설계(non experimental design)

이 설계 방안은 피험자들이 무선 배치되지 않고, 비교 기준이 없을 뿐 아니라, 엄격한 실험 통제가 불가능하기 때문에 가외 변수에 의한 오염이 생겼을 개연성이 높다. 그래서, 비 실험 설계라고 말하며, 실험 설계들 중에서 가장 간단한 방안들이다.

① **단일 집단 사후 검사 설계**(one group posttest only design, one shot case study)

단일 집단 사후 검사 설계는 단일 집단에 실험 처치를 한 후, 한번만 검사한다. 관찰을 비교할 집단이 없다. 예를 들어, 미디어 폭력물이 어린이 폭력성에 영향을 미치는 실험을 할 경우, 미디어 폭력물을 한 집단의 어린이들에게 보여주고(X), 어린이들의 폭력성을 측정하여(O), 미디어 폭력물의 효과라고 인과 관계를 설명한다. 그러나 내적 타당도를 저해할 수 있는 적지 않은 요인들이 산재해 있다. 폭력성이 높은 어린이들이 선정되었을 수도 있어 타당도 저해 요인중 선정의 효과를 배제할 수 없다. 어린이들의 성별과 생활 환경 등이 가외 변수로 작용하여 어린이들의 폭력성에 영향력을 미칠수 있기 때문에, 이러한 오염 변인의 영향력으로 인한 대안적 설명을 배제할 수가 없다.

단일 집단 사후 검사 설계

X → O

X : 실험 처치, O : 검사

② **단일 집단 사전-사후 검사 설계**(one group pretest-posttest design)

단일 집단 사전-사후 검사 설계는 단일 집단에 대하여 실험 처치 전후를 측정한 후, 이를 비교하는 방안이다. 이 방안은 O1이 있어서 비교가 가능하다는 것이 장점이다. 그렇지만 (O2-O1)이 X 이외에 다른 요인인 가외 변수로도 설명이 가능하기 때문에 인과 관계를 추론하는데 한계가 있다. 특히 O2와 O1의 시간 차이가 있는데, 이 시간이 길수록 문제가 있다. 폭력물을 보여주기 전에 측정하고(O1), 폭력물을 보여주고(X) 난후 다시 측정(O2) 할때 내적 타당도 저해 요인이 여전히 존재한다. 실험 집단의 어린이들이 폭력성이 높은 아이들이 선정되었을 가능성도 있고, 폭력물을 보여주지 않은 집단과 비교할 수도 없는 한계가 있다.

단일 집단 사전-사후 검사 설계

O1	X	O2

③ **비동질적인 비교 집단 설계**(posttest only design with non equivalent group)

이 설계는 실험 대상을 두 개의 집단으로 나누어 한 집단은 실험 처치하고, 다른 집단은 실험 처치를 하지 않고, 두 집단을 비교하는 방안이다. 이 방안은 두 집단에 피험자들을 무선 배치를 하지 않기 때문에, 두 집단은 비동질적이다. 따라서, 사후 검사 결과 두 집단의 차이가 실험의 영향이라고 보기 어렵다. 왜냐하면, 내적 타당도를 저해하는 선정의 효과를 배제할 수 없다.

비동질적인 비교 집단 설계

G1	X	O1
G2		O2

(2) 진 실험 설계(true experimental design)

진 실험 설계는 인과 관계를 규명하는 전형적인 설계 방안이다. 앞에서 제시한 실험 설계의 조건(가외 변수의 통제, 무선 배치)을 모두 충족시키는 실험 방법이다. 진 실험 설계의 유형에는 사후 검사 통제 집단 설계, 사전-사후 검사 통제 집단 설계, 솔로몬의 4집단 설계, 요인 설계 등이 있다.

① **사후 검사 통제 집단 설계**(posttest-only control group design)

사후 검사 통제 집단 설계는 무선 배치에 의해서 두 개의 실험 집단과 통제 집단을 동질성을 가지도록 만든다. 실험 집단에는 실험 처치를 하고, 통제 집단에 대해서는 실험 변수를 처치하지 않음으로 통제하는 실험 설계이다. 두 집단 모두에 사후 검사를 실시하여 실험 집단의 관찰값과 통제 집단의 관찰값의 차이를 실험 변수의 효과로 본다. 이 설계 방안은 타당도를 저해하는 검사(testing)의 효과를 배제하기 위하여 사전 검사를 생략한다. 무선 배치를 통해 두 집단이 동질적이라고 가정할 수 있다. 따라서, 선정의 효과와 같은 타당도 저해 요인을 배제할수 있다.

사후 검사 통제 집단 설계

무선 배치	X	O1
		O2

② **사전-사후 검사 통제 집단 설계**(pretest-posttest control group design)

이 실험 설계 방안은 고전적인 실험 설계이다. 먼저, 무선 배치를 통해 두 집단을 동일하게 만든다. 실험 처치 전에 두 집단에 대해 사전 검사를 실시한다. 사전 검사를 통해 연구자는 비교 집단 간 무선 배치가 제대로 이루어졌는지를 알수 있기에 선정의 효과를 배제할수 있다. 실험 집단에는 독립 변인의 실험 처치를 하고, 통제 집단에는 실험 처치를 하지 않고, 두 집단 모두 사후 검사를 하여 두 집단간 관찰값을 비교하여, 그 차이를 실험 처치의 효과로 간주한다.

반면, 두 집단 모두 사전에 검사를 하기 때문에, 피험자들이 사전 검사 항목을 기억함으로써 검사에 대해 민감한 반응(test sensitization)를 보일수 있다는 단점이 있다. 내적 타당도 저해 요인인 검사(testing) 효과를 배제할수 없다는 문제가 있다.

사전-사후 검사 통제 집단 설계			
무선 배치	O1	X	O2
	O3		O4

③ 솔로몬의 4집단 설계(Solomon four-group design)

이 설계 방안은 앞서 살펴본 고전적 실험 설계 방안인 사전-사후 검사 통제 집단 설계와 사후 검사 통제 집단 설계를 혼합한 것이다. 이 설계는 두 집단이 아니라, 4개의 집단으로 집단을 구성하여 피험자들은 무선 배치한다. 이중 두 집단은 실험 집단이고, 두 집단은 통제 집단이다. 통제 집단과 실험 집단의 각각 한 집단에는 사전 검사와 사후 검사를 실시하고, 나머지 집단에는 사후 검사만을 실시한다. 이 설계 방안은 사후 검사에서 나타난 피험자 집단간의 차이가 실험 처치에 의한 것인지, 사전 검사에 의한 것인지를 검사할 수 있다.

이 설계는 4개 조사 집단을 필요로 하기 때문에 실험에 대한 분석이 복잡하며 비용이 많이 든다는 단점이 있다. 그러나 이 설계는 4집단의 동등성을 확보함과 동시에 조사 대상의 검사에 대한 민감화 효과를 제거한다는 장점이 있다. 따라서 지금까지 살펴본 실험 설계중 가외 변수의 영향력을 가장 잘 제거할 수 있는 내적, 외적 타당도가 높은 설계 방안이다.

실험 설계중 O3-O1에서 무선 배치의 정도를, O6-O4에서 검사의 효과를, 그리고 O5-O2에서 검사와 실험 처치의 상호 작용을 계산한다(박정의, 2008, 121~122).

솔로몬의 4집단 설계

무선 배치	O1	X	O2
	O3		O4
		X	O5
			O6

④ **요인 설계**(factorial design)

지금까지는 한 개의 독립 변수가 종속 변수에 미치는 영향을 측정하는 설계 방안에 대해 설명하였다. 이 설계는 둘 혹은 그 이상의 독립 변수들을 동시에 사용하여 결과를 분석하는데 사용하는 방안이다. 이때 사용되는 각 독립 변수들을 요인(factor)이라고 부른다. 이 설계는 독립 변수의 상호 작용에 의해서 나타나는 영향을 효과적으로 분석할 수 있다.

2 X 2 요인 설계

		요인(X)	
		X1	X2
요인 (Y)	Y1	X1 Y1	X2 Y1
	Y2	X1 Y2	X2 Y2

무선 배치	X1	Y1	O1
	X2	Y1	O2
	X1	Y2	O3
	X2	Y2	O4

미디어 폭력물이 어린이 폭력성에 미치는 성별 차이 실험 연구에서, 두 개의 독립 요인은 폭력물(X)과 성별(Y)이 된다. 만약 2 X 2 요인 설계를 사용하여 실험할 경우, 폭력물(X)을 폭력의 강도를 중심으로 강한 폭력물과 약한 폭력물로 실험 처치를 나눈다. 성별(Y)은 남녀로 구분한다. 그렇다면 다음과 같은 실험 설계가 가능하다. 4개의 집단이 나오고, 각각의 관찰값을 비교한다.

이 실험 설계를 통해 주 효과와 상호 작용효과를 알수 있다. 먼저 폭력물이 어린이 폭력성에 미치는 주효과를 분석한다. O1-O2를 통해 폭력물의 강도가 남자 어린이 폭력성에 미치는 주 효과를 계산할수 있다. O3-O4는 폭력물의 강도가 여자 어린이 폭력성에 미치는 주 효과를 말한다. 다음으로 폭력물과 성별이 서로 영향을 미쳐 어린이 폭력성에 미치는 상호 작용 효과는 O1-O4를 계산하여 분석하면 된다.

2 X 2 요인 설계를 활용한 실험 예

		성별(X) 남자	성별(X) 여자
폭력물 (Y)	강함	남자 강함	여자 강함
	약함	남자 약함	여자 약함

무선 배치	강한 폭력물	남	O1
	약한 폭력물	남	O2
	강한 폭력물	여	O3
	약한 폭력물	여	O4

(3) 준 실험 설계(quasi experimental design)

준 실험 설계 또는 유사 실험 설계라고 불리는 이 설계 방안은 무선 배치에 의하여 실험 집단과 통제 집단의 동질성을 확보하기가 어려울 때 사용하는 방법이다. 실험 처치 전에 무선 배치를 하지 않는다는 점이 진 실험 설계와 가장 큰 차이점이다.

준 실험 설계는 실험 집단과 통제 집단이 동등하다고 가정할 수 없기 때문에 실험 결과로 나타난 차이가 실험 처치에 의한 것인지 혹은 집단간의 원래 차이로 인해 나타난 것인지 정확히 분간할수 없다는 단점이 있다. 즉 실험 결과의 해석에 신중을 기해야 한다.

한편, 이 방안은 실험실이 아닌 현장에서 실험이 자연스럽게 이루어지기 때문에, 진 실험 설계에 비해서 높은 외적 타당도를 보장받을수 있다. 가장 많이 사용되는 준 실험 설계로는 사전 사후 비등가 통제 집단 설계와 시계열 설계가 있다.

① 사전 사후 비등가 통제 집단 설계(pretest-posttest nonequivalent control group design)

이 실험 설계는 실험 조건상 조사 대상을 실험 집단과 통제 집단으로 나눌수 있으나, 무선 배치를 통해 동질화가 이루어지지 않는 경우에 사용한다. 이 방안은 앞서 살펴본 비 실험 설계 방안 중 비동질적인 비교 집단 설계(one group posttest only design, one shot case study)와 단일 집단 사전-사후 검사 설계(one group pretest-posttest design)의 혼합 형태이다.

이 설계는 한 집단은 실험 처치를 하고, 통제 집단은 실험 처치를 하지 않은 상태에서 두 집단을 비교한다. 이미 존재하는 두 집단은 무선 배치를 하지 않았기 때문에 비슷하긴 하지만, 동등하지는 않다. 그럼에도 불구하고, 실험 집단과 통제 집단을 사전 검사를 통해 비교함으로써 내적 타당도를 위협하는 많은 요소들을 배제할수 있다.

예를 들어, 'TV 토론이 선거 기간 동안의 이슈 학습에 효과가 있을 것이다'라는 가설을 검증한다고 하자. TV 토론의 시청이라는 실험 처치를 하기 전에 현재의 사회적 이슈에 대해서 알고 있는 정도를 사전 검사하고, 실험 처치를 한 집단과 비슷한 인구사회학적 특성을 지닌 사람들을 통제 집단으로 선정한다. 실험 집단은 TV 토론을 시청하고 통제 집단은 토론을 시청하지 않는다. 이 두 집단 모두에게 사후 검사를 실시한다. O2-O4의 비교를 통해 TV 토론의 영향력을 평가한다.

그렇지만, 이 설계 방안의 한계점으로는 두 집단이 동질적이지 않기 때문에, 선정과 성숙의 상호작용 효과, 선정과 역사의 상호작용 효과로 인해 내적 타당도가 떨어질수 있다는 점을 지적할수 있다(박정의, 2008, 124~125 참조).

사전 사후 비등가 통제 집단 설계

G1	O1	X	O2
G2	O3		O4

② 시계열 설계(interrupted time-series design)

이 설계 방안은 여러 시점에서 관찰되는 자료를 통하여 실험 변수의 효과를 추정하기 위한 방법이다. 한 집단 혹은 여러 집단을 대상으로 주기적인 측정을 하는 것으로, 한 집단 시계열 분석은 무선 배치와 통제 집단을 가지지 않는 패널 조사(pannel study)와 같다. 복수 집단 시계열 설계는 비등가적 통제 집단이 추가 된다. 이 방안은 정책이나 프로그램이 여러 시점에 걸쳐서 어떤 변화를 보이는지를 관찰하는 방법이다. 동일한 대상에 대하여 실험 변수에 노출되기 전과 후의 종속 변수에 대한 측정을 실시하여 변화의 추세를 파악하고 실험 효과를 분석한다. 이 방법은 한 실험 집단을 실험 처치 전과 후로 여러 번 관찰하기에, 기간이 길면 길수록 좋다(김구, 2011, 404~405 참조).

한 집단 시계열 설계는 내적 타당도를 저해하는 성숙 요인을 제거할수 있다는 장점이 있다. 예를 들어, O5와 O6사이에 차이가 있고, 이것이 실험 처치(X)에 의한 순수한 결과인지 혹은 성숙 요인에 의한 것인지 의심스러울 때, 실험 처치 전후의 모든 간격의 변화를 조사하면 성숙의 경향을 알수 있다. 즉, 실험의 과정 중에 성장 요소가 있다면, O1과 O2사이, 그리고 O2와 O3 사이 등 전체 시계열상의 모든 간격에서도 차이가 나타날 것이다. 만약 차이가 O5와 O6 사이에서만 나타나면 성숙 요소가 없는 것이라 말할수 있다. 그러나 측정기간에 우발적인 사건의 영향을 배제할수 없고, 측정 수단의 변화와 같은 내적 타당도를 저해할수 있는 외생 변수의 영향을 받을 가능성이 많다는 점이 단점이다.

이에 비해서 복수 시계열 설계 분석은 한 집단 시계열 설계 분석에서 제거되지 않았던 역사 요인을 제거하는데 유용한 설계이다. 즉 실험 처치 이후에 나타나는 변화가 실험 처치가 아닌 다른 사건으로 인해서 발생할 수도 있을 수 있다는 역사 요인의 개연성을 제거하는 방법이다(박정의, 2008, 126 참조).

한 집단 시계열 설계

01	02	03	04	05	X	06	07	08	09	10

복수 집단 시계열 설계

01	02	03	04	05	X	06	07	08	09	10
01′	02′	03′	04′	05′	X	06′	07′	08′	09′	10′

6. 실험 연구 사례

권중문, 이상식(2007), 프레즌스(presence) 결정 요인에 대한 연구 - 미디어 형태와 수용자 특성을 중심으로, 언론과학연구 제7권 2호, 5~38

이 연구의 목적은 디지털 방송이 활성화되면서 프레즌스가 크게 증가하고 있다는 사실에 주목하고, 프레즌스에 영향을 미치는 결정 요인들을 고찰하는데 있다. 프레즌스에 주된 영향을 미치는 미디어 형태 요인과 수용자 특성을 중심으로, 실험을 통해 실증적으로 검증하고자 하였다. HDTV와 아날로그 시청 환경을 비교함으로써 이러한 요인들의 영향을 살펴보았다.

연구문제 및 가설

디지털 방송이 2001년 국내에서 시작된 이후 화면크기, 화질, 음질, 색 재현성 등은 아날로그에 비해 많이 향상되었지만 디지털 방송과 프레즌스의 관계를 직접적으로 검증한 연구는 거의 없는 실정이다. 이에 아날로그 TV 비교를 통해서 HDTV의 프레즌스 결정 요인에 대해 연구하는 것은 의미가 있다고 하겠다. 프레즌스의 결정 요인에 대한 선행 연구들을 검토한 결과, 미디어 요인(화면 크기, 시청 거리, 시청 각도, 화질)과 수용자 특성이 프레즌스 경험에 주요한 영향을 미치고 있음을 알 수 있었다. 본 연구에서는 이러한 가설들을 실증적으로 검증해 보고자 한다. 기존 연구 결과들을 토대로, 보다 구체적으로 다음과 같은 연구 문제 및 가설을 설정하였다.

연구문제 1: 미디어 형태 요인은 프레즌스 경험에 어떠한 영향을 미치는가?

가설 1-1: 화면 크기에 따라 프레즌스 경험 정도에 차이가 있을 것이다.

가설 1-2: 시청 각도에 따라 프레즌스 경험 정도에 차이가 있을 것이다.

가설 1-3: 화질에 따라 프레즌스 경험 정도에 차이가 있을 것이다.

연구문제 2: 수용자 특성은 프레즌스 경험에 어떠한 영향을 미치는가?

가설 2-1: 몰입 경향에 따라 프레즌스 경험 정도에 차이가 있을 것이다.

가설 2-2: 성별에 따라 프레즌스 경험 정도에 차이가 있을 것이다.

연구방법 및 절차

실험 설계연구 가설을 검증하기 위한 실험 설계로 〈표 11〉과 같이 세 개 실험 집단간 비교를 하고자 한다. 실험실로는 삼성전자 디지털 프라자 대리점내 'HDTV 전용 전시관'을 활용하였다. 세 집단은 디지털 HDTV와 아날로그 영상물을 실험 처치물로 사용하기 위해 두 개 집단으로 구분하고, 디지털 HDTV 실험 처치물을 사용하는 집단은 다시 화면 크기에 따라 두 개 집단으로 구분하였다. 실험 처치를 한 후, 질문지를 통해서 피험자들의 프레즌스 반응을 조사하였다.

〈표 11〉 실험 환경

구분	A 실험 환경	B 실험 환경	C 실험 환경
화면 크기	46 인치	29 인치	29 인치
화질	고화질	고화질	저화질
화면 비율	16 : 9	좌동	4 : 3

실험의 내적 타당도를 높이기 위해 최대한 동일한 조건을 만들었다. 장르가 프레즌스에 미칠수 있다고 판단하여, 드라마와 다큐멘터리 두 장르를 선정하였다. 내용 전개를 고려하여, 피험자에게는 어느 정도 프로그램 내용을 이해할수 있는 도입부까지 보여주었다. HDTV 문학관 '외등'은 11분 15초, 영상포엠내 마음의 여행 '초록을 물들이는 마음'은 10분 34초까지 시청케 했다. 아날로그 TV 비교 집단에 대해서는 저화질 영상물로 실험 처치를 했는데, 영상물 내용이 영향을 미칠 수 있기 때문에, 이를 방지하기 위해 동일 프로그램을 이용하였다.

시청 각도는 TV를 중심으로 좌석 배치를 통해 조작하였다. 〈그림 12〉와 같이 한 번의 실험에 9명의 피험자가 실험에 응했다.

〈그림 12〉 실험실 좌석 배치도

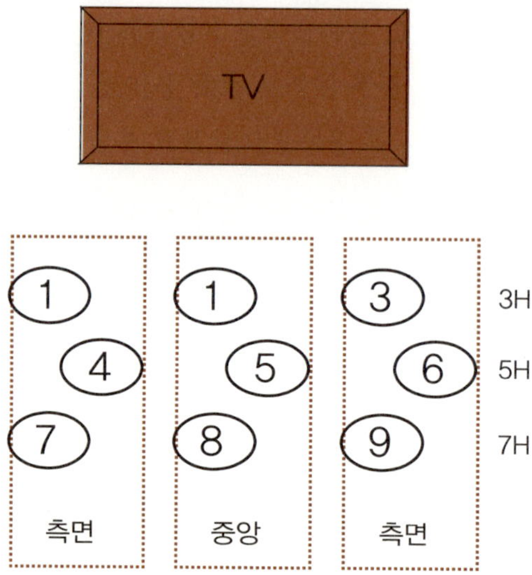

미디어 형태에 따른 프레즌스를 측정하기 위해, 변수들을 분류하여 체계적으로 비교하였다. 화면 크기는 '크다 vs 작다', 시청 각도는 '넓다 vs 좁다', 화질은 '고화질 vs 저화질'에 따른 프레즌스 효과를 측정하였다.

주요 변수의 조작적 정의 및 측정방법

화면 크기, 시청 각도, 화질에 관한 측정은 다음과 같이 이루어졌다. 화면 크기는 텔레비전 스크린의 대각선 길이를 의미하며, 일반적으로 '인치' 단위를 사용한다. 본 실험에서는 HDTV의 29인치와 46인치, 그리고 아날로그 TV 29인치를 사용하여 화면 크기 변수를 체계적으로 통제하였다.

시청 각도는 시청자의 시선에서 텔레비전 스크린의 정면으로부터 좌우 측면과 이루는 각도를 의미하는 것으로 '수평화각'을 말한다. 수평화각이란 아날로그 TV의 경우 약 8°~10°이며, HDTV는 30°~31°이다. 〈그림 12〉와 같이 시청 각도가 넓은 정면 좌석을 '중앙', 시청 각도가 좁은 좌측면 좌석을 '좌측', 우측면 좌석을 '우측'으로 구분하여 측정하였다.

화질은 해상도를 의미한다. 고화질은 1,080개의 주사선(약 200~220만 화소)을 가진 HDTV 영상으로 정의하였다. 저화질은 480개의 유효 주사선(약 30만 화소)을 가진 아날로그 TV 영상으로 정의하였다.

프레즌스 개념의 조작적 정의를 위해 김과 비오카(Kim, Biocca, 1997)가 제시한 프레즌스 6개 측정 항목을 사용했다. 김과 비오카(Kim, Biocca, 1997)의 측정 항목들은 이전의 연구들에서 사용되었던 몇몇 자술평가 척도(Barfield & Weghorst, 1993; Slater, Usoh, Steed, 1994)에 근거하여 텔레비전 척도에 맞게 재구성한 것이다. 이를 근거로 본 연구에서는 다음과 같이 6개 항목의 리커트 7점 척도(①=전혀 아니다, ④=보통이다, ⑦=매우 그렇다)로 측정 하였다.

- 방송이 끝나자 나는 여행을 마치고 현실로 돌아왔다고 느꼈다.
- 텔레비전은 내게 새로운 세계를 경험하게 해 주었고, 그 세계는 방송이 끝나자 갑자기 사라졌다.
- 방송 중, 나는 내 자신이 TV를 시청하고 있다는 사실을 줄곧 느끼고 있었다.
- 방송 중, 나는 내 자신이 텔레비전이 만들어 낸 세계 속에 있다고 느꼈다.
- 방송 중, 내 몸은 현실의 공간에 있었지만, 내 마음은 텔레비전

속의 세계에 빠져 있었다.

- 방송 중, 텔레비전이 만들어 낸 세계가 실제의 세계보다 더 현실적인 것 같다.

피험자 및 실험 자료 수집 방법

본 연구의 피험자는 디지털 방송에 대한 기본 개념을 이해할 수 있는 대학생들로 선정하였다. 2006년 5월 29일~6월 4일까지 실험 후, 질문 조사를 실시했다. 160명의 실험 대상자 중 불성실하게 응답한 3명은 제외하고 157명의 응답 자료를 최종적으로 분석하였다.

실험 자료 수집 방법은 실험 설계에 따라 4단계에 걸쳐 진행되었다. 1단계로, 피험자들이 좌석 위치 및 텔레비전 크기를 미리 배부된 설문지에 표기하도록 했다. 이는 시청 각도 그리고 화면 크기를 확인하기 위한 것이었다. 2단계에서는 드라마 영상물을 11분 15초 시청 후 프레즌스에 대해 응답하도록 했다. 3단계는 다큐멘터리 영상물을 10분 34초 시청 후, 동일 질문들에 대해 응답하도록 했다. 설문 응답자 157명은 46인치 HDTV 6팀(52명), 29인치 HDTV 6팀(51명), 29인치 아날로그 TV 6팀(54명)으로 총 18개 시청 집단을 대상으로 실험을 실시하였는데, 각 집단별로 약 30분이 소요되었다.

연구 결과

연구 결과, HDTV나 아날로그 TV 시청 환경에서 공통적으로 화면 크기는 프레즌스 경험에 영향을 미치는 것으로 밝혀졌다. 그동안 논란이 되어온 시청 각도에 따라 프레즌스와의 관계를 분석한 결과, 시청 각도에 따라 프레즌스 경험 정도에 차이가 있을 것이라는 가설은 HDTV 시청 집단과 아날로그 TV 시청 집단 모두에서 뚜렷한 차이가 존재하지 않았다. 고화질일수록 프레즌스가 증가한다는 본 연구의 결과는 기존 대부분의 연구 결과를 지지하고 있어 이론의 여지가 없는 것으로 타나났다.

CHAPTER 13

—

심층 인터뷰

—

CHAPTER 13

심층 인터뷰

심층 인터뷰는 사람들의 경험, 인식, 의견, 느낌, 지식 등에 관해 심층적인 반응을 끌어낼수 있는 유용한 방법이다. 인터뷰는 수단에 따라 직접 인터뷰, 이메일 인터뷰, 전화 인터뷰 등이 있다. 심층 인터뷰는 단순히 질문을 던지는 것이 아니라, 인터뷰 진행 과정에서 보다 깊은 이해와 의미를 구하는 과정이다. 단발에 그치는 것이 아니라, 인터뷰 대상자에게 다시 질문을 구하는 연속적 과정을 거치게 된다.

1. 심층 인터뷰 과정(정인숙, 2008, 209~217)

심층 인터뷰 과정은 7단계가 있다.

① 주제 설정 단계 : 무엇을 얻고자 심층 인터뷰를 하는 것인지 목

적과 내용을 결정

② 디자인 단계 : 질문 내용과 프로빙(probing, 답을 더 듣기 위해서 추가 질문을 하는 것으로서 언어나 비언어로 재촉할수 있음) 가이드를 결정하고, 인터뷰 시간, 날짜, 장소, 대상자 등의 정보 등을 기입하고, 실제 질문 및 프로빙, 인터뷰 후담을 기록할 양식을 준비

③ 인터뷰 단계 : 자기 소개 등으로 인터뷰 대상자와 교감(rapport)을 형성하면서, 적극적 청취, 인내, 유연성, 녹음 등을 진행

④ 기록 단계 : 인터뷰 내용을 녹취하거나 기록

⑤ 분석 단계 : 주제별, 문항별로 인터뷰 내용을 분석

⑥ 확인 단계 : 인터뷰 내용의 진위를 확인

⑦ 보고 작성 단계 : 보고서를 작성

이러한 단계를 좀 더 축약하면 다음과 같이 4단계로 나눠볼 수 있다. 보다 자세하게 각 단계를 설명하기로 한다.

▼

1) 심층 인터뷰 설계 단계

심층 인터뷰를 설계하는 단계에서 문헌 조사를 통해 충분한 예비 지식을 쌓는 것이 중요하다. 응답자에 대한 내용과 관련되는 이슈에 대해 충분히 생각하여 알고자 하는 것을 찾아내고, 그것을 하나씩 개별 종이에 적으면서 세분화한다. 그런 연후에 종합적인 연구 문제로 정리한다. 실제 인터뷰 과정에서 질문할 때 충분히 준비하지 못한 채 질문을 던질때가 있다. 이 경우 인터뷰를 마친 이후에라도 나중에

유선이나 이메일로 추가 질문을 부탁하도록 한다. 사전 예비 인터뷰를 통해 반드시 질문에 대한 사전 검증이 필요하다.

인터뷰 대상자의 선정은 연구 목적에 따라 달라진다. 기본적으로 심층 인터뷰는 의도적 표본을 사용한다. 몇 명을 선정할 것인지도 연구 목적에 따라 달라진다. 적게는 3명에서 많게는 20명 이상이 될수도 있다. 전문가들을 7명 정도 한자리에 모으는 것이 쉽지 않다.

▼

2) 인터뷰 진행 단계

인터뷰의 진행 시간은 보통 1시간에서 2시간 정도 진행한다. 1시간 이상이면 적절하다. 그 이상 진행하면 서로 지치고 인터뷰 내용의 충실도가 떨어진다. 현실적으로 전문가들의 경우 많은 시간을 할애하기가 쉽지 않다.

인터뷰 장소는 대상자가 원하는 곳이나 심리적으로 편한 곳으로 선정하는 것이 좋다. 인터뷰를 진행할 때 사실적 질문(factual question)으로 시작하지 말아야 한다. 만약 응답자가 해당 질문에 대한 답변을 모르면 당황하게 되고, 그렇게 되면 이후 인터뷰에 영향을 줄수 있다.

전문가를 대상으로 한 심층 인터뷰의 경우 상황은 다르다. 특히 이메일 인터뷰를 추가하게 되는 경우에는 질문의 내용을 상세히 설명해야 한다. 쟁점별로 질문의 범위를 최소화하여 질문할 필요가 있다. 일반적인 내용에 대해 질문하거나, 지나치게 포괄적으로 "무엇에 대해 어떻게 생각하십니까?"와 같은 질문지를 받게 되면 질문의 정확한 범주를 알수 없어서 곤혹스러울수 있다.

인터뷰를 진행할 때 세유형의 질문 방법이 있다. 구조화된 인터뷰

(structured interview)와 비구조화된 인터뷰 그리고 반구조화된 인터뷰이다. 구조화된 인터뷰는 모든 사람에게 동일한 질문 내용과 순서로 인터뷰하기 때문에 나중에 분석할 때 매우 용이하다. 자주 이메일에 의한 구조화된 인터뷰를 진행한다. 그러나 이는 사실상 개방형 질문에 의한 서베이에 가까운 인터뷰이기에, 심층 인터뷰라고 말하기는 어렵다. 이메일 질문 인터뷰의 경우 대면 심층인터뷰의 양방향 커뮤니케이션에서 파악될 수 있는 비언어적 커뮤니케이션이나 그에 따른 느낌에 대한 정보를 수집할 수 없다. 심층 인터뷰와 이메일 인터뷰는 구분되어 사용될 필요가 있다. 심층 인터뷰의 결과를 보완하기 위해 이메일 인터뷰를 병행하는 방법은 좋다.

구조화된 인터뷰는 이메일 인터뷰에 유용한 반면, 대면 인터뷰에서는 반구조화된 인터뷰를 하는 것이 좋다. 반구조화된 인터뷰는 핵심 질문은 동일하게 하되, 말과 순서는 응답 상황에 따라 인터뷰하는 자가 융통성 있게 진행한다. 비구조화된 인터뷰는 질문의 순서와 구체적 문장은 현장에서 설정하고, 토픽 리스트만 가지고 인터뷰를 실시한다. 전문가 인터뷰 대상자들은 대부분 사전에 질문 내용을 받기를 희망하기 때문에 비구조화된 인터뷰를 실시하기란 어렵다. 예비 인터뷰에서 유용할 수 있다.

한편 비구조화된 인터뷰는 솔직한 커뮤니케이션이 장점이다. 단답형보다는 인터뷰 대상자의 심저에 깔려 있는 태도, 가치, 신념 등을 알아낼수 있는 질문을 던져야 한다. 일반적인 질문에서 특정한 질문으로 진행하는 것이 바람직하다.

정확하고 풍부한 인터뷰 내용을 위한 두가지 기술이 있다. 프롬프팅(prompting)과 프로빙(probing)이다. 프롬프팅은 질문을 한번 더 말해주는 것으로서, 개인사 인터뷰나 산만한 대상자를 만났을 경우 사용할 수 있다. 프로빙은 답을 재촉하거나 더 듣기 위해서 추가 질문을 하는 것으로서 언어나 비언어로 재촉할 수 있다. 보다 자세히 말해달라고 구체적으로 말하거나, 기대하는 눈빛, 관심, 허밍 등을 덧붙일수 있다. 전문가 인터뷰에서는 프로빙이 매우 중요하다(정인숙, 2008, 212~214).

▼

3) 인터뷰의 기록

인터뷰 내용에 대한 기록에서 가장 정확한 것은 녹음이다. 녹음은 인터뷰하는 자가 인터뷰에 집중할수 있는 장점이 있다. 반면, 인터뷰 대상자가 긴장하거나 인터뷰 내용을 해독하는데 시간이 걸린다는 점이 단점이다. 인터뷰 대상자가 녹음을 허락하지 않는 경우도 있다. 대개는 수기로 받아 적거나 노트북을 이용하여 현장에서 바로 기록하는 것도 좋다. 손으로 기록한 것을 컴퓨터에 다시 정리해야 하는 번거로움을 덜어줄수 있다. 정확성을 도모하는데도 유익하다.

녹취를 했다 하더라도 녹취 해독을 남에게 맡기는 경우 전문 용어나 고유 명사등이 제대로 기록되지 못하는 경우가 종종 있다. 따라서 녹음하는 경우에는 인터뷰 진행과정에서 녹취 해독을 감안하여 중간중간에 인터뷰 대상자의 신분이나 전문 용어, 고유 명사 등을 따로 기입했다가 전달해줄 필요가 있다.

▼

4) 심층 인터뷰 자료 분석 및 정리 방법

한명을 대상으로 두시간 인터뷰를 했을 때 보통 A4 용지로 7~10장의 원 자료가 나온다. 10명이면 70~100장 정도 된다. 이를 체계적으로 정리하는 것을 쉽지 않다. 인터뷰 내용을 기록한 자료를 가지고, 자료의 유형, 분류, 주제, 범주 등에 따라 정리한 후 원하는 정보를 찾아내도록 한다. 기록들을 정리하는데 절대적인 원칙은 없다. 자료의 성격에 따라 다르기 때문이다. 자료 정리는 다음과 같은 4단계에 따라 진행되며, 각 단계적 작업 내용 및 준수해야 할 일반적인 지침은 다음과 같다.

① 1단계 : 인터뷰 자료 정리

이 단계는 인터뷰한 내용들을 정리하는데, 원 자료에 대한 정리가 정확하게 되어야 분석도 정확하게 이루어진다.

- 자료를 전체적으로 읽고 검토하기
- 인터뷰 후 완성된 글을 응답자에게 리뷰 받기

② 2단계 : 비교를 위해 대상을 범주별로 배정

자료가 분석을 위해 준비되었다면 연구자는 각 분석을 위한 범주를 만든다. 이러한 범주가 적합한지 여부를 알기위해 이전의 다른 연구들과 비교해 본다. 적합하지 않은 범주가 나오면 대신 새로운 분류 방식을 만들 수 있다. 2단계에서 진행하는 작업 방법은 다음과 같다.

- 기록한 자료 중 하나를 집어내서 주의 깊게 검토하여 다룰 주제를 찾기
- 여러 자료를 반복해서 검토한후, 다루어질 모든 주제를 열거하기
- 주제 리스트가 모든 자료 내용을 커버하지 못한다면 새로운

주제를 찾기

- 하루 이틀 후 신선한 안목으로 다시 자료를 분석하기

③ 3단계 : 범주들을 정교하게 가다듬고 세련하게 만듦

범주를 정교하게 만드는 과정에서, 연구자는 범주들 기저에 깔려 있는 의미를 설명하기 위해 노력한다. 연구자는 연구의 초점을 확보하고 새로운 범주를 검토한다. 3단계에서 이루어지는 작업들은 다음과 같다.

- 주제들이 서로 중복되지 않도록 범주화하기
- 주제들을 세련화하거나, 주제들을 더하거나 덜할 필요가 없는지 판단하기
- 각 주제에 따라 발견한 것을 모으고, 그것을 분석하기
- 소 주제로 묶인 인터뷰 내용들을 모양 있게 재 배치 하기

④ 4단계 : 자료들을 일관된 이론적 구조 안으로 단순화시키고 통합, 해석

이 단계는 범주들 간의 차별성과 공통적인 패턴을 찾는다. 이 단계의 목표는 연구 대상을 좀 더 심도 있게 설명할수 있는 주장을 확보하는데 있다. 그리고 연구를 요약해서 보고서를 작성한다. 앞선 분석에서 확보한 모든 결과들을 현상에 대한 일관된 설명 안으로 통합시키는 작업을 한다.

- 범주들 사이의 연관성을 탐색하기
- 연구자가 가지고 있는 잠정적 대안이나 결론과 비교하여 설명하기

• 자료들을 일관된 이론적 구조안으로 단순화시키고 통합한후, 이론적이나 실제적으로 의미 있는 해석하기

2. 인터뷰 시 유의 사항

인터뷰하는 데는 기술이 필요하다. 인터뷰할 때 고려해야 할 중요한 사항은 다음과 같다(Berger, 김대호외역 2001, 179~191 참조).

▼

1) 익명성 보장

인터뷰할 때 정보원이나 응답자에게 익명성을 보장할 것이며, 아무도 그 사람이 얻은 정보를 누가 제공했는지 이야기하지 않을 것임을 약속해야 한다.

▼

2) 정확성

정확한 정보를 얻을 수 있도록 인터뷰를 녹음하는 것이 좋다. 만약 녹음이 불가능하다면 인터뷰하면서 계속 메모해야 한다. 녹음시에는 인터뷰 대상자에게 녹음을 해도 좋은지 물어보아야 한다. 만약, 허락없이 녹음하다가 발각될 경우, 인터뷰 대상자로부터 거센 항의를 받

을 수도 있다. 인터뷰 내용을 기록하면서, 인터뷰 날짜, 장소, 대상을 빼놓지 말고 기록해야 한다.

▼
3) 유도 질문 피하기

응답자에게 대답을 강요하는 유도 질문을 하지 않도록 한다. 예를 들어, 어느 여학생의 학급에 대해 인터뷰할 때, 그 여학생이 선생님이 불공평하다고 말했다고 가정해 보자. 이 말에 여러 가지로 질문을 할 수 있다.

유도 질문 : 그것은 선생님이 여학생보다 남학생을 선호하기 때문인가요?
바람직한 질문 : 불공평하다는 것은 어떤 의미이지요?

▼
4) 정확한 개념을 확인

응답자가 생소한 개념을 사용하거나 주의를 요하는 개념을 사용한다면, 그에게 그 개념의 의미를 물어보아야 한다.

▼
5) 초점을 맞추기

응답자가 말을 시작하면 질문들이 초점을 흩뜨리지 않도록 해야 한다. 응답자가 말하고자 하는 것에 대한 상세한 사항에만 초점을 맞추도록 한다. 대화를 하다보면 종종 옆길로 새는 경우가 있다. 인터뷰에서는 그렇게 해서는 안되며 항상 집중해야 한다.

▼

6) 질문을 명확히 하기

질문이 분명하지 않으면 모호하고 상대적으로 쓸데없는 대답이 돌아온다. 응답자가 질문을 이해하지 못하면 얻고자 하는 정보를 얻을 수 없다.

▼

7) 중립적인 태도

질문이나 목소리의 톤, 얼굴 표정, 몸짓 등으로 응답자에게 어떤 인상을 주어서는 안된다. 긍정적이든 부정적이든 어떤 입장에 서 있다는 것을 보여주면 응답자에게 영향을 미치게 되고 얻고자 하는 정보에도 영향을 주게 된다.

▼

8) 인터뷰에 집중할수 있는 분위기 조성

인터뷰 도중 주의를 산만하게 할 수 있는 문제에 주의해야 한다. 예를 들어, 응답자를 불안하게 하거나, 방해하거나, 소음이나 음악 등으로 주의를 분산시키지 않도록 해야 한다.

▼

9) 경청하는 자세

응답자의 말을 중간에 끊지 않도록 한다. 말을 듣는 도중 헷갈리고 있다는 인상을 주지 않도록 한다

3. 인터뷰를 이용한 연구 사례

박태우, 이상식(2013), 지역 갈등 이슈의 뉴스 프레임 구성에 대한 연구: 동남권 신공항 보도를 중심으로, 언론과학연구, 제13권3호(2013.9), 251~297

본 연구는 신공항 이슈 보도에서 어떤 프레임들이 선택, 구성되는가를 파악하고 각 프레임 구성에 영향을 미친 뉴스 조직 내·외부의 요인들을 살펴보고자 한다. 이에 다음과 같은 연구 문제를 설정하였다.

연구문제 1: 신문사들 간 신공항 보도의 뉴스 프레임은 어떤 양상을 보이는가?

연구문제 2: 신공항 뉴스 프레임에 영향력을 미친 뉴스 조직 내·외부의 요인은 무엇인가?

연구방법

본 연구는 기존 연구의 한계를 극복하기 위해 양적·질적 분석을 병행했다. 양적으로는 내용 분석을 통해 프레임을 분석한 후, 이를 바탕으로 질적인 심층 인터뷰를 실시했다. 양적 분석으로는 갈등 지역 신문사들과 제 3자인 중앙지의 기사유형과 뉴스 프레임 구성을 분석했다. 매일신문, 부산일보, 조선일보의 보도 행태를 내용 분석했다. 뉴스 프레임 구성에 영향을 미치는 신문사 조직 내·외부의 요인을 살펴보기 위해 해당 언론사 기자들을 상대로 질적인 심층 인터뷰를 실시했다.

연구 결과

뉴스프레임에 영향력을 미친 요인

'뉴스프레임에 영향력을 미친 뉴스조직 내·외부의 요인'을 살펴보기 위해 내용분석을 실시한 3개 신문사 기자들을 상대로 인터뷰를 실시했다. 뉴스 프레임 도출과정에 대해 다음과 같이 다각도로 질문을 던졌다.

(1) 신문사 및 편집국 분위기
(2) 지역정서 및 분위기
(3) 지자체 등 외부의 협조 및 주문
(4) 외부 요인으로서의 지역 간 자존심 대결

이 가운데, (1) 신문사 및 편집국 분위기를 중심으로 인터뷰 결과들을 정리한 결과는 다음과 같다.

(1) 신문사 및 편집국 분위기

신문사마다 독특한 조직문화와 정체성을 갖고 있다. 기자들도 자연스럽게 조직문화를 접하면서 취재와 보도과정에 직·간접적으로 영향을 받을 수밖에 없다. 뉴스프레임에 영향을 미친 내부적 요인을 알아보기 위해 편집국 등 신문사 내부로부터 어떤 주문이나 지시가 있었는지를 물었다. 지방지 A기자는 "신공항이 지역의 숙원사업인 만큼 신공항을 둘러싼 보도에는 별다른 이견이 없었다"고 말했다.

편집국을 비롯한 신문사의 전반적인 분위기가 신공항을 반드시 건설해야 한다는 공감대가 두텁게 형성돼 있었다. 지역최대 현안인 만큼 구성원들끼리도 견해 차이가 거의 없었고 편집국 국장단과 데스크 간의 시각도 일치했다(지방지 A기자).

지방지 B기자는 "신공항 취재보도와 관련해 가이드라인은 따로 없었지만 데스크가 신공항 기획기사를 구상해 취재기자들에게 지시하는 일이 종종 있었다"고 말했다. 그는 "편집국의 분위기를 당연히 의식했고 데스크의 기획취지에 맞춰 취재, 보도했다"고 털어놓았다.

실제로 매일신문사 사장은 김범일 대구시장, 김관용 경북도지사 등 대구 경북지역 유지 민관기관 유지 100여명과 함께 2010년 11월 1일 대구 엑스코에서 열린 동남권 신공항 밀양유치를 기원하고 조기건설을 촉구하는 밀양 신공항 100인 선언에 이름을 올리고 실제 행사에도 참가했다. 이같은 사장의 행보가 신문제작에도 상당한 영향을 미쳤음을 엿볼 수 있다.

신공항 건설의 당위성에 모두 공감하고 있는 마당에 다소간의 의견 차이는 미세한 수준이어서 보도방향에 큰 별 영향을 미치지 못했다(지방지 H기자).

그러나 중앙지 분위기는 지방지와는 차이가 있었다. 중앙지 I기자는 "내부에서 특정한 시각을 강요하거나 주문한 적은 전혀 없었다. 영남권 5개 지자체의 시각을 골고루 반영하고 정부와 정치권의 입장과 논리도 함께 다루었다"고 말했다. 중앙지 J기자도 "본사 차원에서 특별한 취재지시는 없었고 팩트 중심으로 보도했다"고 털어놓았다. 중앙지 L기자는 "대구와 부산이 본격적으로 세 대결이 벌어지고 입지 발표가 임박해지는 2011년 초부터 본격적인 관심을 갖고 취재에 나섰으나 보도방향과 내용에 어떠한 주문이나 지시도 없었다"고 말했다.

중앙지는 조직차원에서 특별한 주문이나 지시를 하지 않고 기자들에게 뉴스밸류의 판단을 맡긴 것으로 보인다. 이는 특정지역을 근거로 존립, 발전하는 지방지와 달리 중앙지는 동남권 신공항 건설 논의라는 갈등이슈와 직접적인 이해관계가 얽혀있지 않아 기자들이 비교적 자유스럽게 취재, 보도한 것으로 이해된다.

CHAPTER 14

—

보고서
구성 체계와
작성 방법

—

CHAPTER 14

보고서 구성 체계와 작성 방법

양적인 접근법이나 질적인 접근법 중 어떤 것을 택하였든지 연구를 수행하였다면 그 결과에 관해 보고서를 써야 한다. 보고서를 쓴다는 것은 발견한 것들을 다른 사람들에게 알리는 작업이다. 보고서를 얼마나 잘 쓰는지는 얼마나 연구를 잘 했는가하는만큼 중요하다. 보고서의 내용은 조직적으로 구성되어야 하고, 문법적으로도 맞아야 하며 논리적으로 작성되어야 한다(Berger, 김대호외, 2001, 365).

연구 보고서는 통상 다음과 같은 형식을 갖추고 있다.

① 형식 : 보고서에는 일상 회화체의 문장은 쓰지 않는다. 문장에서는 진지함이 느껴져야 한다.

② 능동태 : 수동태의 문장은 대개 매끄럽게 읽히지 않는다.

작성한 보고서는 되도록 프린터로 출력하여 인쇄한 상태에서 수정하는 것이 좋다. 수차례 이런 수정 작업을 거치고 나면 보고서의 질이 향상된다. 좋은 보고서를 쓰기 위해서는 최종본 이전에 초고를 몇 차례 쓸 각오를 해야 한다. 컴퓨터를 사용하여 보고서를 작성하는 경우, 맞춤법 검사 도구 등을 이용한다.

일반적인 조사 연구 논문은 다음과 같은 구성 체계를 가지고 있다. 실험 연구의 경우도 거의 유사하지만, 연구 방법에 실험 설계와 실험 절차, 실험 내용 등이 포함된다는 것에 차이가 있다. 여기에서는 일반적인 조사 연구 논문의 구성 절차에 대해 살펴본다.(서대진, 김봉화, 2011, 22~27 참조)

서론 → 이론적 배경 → 연구 방법 → 연구 결과 → 결론

1. 서론 작성 방법

서론에서는 연구 하게 된 계기, 즉 연구의 필요성과 의의를 기술하고, 연구의 목적을 구체화하여 서술한다. 또한 연구 목적에 따라 연구 문제를 도출해 내고 연구 문제를 통해 분석하고자 하는 내용에 대한 개념화를 통해 용어에 대한 정의를 내린다.

▼

1) 서론 내용 구성 시 고려 사항

서론은 연구의 필요성, 문제 의식, 연구 목적 등을 충분히 제시할

수 있어야 하며, 따라서 다음과 같은 사항이 고려되어야 한다.

- 연구의 주안점이 무엇인가?
- 연구와 관련된 문제 의식과 접근 방법(예, 실험 설계)의 관계는 무엇인가?
- 연구 분야에서 이론적 접근과 목적은 무엇인가?
- 연구의 실무적 의미가 있다면 무엇인가?

▼
2) 서론 구성 체제

대부분 석, 박사 논문의 서론 구성 체제 요소를 보면, 다음과 같다.

- 연구의 필요성, 문제 제기, 연구 목적
- 연구 문제, 연구 가설
- 연구 방법 및 범위
- 연구체계 및 구성
- 용어의 정의

▼
3) 서론 내용 구성 방향

좋은 논문을 작성하고자 한다면, 연구의 필요성에서 논문을 작성하게 된 목적 의식이 분명하게 드러나야 한다. 이는 연구 필요성에서 언급된 연구 동기, 취지, 이유 등에 근거하여 연구 방향이나 초점, 목표 등이 논리적, 분석적으로 서술되어야 하기 때문이다. 이를 위해 다음과 같은 사항이 고려되어야 한다.

- 문제의 배경(문제와 관련된 경향, 미해결된 문제, 사회적 관심 등)
- 문제 상황의 구체적 실체 기술(기본적 관점, 관심 영역, 필요성)
- 이론적 근거 또는 이론적 체계(필요한 경우)
- 선행 연구(고려해야 할 변수 간의 관계나 비교의 명시, 한계점, 미흡점 및 연구 범위와 한계)

2. 이론적 배경 작성 방법

논문의 기본적인 구성 원리는 연구자의 주장에 대하여 '갑을 논박'하는 과정을 거쳐 객관적인 타당한 논리를 설명하는 것이 기본 구도이다. 이런 측면에서 볼 때 연구 목적에 맞게 목차를 선정하고 다시 이론적 내용을 서술한다.

이론적 배경은 연구 주제와 관련된 분야에 대한 기존의 이론과 선행 연구를 검토하는 것이다. 여기서 연구 주제와 관련된 분야는 결국 분석하고자 하는 변수에 대한 내용이다. 분석 변수에 대한 이론적 고찰과 선행 연구 검토를 통해 해당 변수의 개념과 의의를 파악하고, 아울러 변수 간의 관계를 설정한다. 이처럼 구성한 이론적 배경은 설정된 변수 및 그 변수 간의 관계에 대한 연구 결과를 도출하는데 있어 기초적인 자료가 되는 것이다.

1단계 : 주제 및 목적에 따라 타당한 목차를 선정한다.

2단계 : 목차에 따른 내용 전개 방법은 먼저 거시적(개념, 의의, 특성 현황)에서 미시적 주장 전개 → 연구 문제 도출

3. 연구 방법 작성 방법

연구 방법에서는 조사 연구를 수행하는데 필요한 과정을 기술한다. 여기에는 연구 대상, 연구 모형, 연구 가설, 조사 도구(설문지)의 구성, 자료 수집 절차, 자료의 분석 방법이 포함된다. 구체적으로 작성방법을 살펴보면 다음과 같다.

- 연구 대상 : 연구 대상은 누구를, 얼마나, 어떻게 선정할 것인가를 고려해야 한다.
- 연구 설계 : 실험 변수의 통제나 연구 설계 방안에 대한 설명을 한다.
- 연구 도구 : 실험, 조사 또는 평가에 사용되는 도구에 대한 설명과 함께, 도구의 신뢰도, 타당도, 객관성에 대해 설명한다.
- 연구 절차 : 연구의 진행 단계에 대해 구체적 방법 등을 서술해야 한다.
- 자료 처리 : 자료 처리 방법, 검증 방법, 통계 처리 소프트웨어 등이 정확히 기술되어야 한다.

4. 연구 결과 작성 방법

연구 결과는 조사 도구를 통해 수집한 자료에 대해 분석한 결과를 작성하는 것이다. 일반적으로 연구 결과의 앞부분에는 조사 대상자들의 개인적 특성, 타당도 및 신뢰도 검증 결과 그리고 분석 변수의 전반적 경향(평균과 표준편차 등)을 기술한다. 그 다음에 연구 문제나 가설에 따른 분석 및 검증 결과를 기술한다.

연구 결과를 작성할 때에는 통계 처리 결과를 표로 제시하고, 그 결과에 대한 해석을 구체적으로 하게 된다. 결과의 해석 시에는 이론적 배경에서 검토한 내용과 연구자의 경험 및 직관을 최대한 활용하여 더욱 객관적이고 일반화 가능한 방향으로 작성한다. 이때에는 각각의 연구 결과마다 그 결과가 의미하는 바를 작성할 수도 있고, 경우에 따라서는 연구 결과의 마지막 부분에 일괄적으로 작성할 수도 있다.

5. 결론 작성 방법

연구자는 연구 문제 및 가설에 기초하여 결과를 분석하고 간결하게 결론을 제시해야 한다. 결과에서 제시된 객관적 자료에 기초하여 평가하고 해석하는 것이 결론의 내용이다. 따라서 결론은 연구자의 결과와 선행 연구자의 연구 결과 사이에 유사점과 차이점이 제시될 수 있어야 한다. 결론 서술 방법은 다음과 같다.

1단계 : 간단하게 연구 목적이나 방향을 제시한다.
2단계 : 연구 가설이나 문제에 따른 주요 조사 방법을 서술한다.
3단계 : 연구 가설 및 결과와 결과가 지닌 이론적, 실무적 의미를 서술한다.

연구자는 연구 결과로부터 결론을 도출하고, 이어 본 연구의 한계와 앞으로 연구 방향에 대해 제언을 할수 있다. 연구의 한계와 제언에 대한 기술은 앞으로 필요한 지속적 연구를 위해 의견을 제시하는 것이다.

6. 실험 연구 논문의 구성 요소와 작성 방법

▼

1) 주요 구성 요소와 작성 방법

실험 연구 논문도 조사 연구 논문과 그 구성 체제는 같다. 다만, 연구 방법에서 실험과 관련된 모든 내용이 추가된다는 점이 다르다. 이를 일반적인 조사 연구에서는 '연구방법'이라고 한다면, 실험연구에서는 '실험설계'라고 명명한다. 실험 설계 부분의 주요 요소로는 실험 설계, 실험 대상, 표본 추출, 실험 절차, 자료 처리 방법 등으로 구성된다. 실험 연구 설계 시의 실험 연구 작성 방법을 살펴보면 다음과 같다.

1단계 : 실험 배경과 개요, 대상, 측정 도구를 서술한다.

2단계 : 실험 집단과 통제 집단을 서술한다.

3단계 : 실험 처치나 실험 처치의 효과 측정 방법을 서술한다.

SUPPLEMENT 부록

–

언론 관련

학술지

논문 작성 지침

–

부록 : 언론 관련 학술지 논문 작성 지침

이 원고 작성 규정은 한국언론학회, 한국방송학회 그리고 언론정보학회의 협의에 의해서 마련된 통일된 규정이다. 이 규정은 한국언론학회, 한국방송학회, 언론정보학회 그리고 지역언론학연합회가 2002년 공동으로 마련한 규정을 수정 보완한 것이다. 본 규정은 또한 미국심리학회의 〈출판 지침〉(Publication Manual of the American Psychological Association, 6th ed.)과 한국심리학회에서 출판한 〈학술논문 작성 및 출판 지침〉을 기반으로 작성되었다. 본 규정집에 명시되지 않은 사항은 위의 두 책의 규정을 따른다.

1. 논문의 구성 요소와 내용

논문은 제목, 저자명과 소속, 국문 초록, 본문, 참고 문헌, 부록, 영문 초록 순으로 구성한다. 편집 용지는 A4, 위아래 여백은 35 mm, 좌우 여백은 각각 30 mm, 글자체는 신명조, 글자 크기는 10, 장평은 95, 자간은 −10, 그리고 줄 간격 160%을 권장한다.

▼

1) 제목, 저자명과 소속, 초록

(1) 논문 제목과 부제목은 진한 글씨로 가운데 정렬한다.

(2) 저자명은 논문 제목 아래에 쓰고 가운데 정렬한다. 저자 소속은 기관명, 부서명, 직위 순으로 저자명 한 줄 아래, 소괄호를 사용하여 기재한다. 저자가 여러 명일 경우, 각각 줄을 바꾸어 기재한다.

(3) 초록은 논문 내용을 간략하게 요약한 것으로 문단 구분 없이 150 단어(600자) 정도로 작성한다. 들여 쓰기를 하지 않으며 양쪽 정렬한다.

(4) 초록 한 줄 아래 '핵심어(영어 논문의 경우, Keywords)'는 독자가 논문을 검색하는 데 도움이 될 만한 용어 3 - 5개를 선정하여 나열한다.

(5) 사사(Acknowledgement), 연구기금 출처, 학위 논문과의 관련성 등에 대한 명시, 저자(들)의 이메일 주소, 교신 저자 등 명시할 사항이 있을 경우, 해당 요소에 별표(*)를 사용해 각주 형태로 기술한다(아래의 예 참조).

ㅇ 제목과 부제:
진하게, 가운데 정렬

소셜미디어 이용정도 및 이용동기가 사회자본에 미치는 영향:
개방형/폐쇄형 소셜미디어 비교*

ㅇ 저자명
가운데 정렬

ㅇ 소속
• 가운데 정렬
• 소괄호 안에 표기

홍길동**
(한국언론연구소 연구위원)
금나래***
(한국대학교 언론학과 교수)

ㅇ 국문초록
• 150단어(600자)이내
• 양쪽 정렬
• 들여쓰기 없음

본 연구는 전국의 고등학생 및 대학생에 대한 대규모 조사를 통하여 소셜미디어 이용정도 및 이용동기가 교량적/결속적 사회자본 및 참여를 증진시키는 데 얼마나 기여하고 있는지 고찰했다. 소셜미디어를 네트워크 성격에 따라 개방형 네트워크와 폐쇄형 네트워크 서비스로 구분해 분석한 결과, 전자는 교량적 사회자본의 강화에, 후자는 결속적 사회자본의 증진에 기여하는 것으로 나타났다. 소셜미디어 이용동기는 교량적/결속적 사회자본 모두에 유의한 영향을 미쳤다. 소셜미디어를 통한 정치·사회적 참여에는 소셜미디어 유형별 이용정도와 이용동기가 모두 유의한 영향을 미쳤다. 결론적으로, 소셜미디어가 사회자본에 미치는 효과는 어떤 성격의 매체를 이용하고, 그것을 어떠한 목적으로 이용하는가에 따라 결정된다고 볼 수 있다.

ㅇ 핵심어
• 양쪽 정렬
• 3-5단어

핵심어: 소셜미디어, 참여, 교량적 사회자본, 결속적 사회자본, 이용동기

ㅇ 각주
• 사사, 이메일 주소, 교신 저자 표기
• 해당 요소에 별표(*)로 표시

* 본 연구는 한국언론연구소 데이터를 활용하였음
** honggildong@hankukresearch.org
*** keumnarae@hankuk.ac.kr, 교신 저자

ㅇ 쪽 번호
• 표지부터 시작하고 표지 하단 중앙에 기입한다.

- 1 -

▼

2) 본문

(1) 본문의 소제목들은 수준별(상위, 중간, 하위 수준)로 구분하고 '1. ➡ 1) ➡ (1)' 식 표기를 사용한다(아래 예 참조). 소제목들은 진하게 쓰며, 들여쓰기를 하지 않고, 줄 바꿈을 한다. 필요에 따라 제4수준 또는 제5수준 소제목을 사용할 수 있다.

3. 연구 방법
1) 조사 참여자와 조사 절차
2) 독립 변인의 측정
3) 종속 변인의 측정
(1) 행동 변인의 측정
4. 연구 결과

(2) 새 문단의 시작은 한 글자(두 칸) 들여쓰기를 한다. 단, 블록 인용, 소제목, 표와 그림의 제목 그리고 각주는 들여쓰기를 하지 않는다.
(3) 본문에 한자나 외국어가 등장할 경우, 먼저 우리말식 음독을 쓰고 괄호 안에 한자나 외국어를 병기한다. 이미 한번 사용한 외국어는 이후 한글로만 표기한다.
(4) 각주는 본문 내용에 대한 부연이 필요할 때에만 사용하는 것을 원칙으로 하며, 인용이나 참고한 문헌의 출처는 각주로 하지 않는다.

▼
3) 참고 문헌, 부록, 영문초록

(1) 참고 문헌은 본문의 끝에서 두 줄을 띈 후, 가운데 정렬로 진하게 참고 문헌이라고 제목을 붙인다. 자세한 사항은 아래의 "참고 문헌 목록의 작성"을 참조한다.
(2) 분량이나 내용 전개 등의 문제로 본문 내에서 포함하기는 어려우나 연구 내용을 이해하는 데 도움이 될 수 있는 자료들은 부록에 제시한다(예, 내용 분석의 틀, 실험 연구에 사용된 자극 재료, 설문 문항, 연구용 프로그램 등). 왼쪽 정렬로 진하게 부록이라고 제목을 붙인다. 부록이 여러 개일 경우 로마 숫자로 번호를 부여하며(예, 부록Ⅰ-1, 부록Ⅰ-2, 부록Ⅱ-1, 부록Ⅱ-2), 각 부록은 별지에 새로 시작한다.
(3) 영문 초록은 참고 문헌(부록이 없을 경우) 또는 부록 뒤 별지에 작성한다. 영문 초록은 국문 초록과 같은 형식으로 작성하되, 제목의 왼쪽 위에 진하게 'Abstract'라고 표기한다(왼쪽 정

렬). 저자의 소속은 직위와 기관명만(예, Associate Professor, Hankook University) 표기한다.

2. 문헌 인용 표기법

▼

1) 일반적 인용 규정

(1) 저자명이 본문 중에 나올 시, 국내 저자의 연구를 인용할 경우에는 저자명을 쓰고 출판 연도를 괄호로 묶어서 쓴다([예 1]). 외국 저자명은 우리말식 음독을 쓰고 괄호 안에 원어로 이름을 표기한 후 출판 연도를 적는다. 동양 저자명은 모두 쓰지만([예 2]), 서양 저자명은 성(姓)만 표기한다([예 3]). 외국 저자명을 본문 중에 재차 인용할 경우, 우리말식 음독만 쓰고 원어 이름은 표기하지 않는다([예 2]와 [예 3]). 번역서를 인용할 때에는 원전이 발간된 연도와 번역판 연도를 같이 표기한다([예 4]). 동일 저자의 동일 논문을 다른 문단에서 다시 인용할 때는 출판 연도를 쓰지만, 같은 문단 안에서 인용할 경우에는 출판 연도를 쓰지 않는다.

[예 1] 홍길동(1996)은 … 주장했다. 홍길동은 또한 … 주장했다.
[예 2] 마오저뚱(毛澤東, 1977)은 … 주장했다. 마오쩌뚱은 또한 … 주장했다.
[예 3] 윌리암스(Williams, 1990)는 … 주장했다. 윌리암스는 또한 … 주장했다.
[예 4] 밀턴(Milton, 1875/1998)은 언론의 자유를 주장했다.

(2) 저자명이 본문 중에 나오지 않을 경우, 인용할 내용의 문장 뒤에 저자명(서양저자는 姓만)과 출판 연도를 쓴다([예 1]).

[예 1] …를 제시하였다(홍길동, 1986). ...을 주장하였다(Williams, 1990).

(3) 재인용 시, 원전의 저자명과 출판연도를 제시하고 쌍점(:) 뒤에 재인용한 자료의 저자명과 출판연도를 제시한다([예 1], [예 2]).

[예 1] 홍길동(2000: 장길산, 2005 재인용)은 ….
[예 2] …를 주장하였다(Williams, 1979: 홍길동, 1991 재인용).

(4) 약 40 단어 이하의 글을 직접 인용할 경우, 직접 인용하는 단어, 어구, 문장을 따옴표로 표시하고, 괄호 안에 저자명, 출판연도 그리고 쪽수를 쓴다([예 1]과 [예 2]). 번역서를 인용할 때, 인용 쪽수는 번역본을 기준으로 한다([예 2]). 국내 문헌을 직접 인용할 경우, "(25쪽)"식으로 표기한다. 외국 문헌 직접 인용의 경우는 "(p. 25)"또는 "(pp. 25-26)"식으로 표시한다.

[예 1] 홍길동(1996)은 "정치는 문화"(25쪽)라고 주장했다
[예 2] 윌리암스(Williams, 1990/2014)는 "문화는 정치"(7쪽)라고 주장했다.

(5) 다른 저자가 쓴 약 40 단어 이상의 글을 직접 인용할 경우, 별도의 블록을 만들어서 따옴표 없이 제시하고 블록 전체를 들여쓰기 한다. 최종 마침표 뒤에 괄호를 열고 저자명, 년도 그리고 쪽수를 표기한다.

2) 여러 저자의 단일 연구 인용

(1) 저자 두 명이 함께 수행한 연구를 본문 중에 인용할 경우, 두 저자명을 '와(과)'로 연결하여 그 연구를 인용할 때마다 두 저자명을 모두 기재한다([예 1] 과 [예 2]). 문장 끝에 괄호를 사용하여 인용할 경우, 한국과 동양 저자명들은 가운뎃점(·)을 사용하여 구분하거나([예 3]), 가운데점을 대신하여 쉼표를 사용하여 구분한다([예 4]). 이 경우, 출판 과정에서 쉼표를 가운데점으로 대체한다. 서양 저자명은 '&'를 사용하여 구분한다([예 5]).

> [예 1] 홍길동과 장길산(2010)은 …
> [예 2] 윌리암스와 워싱턴(Williams & Washington, 1990)은 …
> [예 3] …을 발견했다(홍길동 · 장길산, 2010).
> [예 4] …을 발견했다(홍길동,장길산, 2010).
> [예 5] …이 발견했다(Williams & Washington, 1990).

(2) 셋 이상 여섯 명 미만의 저자가 함께 수행한 연구를 본문에 인용할 경우, 처음 인용할 때만 모든 저자명을 표기하고 두 번째 인용부터는 첫 번째 저자명과'등'(또는 '외')을 사용하여 표시한다([예 1], [예 2], [예 3]). 외국 문헌의 경우, 두 번째 인용부터는 첫 번째 저자명과'et al.'을 사용하여 표시한다([예 4]). 여섯 명 이상 공동 저자의 문헌을 인용할 경우, 처음 인용부터 첫 번째 저자명 다음에 '등'이나 '외'또는 'et al.'을 기입한다.

> [예 1] 홍길동, 장길산, 그리고 임꺽정(2010)은 … 주장했다. 홍길동 등은 또한 …
> [예 2] … 발견했다(홍길동 · 장길산 · 임꺽정, 2010). … 발견했다(홍길동 등, 2010).
> [예 3] 윌리암스, 워싱턴, 그리고 스미스(Williams, Washington, & Smith, 1990)는 … 주장했다. 윌리암스 등은 또한 … 주장했다.
> [예 4] …을 발견했다(Williams, Washington, & Smith, 1990). 또한 …도 발견되었다 (Williams et al., 1990).

3) 두 편 이상 연구를 인용했을 경우 표기 순서

(1) 한 괄호 안에 두 개 이상의 연구를 인용 표기할 때에는 먼저 국내 문헌, 동양 문헌 (국가명의 가나다 순), 서양 문헌 순으로 배열하고, 저자명의 가나다 순(영문은 알파벳 순)으로 배열한다. 연구와 연구 사이에는 쌍반점(;)을 기입한다.

[예 1] 여러 연구들(장길산, 1994; 홍길동, 2000; 柄谷行人, 2009; 毛澤東, 1977; Washington, 1990; Williams, 1990)에서 …

(2) 동일 저자의 연구를 두 편 이상 인용할 경우, 출판 연도순으로 오래된 것부터 배열한다([예 1]). 이 때 저자명은 한 번만 기입하고 출판 연도만 쓴다. 출판 연도까지 동일할 경우, 제목의 가나다 순서로 (영문의 경우는 알파벳 순서) 출판 연도 뒤에 알파벳 소문자를 사용하여 다르게 제시한다([예 2]).

[예 1] 선행 연구들(홍길동 · 장길산, 1992, 2011, 발간중)에서 …

[예 2] 최근 연구(홍길동, 2010a, 2010b)에서는 …

3. 참고 문헌 목록의 작성

▼

1) 일반적 규정

(1) 참고 문헌은 본문 다음에 '참고 문헌'이라는 제목(가운데 정렬, 진하게) 아래 나열하되, 본문에서 인용하거나 언급한 문헌만을 제시한다.

(2) 참고문헌을 나열할 때 각 문헌의 첫째 줄(行) 세 칸 내어쓰기를 하여 참고문헌 간 구별을 쉽게 한다.

(3) 국내 문헌, 동양 문헌 (일본어, 중국어), 서양 문헌 순으로 배열하되, 번역서 (예컨대 한글로 번역된 영문서)는 해당 원어 문헌으로 분류한다.

(4) 한글어로 된 저자명은 가나다순으로, 중국어나 일본어 저자명은 한자의 한글식 표기의 가나다순으로, 서양 문헌 저자명은 알파벳순으로 나열한다.

(5) 제1저자의 단독 연구와 공동 연구가 참고문헌 목록에 포함될 경우, 단독 연구를 공동 연구보다 앞에 배열한다.

(6) 같은 저자의 문헌은 출판 연도가 오래된 순서대로 배열하되, 같은 연도의 것이 두 편 이상일 때에는 연도 다음에 'a, b, c'등을 넣어 구별한다.

(7) 저자가 없는 문헌은 문헌 제목을 저자 위치에 두고 그 다음에 발간 연도를 기재한다. 단, 본문에서 'Anonymous'라고 인용한 것은 이를 저자명으로 간주한다.

(8) 국내 문헌의 저자명은 완전한 성명을 표기하고, 동양 문헌은 완전한 성명을 원어 그대로 표기한다. 서양 문헌은 저자의 성

(last name)을 적고, 이름(first name)과 가운데 이름(middle name)의 첫 글자를 대문자로 표기하고 생략 표시로 마침표를 찍는다. 저자가 여러 명일 경우, 한국과 동양 저자명들은 가운뎃점(·)을 사용하여 구분하거나(예, 홍길동·장길산·임꺽정) 쉼표를 사용하여 구분한다(예, 홍길동,장길산,임꺽정). 쉼표를 사용한 경우는 출판과정에서 가운데점으로 대체한다. 서양 문헌의 경우는 맨 마지막 저자 이름 앞에 '&'를 사용하여 이름들을 구분한다(예, Smith, A. B., Johnson, C. D., Williams, E. F., & Brown, G. H.).

(9) 출판 연도는 저작권 표시 (©)에 표기된 연도를 가리킨다. 출판 연도는 저자명 뒤의 괄호 안에 표기하되, 출판 예정일 경우에는 출판 연도 자리에 '발간중'(서양 문헌은 'in press')이라고 표기한다. 출판 연도가 불분명한 문헌은 (n.d.)라고 쓴다.

2) 일반적 문헌의 종류별 표기

(1) 학술 논문.

학술논문은 연구자명, 출판 연도, 논문 제목, 정기 간행물명, 권수(volume number), 호수(issue number), 쪽 순으로 표기한다. 논문 제목에는 별도의 표시를 하지 않는다. 서양 학술지 논문의 경우, 주제목과 부제목의 첫 번째 단어의 첫 글자만 대문자로 표기한다(예, Title of the article: Subtitle of the article). 국내 정기 간행물명은 꺽쇠(〈 〉)를 사용하여 표기한다(예, 〈한국언론학보〉). 서양 정기 간행물명은 이탤릭체로 표기하되 주요 단어의 첫 글자를 대문자로 표기한다(예, Journal of Communication). 국내 학술지 논문의 경우, 권수와 호수를 '몇권 몇호'라고 표기하고 쪽수를 기입한다. 쪽수는 붙임표(-)를 사용한다([예 1]). 서양 학술지 논문의 경우, 학술지명 뒤에 권수를 이탤릭체로 표기하고, 호수는 괄호 안에 표기하되 이탤릭체를 사용하지 않는다([예 2]). 만일 해당 학술지가 연속번호 체계(즉, 이전 호의 쪽수가 다음 호로 이어짐)를 사용할 경우에는 호수(issue number)를 적지 않는다(대부분의 서양 학술지는 연속번호 체계를 사용).

> [예 1] 홍길동 (2014). 한국 언론의 새로운 지평 연구. 〈한국언론연구〉, 35권 1호, 23–54.
>
> [예 2] Knapp, M., Ellis, D., & Williams, B. (1980). Perceptions of communication behavior associated with relationship terms. *Communication Monographs*, *47*, 262–278.

(2) 저서 또는 보고서.

저서 또는 보고서는 저자명, 편집서 여부, 출판 연도, 저작물 제목, 출판지, 출판사 순으로 표기한다. 국내 편집서일 경우 저자명 뒤에 '(편)', 서양 편집서일 경우 '(Ed.)' 또는 '(Eds.)'를 표기한다([예 2], [예 3]). 국내 저작물 제목은 꺽쇠(〈 〉)를 사용한다. 서양 저작물 제목은 이탤릭체로 표기하고, 주제목과 부제목의 첫 번째 단어의 첫 글자만 대문자로 표기한다(예, Title of the book: Subtitle of the book). 판회수(edition)는 제목 뒤에 (제2판)'식으로 표기하고, 영문일 경우에는 '(2nd ed.)'식으로 표기한다. 출판사가 위치한 도시와 나라이름 (미국의 경우, 주) 그리고 출판사 명을 표기한다. 쌍점(:)으로 출판사명을 구분한다. 보고서는 보고서 일련번호를 보고서 제목 뒤 괄호 안에 기재한다([예 4], [예 5]).

[예 1] 홍길동 (1990). 〈한국 언론〉. 서울: 책나라.

[예 2] 장길산 (편) (2014). 〈외국 언론〉. 부산: 책동네.

[예 3] Burgoon, J. K., Bowers, J. W., & Woodall, W. G. (Eds.) (1986). *Nonverbal communication: The unspoken dialogue*. New York, NY: Harper & Row.

[예 4] 홍길동 (1999). 〈한국의 언론인〉 (조사 분석 99-030). 서울: 한국언론재단.

[예 5] National Institute of Mental Health. (1982). *Television and behavior: Ten years of scientific progress and implications for the eighties* (DHHS Publication No. ADM 82-1195). Washington, DC: U.S. Government Printing Office.

(3) 편집서나 저서에 포함된 단일 논문.

단행본으로 발간된 서적에 포함된 문헌을 인용했을 경우, 인용한 장(章)의 저자명, 출판 연도, 장의 제목, 편집자명, (편), 편집서명, 해당 쪽수, 출판지, 출판사명 순으로 표기한다. 장의 제목은 학술지명 표기에 따르고 편집서명은 저서 표기에 따른다. 서양 문헌의 경우, 편집자명 앞에 'In'을 쓰고 이름(first name)과 가운데 이름(middle name)의 첫 글자를 쓰고 성(last name)을 기재한다([예 2]). 마지막 편집자의 성 뒤에 바로 '(Ed.)' 또는 '(Eds.)'를 쓴다.

[예 1] 홍길동 (1990). 한국 언론의 현재와 전망. 장길산 · 임꺽정 (편), 〈한국 언론학의 조망〉 (45-66쪽). 서울: 새나라.

[예 2] Berger, C. R. (1987). Communicating under uncertainty. In M. E. Roloff & G. R. Miller (Eds.), *Interpersonal processes: New directions in communication research* (pp. 39-62). Newbury Park, CA: Sage.

(4) 번역서와 편역서.

번역서 또는 편역서는 원저자, 원저의 출판 연도, 원저의 제목과 출판본, 역자, (역), 번역서의 출판 연도, 번역서의 제목, 출판지, 출판사 순으로 표기한다. 역자명 뒤에'(역)' 또는 '(편역)'을 표기하여 역서임을 표시한다([예 1]). 서양 문헌의 경우, [예 2]의 표기 방식을 따른다.

> [예 1] Seidman, S. (1998). *Contested knowledge: Social theory in the postmodern era* (2nd ed.). 박창호 (역) (1999). 〈지식 논쟁: 포스트모던 시대의 사회 이론〉. 서울: 문예출판사.
>
> [예 2] Laplace, P. S. (1951). *A philosophical essay of probabilities* (F. W. Truscott & F. L. Emory, Trans.). New York, NY: Dover. (Original work published 1814).

(5) 학술대회 발표 논문.

정기 또는 비정기적으로 개최되는 학술대회에서 발표된 논문은 발표자명, 발표 연도 및 월, 발표 논문 제목, 학술발표회명, 발표 도시 순으로 표기한다([예 1]). 발표논문 제목은 저서 또는 보고서 제목 표기 방식을 따른다. 발표 장소는 발표 도시와 함께 구체적 발표 장소도 표기할 수 있다. 서양 또는 국제 학술대회 발표논문은 [예 2]의 형식을 따른다.

> [예 1] 홍길동 (2014, 5월). 〈한국 방송 정책 연구의 동향〉. 한국방송정보학회 봄철 정기학술대회 언론정책 분과. 서울: 한국대학교.
>
> [예 2] Presenter, A. A. (Year, Month). *Title of paper or poster*. Paper presented at the meeting of Organization Name, Location.

(6) 학위 논문.

국내 대학의 학위 논문은 저자명, 학위 수여 연도, 학위 논문 제목,

학위 수여 대학, 학위명 순으로 적는다. 서양 대학의 경우, 먼저 학위명을 표기한 후 쉼표를 하고 학위 수여 대학 그리고 국가명(미국은 주명)을 표기한다. 학위 논문 제목은 저서 제목 표기 방식을 따른다.

> [예 1] 홍길동 (1994). 〈한국 방송 정책 연구의 동향〉. 한국대학교 대학원 박사학위 논문.
>
> [예 2] Ryerson, J. F. (1983). *Effective management training: Two models.* Unpublished master' s thesis, Clarke College of Technology, Potsdam, NY.

(7) 신문 잡지 뉴스레터 기사.

신문, 잡지, 뉴스레터 등은 출판 일자가 분명할 경우, 저자명 뒤의 괄호 안에 출판 년, 월, 일을 표기하고, 그렇지 않은 경우, 출판 연도와 월만 표기하거나 또는 출판 연도와 계절을 표기한다. 신문 기사의 경우, 기사 게재 면을 표기한다([예 1]과 [예 2]). 기사가 여러 면에 걸쳐 나뉘어 실린 경우는 기사가 실린 해당 면 모두를 기입한다([예 3]). 신문 사설이나 일반 기자가 쓴 신문 기사는 신문명을 저자명으로 하고([예 1]), 신문에서 인용한 내용이 독자나 특정인의 기고라면 기고자의 이름을 표기한다([예 2], [예 3]). 익명의 기고일 경우, 기사의 제목 두 세 단어로 기사 작성자를 대신한다([예 4]).

> [예 1] 한국신문 (1997, 7, 29). 심장 발작에 의한 사망률을 낮추는 신약 개발. 4면.
>
> [예 2] 홍길동 (2001, 3, 12). 대통령의 말. 〈한국신문〉, 6면.
>
> [예 3] Schwarz, J. (1993, 9, 30). Obesity affects economic and social status. *The Washington Post*, pp. A1, A4.
>
> [예 4] 한국 언론의 미래 (2014, 3, 15). 〈한국신문〉, 9면.

3) 온라인 자료 표기

(1) 정기 간행물

연구 제목 뒤에 출처 형태를 대괄호([ ])로 묶는다. 출처 형태는 다음에 제시한 표기 방식 중 하나를 따른다: [전자매체본], [On-Line], [Electronic version]. 그 뒤에 바로 출처명, 권수, 호수를 기입한 뒤 독자들이 접근할 수 있는 게시 주소(Uniform Resource Locator: URL)를 적는다. 국내 온라인 자료일 경우 "URL: 실제 URL" 형식으로 표기한다([예 1]). 외국 문헌일 경우는 URL 앞에 "Retrieved from"이라고 적는다([예 2]). 통합된 데이터베이스에서 얻은 정기 간행물 문서일 경우 그 데이터베이스의 이름을 표기하고 게시 주소는 기재하지 않는다. 인쇄본 없이 온라인상에서만 발행되는 정기 간행물의 경우처럼 권 및 호수 기입이 불필요한 경우에는 정기 간행물명과 URL만을 제시한다.

[예 1] 추병완 (2012). 인터넷 중독과 자기 배려: 덕 윤리학적 관점을 중심으로 [전자매체본]. 〈Internet and Information Security〉, 3권 4호, 44–61. URL: http://www.kisa.or.kr/public/library/journal.jsp

[예 2] Duh, E. (2014). Exploring the impracticability of press freedom during a political transition [On-Line]. *Online Journal of Communication and Media Technologies, 4*, 1–26. Retrieved from http://www.ojcmt.net/articles/41/411.pdf

(2) 비정기 간행물.

작성자나 작성 날짜를 확인할 수 없는 문서는 제목을 저자명으로 간주하여 해당 참고문헌 목록 란에 제시한다.

> [예 1] GVU's 8th WWW user survey. (*n.d.*). Retrieved from
> http://www.cc.gatech.edu/gvu/user-surveys-1997-10

(3) 연구보고서 및 세미나/심포지엄 자료.

기관의 웹 사이트에 게시된 보고서처럼 문서 제공자(호스트 기관)와 문서 작성자가 뚜렷이 구분되는 경우, 기관명을 먼저 기입하고 웹 사이트 주소를 표기한다([예 1]). 만일 문서 작성자를 먼저 쓸 경우에는 웹사이트에 문서가 게재(upload)된 연도와 논문 제목을 기입한 후 괄호 안에 연구보고서 이름을 표기한다([예 2]).

> [예 1] 한국인터넷진흥원 (2014). 온라인 아동 개인정보보호 개선방안 연구. URL: https://www.kisa.or.kr/public/library/reportList.jsp
>
> [예 2] 윤주희 · 정찬모 · 신나리 · 모이누딘아흐메드 (2014). 온라인 아동 개인정보보호 개선방안 연구. (한국인터넷진흥원 연구보고서, KISA-WP-2013-0019). URL: http://www.kisa.or.kr/public/library/reportList.jsp

(4) 기타 전자 매체 자료.

정확한 데이터베이스 이름을 쓴다([예 1]). 온라인상에서 읽은 일간지 기사는 기사 작성자를 쓰고, 괄호 안에 기사 작성일을 년, 월, 일로 표기한다([예 2]).

> [예 1] 통계청 (2014). 경제활동인구조사. URL: http://kosis.kr/news/news_jsp?q_
>
> [예 2] 강희경 (2014, 3, 25). 화면 켜고 잠금 해제를 한번에 …노크코드 대세 예감. 〈한국일보〉. URL: http://news.hankooki.com/lpage/economy/20140

(5) 영상물.

출처는 제목 옆에 대괄호([ ])를 사용하여 표기한다(예, [CD-ROM], [Computer Software], [영화], [TV 드라마] [비디오]). 영화는 제작사 소재 도시와 제작사 명을, TV 프로그램은 방영 지역과 방송사명을, 비디오테이프는 출시 회사 주소지를 적는다. 이들 매체의 인용은 감독 (또는 제작자)의 이름으로 표기한다.

> [예 1] 정류정 (감독) 성낙성 (제작) (2014). 〈점프를 하다〉 [영화]. 서울: 눈 엔터테인먼트.
>
> [예 2] 은성원 (감독) (2014). 〈공룡의 눈물〉 [TV 드라마]. 서울: MBS TV.
>
> [예 3] Miller R. (Producer). (1989). *The mind*. [TV series]. New York, NY: WNET.

4. 표와 그림의 표기

(1) 표와 그림은 별도의 일련번호를 부여하고 제목을 붙인다. 표 제목은 해당 표 위에 위치시키는 반면, 그림 제목은 해당 그림 아래에 위치시킨다.

> [예 1] 표 1. 국내 컴퓨터 보급현황
>
> [예 2] 그림 1. 뉴스의 기호체계

(2) 관련된 표와 그림을 본문에서 언급할 때에는 꺽쇠(〈 〉)안에 표기한다(예, 〈표 1〉참조).

(3) 책 또는 논문에서 표나 그림을 인용했을 경우, 출처를 아래의 예시에 따라 표기한다([예 1]: 국내 저서 인용; [예 2]: 외국 저서 인용; [예 3]: 국내 논문 인용; [예 4]: 외국 논문 인용). 책과 논문의 표기는 참고 문헌 목록에서의 표기와 동일하게 한다. 인용된 쪽수를 표기하고 사용허락과 원저작권자의 권리를 명시한다.

[예 1] 출처: 통계청 (1990). 〈국내 컴퓨터 보급현황〉. 서울: 통계청, 23쪽에서 인용. 원 저작권자의 모든 권리가 보호됨.

[예 2] 출처: Author, A. A. (1982). *Title of book* . New York, NY: Publisher, 103쪽에서 인용. 원 저작권자의 모든 권리가 보호됨.

[예 3] 출처: 김춘석 · 양승찬 · 이강형 · 황용석 (2005). 정치커뮤니케이션 연구의 동향과 쟁점 및 미래의 연구방향: 한국의 연구논문 현황 분석을 중심으로. 〈커뮤니케이션이론〉, 1권, 136쪽에서 인용. 원 저작권자의 모든 권리가 보호됨.

[예 4] 출처: Author, A. A. (1982). Title of article. *Title of Journal*, 50, 22쪽에서 인용. 원 저작권자의 모든 권리가 보호됨.

(4) 표나 그림에 대한 주는 일반주 (주:), 개별주 (a), b), c)), 확률주 (*p 〈 .05. **p 〈 .01. ***p 〈 .001.), 출처 순으로 배열한다. 각 유형의 주는 들여쓰기 없이 표 아래 새로운 줄에서 시작한다.

(5) 표의 본문에 정보를 제시할 경우, 측정값의 소수점 표기 기준과 단위 등을 통일시켜야 한다. 특별한 이유가 없는 한, 소수점 이하 표기는 두 자리를 넘지 않도록 한다.

(6) 표의 세로 선은 사용하지 않고 가로 선만을 사용한다.

2014년 7월 제정

REFERENCE 참고문헌

참고문헌

1. 국문문헌

1) 단행본

김구(2011), 『사회과학 연구조사 방법론의 이해』, 제2판, 비앤엠북스

김영석(1999), 『사회조사방법론 : SPSS WIN 통계분석』, 나남출판

김우룡외(2008), 『커뮤니케이션 연구와 방법』, 나남출판사

김석용(2012), 『조사연구방법론』, 탑북스

박정의(2008), 실험연구, 김우룡편(2008), 『커뮤니케이션 연구와 방법』(111~132), 나남출판사

서대진, 김봉화(2011), 『학위논문 조사연구방법 교과서』, 일문사

신민철(2007), 『사회연구방법의 기초』, 창민사

정인숙(2008), 심층인터뷰 방법론, 김우룡편(2008), 『커뮤니케이션 연구와 방법』(207~237), 나남출판사

정현욱(2012), 『사회과학 연구방법론』, 시간의 물레

차배근, 차경욱(2013), 『사회과학연구방법: 실증연구의 원리와 실제』, 서울대학교출판문화원

홍기선(1989), 『커뮤니케이션론』, 나남출판사

홍두승(2001), 『사회조사분석』, 제3판, 다산출판사
홍두승 & 설동훈(1987), 『사회조사분석』, 제4판, 다산출판사
황근(2008), 사회조사방법론, 김우룡편(2008), 『커뮤니케이션 연구와 방법』 (89~100), 나남출판사

2) 논문

강준만(2010), '빨리빨리'의 문화정치학 - 한국의 '속도 커뮤니케이션'에 관한 연구, 『언론과학연구』 제10권 3호, 47~80
권중문, 이상식(2007), 프레즌스(presence) 결정 요인에 대한 연구 - 미디어 형태와 수용자 특성을 중심으로, 『언론과학연구』 제7권 2호, 5~38
고영철(2010), 한·미의 지역일간지 1면 기사의 다양성 요인 비교분석 - 뉴스 주제 및 취재원 유형을 중심으로, 『언론과학연구 』제10권 1호, 5~49
김관규, 김진원(2010), 인쇄신문과 인터넷신문의 기사 표제 차이에 관한 연구, 『언론과학연구』 제10권 2호, 39-72
김봉철, 이병관, 최양호(2005), "한국의 국가 이미지와 광고에 대한 일반적 평가가 상품 및 기업 이미지에 미치는 영향, 『한국방송학보』, 가을호 통권 제19-3호
김선남, 원용진, 정현욱(2005), 드라마 〈인어 아가씨〉 시청자의 해독에 관한 연구, 『언론과학연구』 제5권 2호, 69~104
김은미, 이주현(2011), 뉴스 미디어로서의 트위터 - 뉴스 의제와 뉴스에 대한 대화를 중심으로, 『한국언론학보』 제55권 6호, 152~180
김성해, 김동윤(2009), 금융 위기와 언론- 2008 글로벌 위기에 대한 각국 언론의 보도양상과 프레임, 『언론과학연구』 제9권 4호, 98~134
김정섭, 박주연(2012), 지상파TV 주시청시간대 프로그램의 포맷 다양성 변화 연구 - 2000년, 2005년, 2010년 가을시즌 편성 비교를 중심으로,

『한국언론학보』 제56권 1호, 289~313
나경애(2009), 『미디어교육이 청소년의 미디어능력에 미치는 영향에 관한 연구 – 이용, 비평, 제작, 문제 해결 능력을 중심으로』, 계명대학교 대학원 박사학위논문
박태우, 이상식(2013), 지역 갈등 이슈의 뉴스 프레임 구성에 대한 연구: 동남권 신공항 보도를 중심으로, 『언론과학연구』, 제13권3호, 251~297
박현구(2003), 인터넷 채팅 환경에서 도상문자의 체면 살리기 기능에 관한 연구, 『스피치와 커뮤니케이션』 제2호, , 146~171
반승원, 전범수(2011), 가족 커뮤니케이션 유형별 결혼관 및 배우자 선택 차이 연구, 『스피치와 커뮤니케이션』 제16호, 244~269
방은주, 김성태(2014), 소셜미디어 등장 이후 뉴스 제작 과정 변화에 대한 국내 언론사 기자들의 인식 연구, 『언론과학연구』 제14권 2호, 113~156
배진한(2009), 휴대전화 이용이 대인커뮤니케이션 네트워크에 미치는 영향에 대한 한ㆍ미 비교연구 – 대학생집단을 중심으로, 『언론과학연구』 제9권 3호, 178~210
송의호(2009), 『참여정부의 언론정책이 취재 관행과 보도에 미친 영향에 관한 연구』, 계명대학교 박사학위논문
송의호, 이상식(2009), 참여정부의 브리핑제도 시행 전후의 보도행태 비교연구, 『정치커뮤니케이션연구』, 통권 12호, 127~167.
송종현(2011), 지역방송의 사투리 사용 내용규제에 대한 연구, 『언론과학연구』 제11권 3호, 120~146
심훈(2012), KBS〈인간극장〉에 나타난 다문화 방영물 서사 분석 – 이야기 구도와 등장인물, 발화를 중심으로, 『한국언론학보』 제56권 4호, 184~209
안종묵(2011), 인터넷 포털미디어의 저널리즘 특성에 관한 고찰 – 〈네이버 뉴스〉와 〈야후 미디어〉의 속보성, 상호작용성, 관련기사 서비스를 중심으로, 『언론과학연구』 제11권 1호, 187~218
우형진(2008), 텔레비전 드라마 시청이 시청자의 성형수술 행위의지에 미치

는 영향에 관한 연구 - 계획행동이론을 중심으로, 『언론과학연구』 제8권 4호, 480~513

유은영, 장병희, 남상현(2009), 조직커뮤니케이션 만족이 직무 만족, 조직몰입, 고객지향성에 미치는 영향 - 대학 교직원 집단을 중심으로, 『스피치와 커뮤니케이션』 제12호, 68~105

이동기, 박종민(2011), 대국민 정부PR의 시대별 특성 연구 - 1953년에서 1994년까지 〈대한뉴스〉 보도내용 분석, 『한국언론학보』 제55권 2호, 304~332

이문행(2011), 사례분석을 통한 국내 TV 드라마의 수익 구조, 『언론과학연구』 제11권 3호, 181~206

이상록, 윤영민(2012), 스마트 폰 앱 뉴스의 연성화 분석 - 동아닷컴, 인터넷한겨레, 네이버, 다음의 인터넷 사이트와 스마트 폰 앱을 중심으로, 『언론과학연구』 제12권 3호, 330~354

임양준(2012), 한국거주 이주노동자에 대한 신문의 보도 경향과 인식연구 - 조선일보, 한겨레, 경인일보, 부산일보를 중심으로, 『언론과학연구』 제12권 4호, 419~456

장하용(2011), 방송 프로그램 제작 PD의 '방송 공익성' 인식에 관한 연구-지상파 방송 3사를 중심으로 『언론과학연구』 제11권 3호, 261~293

정인숙(2007), 방송정책연구에 있어서 심층인터뷰방법론의 문제점, 한국언론정보학회 춘계학술대회 발표논문

조성호(2012), 지상파 TV 뉴스와 보도 시청행태의 변화 - 2000-2009, 『언론과학연구 』제12권 3호, 455~492

차찬영, 박주연(2012), TV 오락 프로그램의 포맷 구성의 변화 - 2000년대 지상파 방송 프로그램을 중심으로, 『언론과학연구』 제12권 3호, 526~564

최진호와 한동섭(2012), 언론의 정파성과 권력 개입- 1987년 이후 13~17대 대선캠페인 기간의 주요일간지 사설 분석, 『언론과학연구』 제12권 2호, 534~571

최현주(2012), 방송작가의 직업만족도 결정요인 연구, 『언론과학연구』 제12

권 2호, 572~602
최현주(2013), 디지털 테크놀로지의 발달과 다큐멘터리 스토리텔링 방식의 변화, 『언론과학연구』 제13권 2호, 397~432
한지은, 정세은(2012), 미디어와 대인 커뮤니케이션이 남성 화장품 구매 행동에 미치는 영향, 『스피치와 커뮤니케이션』 제18호, 55~77.
황유선, 김주환(2009), 대인 커뮤니케이션 능력이 휴대전화 사용과 대인관계 유지에 미치는 영향, 『언론과학연구』 제9권 3호, 687~719
허명숙(2006), 여기자의 위상에 대한 인식과 평가 연구 - 전북지역 여기자들의 심층인터뷰를 중심으로, 『언론과학연구』 제6권 4호, 364~401
허창구(2011) 자기개방이 인상형성(사교성, 신뢰성, 유능성)에 미치는 영향 - 남녀 성차 비교, 『스피치와 커뮤니케이션』 제16호, 44~74

2. 영문 문헌

Babbie, Earl(1999), *The Basics of Social Research*, CA: Wadsworth Thomson Learning.
Babbie, Earl(2001), *The Practice of Social Research*, 9th Edition, CA: Wadsworth Publishing Company.
Berelson, Bernard(1971), *Content Analysis in Communication Research*, N.Y.: Hafner Publishing Company.
Berger, Arthur Asa(2000), *Media and Communication Research Methods*, SAGE, 류춘렬, 김대호, 김은미역(2001), 『커뮤니케이션 연구, 어떻게 할 것인가』, 커뮤니케이션북스
Blaxter, Loraine & Christina Hughes & Malcolm Tight(2002), *How to research*, 2nd Edition, Open University Press
Creswell, John W.(2003), *Research Design: Qualitative, Quantitative,*

and Mixed Methods Approaches, SAGE, 강윤수외역(2010), 『연구설계: 정성연구, 정량연구 및 혼합연구에 대한 실제적인 접근』, 교우사

Dixon, Beverly R. & Gary D. Bouma & G. B. J. Atkinson(1987), *A Handbook of Social Science Research*, Oxford University Press

Kidder, L. H.(1980), *Research Methods in Social Relations*, Holt, Rinehart

Stempel, III, Guido H. & Bruce H. Westley(1981), *Research Methods in Mass Communication*, N.J.: Prentice-hall, INC.

Wimmer, Roger D. & Joseph R. Dominick(1983), *Mass Media Research*, California: Wadsworth Publishing Company.

Wimmer, Roger D. & Joseph R. Dominick(2014), *Mass Media Research*, 10th Edition, Cengage Learning, 유재천 & 김동규역(2014), 『매스미디어 연구방법론』, 한경사

저자 약력

계명대학교 언론광고학부 교수다. 한국외대를 졸업하고, 연세대학교 대학원에서 석사, 박사과정을 수료하였다. 영국 셰필드대학교에서 박사학위를 받았다. 현재 한국언론학보 편집위원장과 언론중재위원회 중재위원, TBC대구방송 시청자위원회 부위원장, 티브로드대구방송 시청자위원장을 맡고 있다. 종합유선방송위원회 연구위원, 한국경제 객원논설위원, 한국경제TV 사외이사, 대경언론학회장, 한국방송학회 부회장, 한국커뮤니케이션학회 부회장, 커뮤니케이션학연구 편집위원장, 대구선거방송토론위원, KBS, MBC 시청자위원을 역임하였다. 국회, 방송위원회, 공보처, 정보통신부, 방송통신위원회 등에 정책 자문을 하였다. 저서로는 「한국케이블TV 산업정책론」, 「유료방송정책」, 「한국 유료방송 산업정책론」, 논문으로는 "The Evolution of Cable Regulatory Policies and Their Impact" 외 다수가 있다.